STUDIES ON VOLTAIRE AND THE EIGHTEENTH CENTURY

233

General editor

PROFESSOR HAYDN MASON

Department of French
University of Bristol
Bristol BS8 1TE

JEAN-PAUL SERMAIN

Rhétorique et roman au dix-huitième siècle

L'exemple de Prévost et de Marivaux (1728-1742)

THE VOLTAIRE FOUNDATION

AT THE TAYLOR INSTITUTION, OXFORD

1985

ISSN 0435-2866

ISBN 0 7294 0323 8

Printed in England at The Alden Press, Oxford

Table des matières

Introduction

MARIANNE est-elle calculatrice? Le paysan parvenu peut-il dire toute la vérité? Doit-on accuser Des Grieux de partialité ou d'aveuglement? Faut-il croire ce que l'ambassadeur dit de la Grecque moderne? Voilà le genre de questions que se posent, au sujet des romans de Marivaux et de Prévost, non des lecteurs naïfs, mais des critiques avertis.[1] Qu'ils prennent ainsi ouvertement parti pour ou contre les personnages tient à la forme rhétorique de ces œuvres: ils ne font que participer au débat inauguré par des héros qui veulent convaincre de leur bonne foi, de leur honnêteté, de leur mérite et de leur valeur. La volonté de persuader du narrateur, son écriture polémique, les conflits moraux ou juridiques dans lesquels il a été impliqué, tout donne à son récit l'allure d'un plaidoyer et fait du lecteur un juge sommé de prononcer son verdict. Frappé par cette particularité des romans de Marivaux et de Prévost, nous nous sommes demandé dans quelle mesure leurs œuvres, c'est-à-dire aussi bien les discours des personnages, l'écriture du mémorialiste, ou la construction même du récit, pouvaient s'expliquer à la lumière des livres de rhétorique. Plus largement, nous avons cherché quels rapports on pouvait établir entre ces romans et la rhétorique.

Les contemporains de Marivaux et de Prévost n'hésitent pas à appliquer directement aux textes littéraires les catégories de la rhétorique. Ils attribuent indifféremment l'éloquence d'un texte au personnage ou à l'écrivain qui a su s'identifier à lui. C'est l'émotion de l'auteur, qui, transposée dans un univers imaginaire, doit ensuite toucher le lecteur. Ce type de description ignore la spécificité de l'œuvre littéraire, confond la fiction et la réalité. Mais peut-on faire comme si l'effet d'un discours devait être le même sur l'interlocuteur du héros, et sur le spectateur ou le lecteur de la scène? Peut-on ne pas distinguer l'éloquence interne à l'œuvre, celle dont les personnages font preuve, et l'éloquence externe à l'œuvre, celle qui permet au créateur de s'attacher son public?[2] Tout effet éloquent attribué à un personnage est transmis par l'intermédiaire d'une construction dramatique, poétique ou narrative, qui lui donne sa véritable signification et sa réelle efficacité. Une pièce de théâtre ou un roman est un énoncé à deux degrés: la rhétorique du personnage fait partie d'un texte qui a sa propre rhétorique.

Dans le seul ouvrage qui ait été consacré à ces rapports entre la rhétorique

---

1. Par exemple, R. Rosbottom, *Marivaux's novels* (Rutherford, Madison, Teaneck, London 1974), pp.93-146, révèle les calculs secrets de Marianne et, pp.171-222, dénonce l'hypocrisie et les ruses de Jacob. J. Monty, *Les Romans de l'abbé Prévost*, Studies on Voltaire 78 (Genève 1970), voit dans la confession de Des Grieux 'un tissu de mensonges et d'équivoques' (p.48). E. B. Hill, 'Virtue on trial: a defence of Prévost's Théophé', *Studies on Voltaire* 67 (1969), pp.191-209, accuse le narrateur de Prévost d'égocentrisme, et prend la défense de sa protégée.

2. A. Kibédi Varga, dans *Rhétorique et littérature* (Paris 1970), établit la distinction fondamentale entre 'la situation interne, c'est-à-dire les rapports interhumains représentés à l'intérieur d'une œuvre, et la situation externe, c'est-à-dire les rapports de l'œuvre avec celui à qui elle s'adresse [...]. Il y a une situation qui détermine les réactions de Bajazet aux propositions de Roxane et il y a une situation tout autre, qui détermine les réactions du spectateur devant la tragédie intitulée Bajazet' (p.85).

et une œuvre littéraire, celle de Racine,[3] Peter France s'est donc efforcé de séparer la rhétorique interne 'fonctionnelle', dont usent les personnages pour se persuader les uns les autres, et la rhétorique externe, qui donne au texte de Racine sa 'forme' et ses 'ornements'. L'une reste dans le cadre de l'action dramatique, l'autre, au-delà de la scène, s'adresse directement au spectateur. Mais cette ligne de partage s'avère bien difficile à maintenir. D'une part, la plupart des procédés peuvent être considérés dans certains cas comme 'décoratifs', et dans d'autres cas, comme 'fonctionnels'. D'autre part, comment peut-on décider s'ils obéissent ou non à une intention du personnage? Enfin, le rôle qu'un procédé est censé jouer dans l'optique des personnages peut ne pas coïncider avec celui que l'auteur lui attribue dans l'économie générale de la pièce. Par exemple, une figure va révéler une vérité profonde que le héros refuse de voir, ou suggérer des rapports entre des situations où lui-même n'intervient pas.

Peut-on déterminer avec plus de précision les liens entre rhétorique interne et rhétorique externe? Les particularités du genre romanesque ne font qu'accroître les difficultés. Exclu du domaine de l'art, le roman exige une langue simple et dépouillée qui doit éviter la plupart des procédés décrits par la rhétorique.[4] Marivaux et Prévost, qui traitent le plus souvent d'une matière contemporaine, prosaïque, évitent tous les effets trop marqués, et confient à leur narrateur le soin d'établir avec le lecteur une relation directe, intime, familière. Il est donc difficile de distinguer dans l'écriture des deux romanciers ce qui relève de la rhétorique, ou ce qui doit être attribué aux propriétés générales de la langue, au style de leur époque et aux *topoï* du genre. La place accordée aux dialogues, certaines formules, certains procédés s'expliquent davantage par une tradition littéraire que par des préceptes qui concernent d'abord le discours public, essentiellement juridique ou religieux.

Nous avons donc renoncé à étudier la rhétorique de Marivaux et de Prévost, ce que P. France avait fait pour Racine, et nous nous en sommes tenu à *la seule rhétorique interne*, c'est-à-dire à celle que le romancier attribue à ses personnages. Cela nous permettait d'éviter les emplois par trop métaphoriques de la notion de rhétorique. Mais en limitant ainsi notre objet, nous nous heurtions à un autre problème: décrire la rhétorique d'un personnage fictif n'est pertinent que si on envisage en même temps le rôle qu'elle joue dans l'œuvre, c'est-à-dire le sens que le romancier lui donne. Notre travail est donc consacré à une interprétation de l'image que les deux écrivains donnent de l'éloquence dans quelques-uns de leurs romans. Nous ne nous sommes intéressé à la manière dont Marianne, Jacob, Des Grieux ou Cleveland persuadent, que pour retrouver les principes,

---

3. P. France, *Racine's rhetoric* (Oxford 1965), résume d'abord les théories rhétoriques du dix-septième siècle, puis présente le point de vue de Racine sur la question. Il consacre les deux chapitres suivants aux tropes et à la 'mise en forme du discours' (le 'pattern'), et termine par l'étude de la rhétorique fonctionnelle, 'les passions' et 'la persuasion'.

4. Au moins jusqu'en 1750, le roman occupe, dans la hiérarchie des genres, une place tout à fait secondaire. J. B. Dubos, *Réflexions critiques sur la poésie et sur la peinture* (Paris 1733), compare le roman à l'estampe: il lui manque la couleur, la poésie, tout ce dont s'occupe l'élocution (i.485). Sur le genre du roman au dix-huitième siècle, voir G. May, *Le Dilemme du roman au dix-huitième siècle* (New Haven, Paris 1965), et H. Mattauch, *Die literarische Kritik der frühen französischen Zeitschriften (1665-1748)* (München 1968).

les enjeux, les effets de leur art de parler. En étudiant, non pas l'éloquence de Marivaux et de Prévost, mais ce qu'ils ont voulu dire sur l'éloquence, nous avons voulu restituer la dimension proprement rhétorique de leur œuvre.

Le choix de cette perspective d'investigation peut s'autoriser de l'évolution de la rhétorique au dix-huitième siècle, qui se présente autant comme une réflexion sur les phénomènes d'éloquence que comme un recueil de procédés et de recettes. Cette conception assez large nous a permis de confronter Prévost, tout imprégné de tradition rhétorique, à Marivaux, qui, pour être hostile à l'utilisation d'une technique, ne s'est pas moins passionnément penché sur tous les problèmes de la persuasion.

La volonté de nous limiter à la rhétorique interne inspire également le choix de notre corpus.[5] Les deux romans de la maturité de Marivaux, la *Vie de Marianne* et le *Paysan parvenu*, les trois 'grands' romans de Prévost, les *Mémoires et aventures d'un homme de qualité*, le *Doyen de Killerine* et *Cleveland*, et la trilogie de 1740-1741, l'*Histoire d'une Grecque moderne*, les *Mémoires pour servir à l'histoire de Malte* et les *Campagnes philosophiques* sont tous des romans-mémoires.[6] Dans la mesure où le narrateur y explique et y commente les discours qui apparaissent au fil des aventures, et s'interroge sur sa propre pratique de mémorialiste, le roman peut introduire, dans le corps même du récit, un regard critique qui pose les jalons d'une réflexion sur les formes et les significations de l'éloquence. Cette identité formelle se double d'une ressemblance thématique: abordant des questions similaires, leur apportant des réponses souvent contradictoires, ces romans nous permettent de couvrir un large spectre de la problématique rhétorique sur une période assez brève, 1728-1742.

Le premier chapitre de ce travail, avant de définir les formes narratives spécifiques grâce auxquelles Marivaux et Prévost ont pu mener à bien leur réflexion sur l'éloquence, rappelle le contexte théorique dans lequel ils ont écrit: comment la tradition rhétorique est-elle envisagée, renouvelée ou contestée à la fin du dix-septième ou au début du dix-huitième siècle? Il nous a fallu ensuite tenir compte à la fois de la manière dont le romancier représente l'éloquence et des valeurs qu'il lui attribue. Chez nos deux auteurs, la persuasion est commentée alternativement par celui qui cherche à convaincre et par celui à qui l'orateur s'adresse. Marivaux et Prévost ont utilisé chacun de ces deux points de vue pour dégager ce qu'ils considèrent comme les deux dimensions essentielles de l'éloquence, ses enjeux sociaux et ses implications psychologiques: elles feront l'objet du deuxième et du troisième chapitre.

Notre champ d'étude est donc singulièrement restreint. Nous nous sommes limité à une partie de la rhétorique interne, à la manière dont le narrateur la considère et en rend compte. Qu'on ne s'attende donc pas à trouver ici une description de tous les procédés discursifs auxquels recourent les personnages,

---

5. On trouvera dans la bibliographie l'indication des éditions choisies et des abréviations utilisées. Dans les citations, comme dans la transcription des titres, nous avons opté pour une orthographe et une ponctuation modernisées.

6. Parmi l'abondante littérature concernant les romans-mémoires, les synthèses les plus récentes sont celles de M. T. Hipp, *Mythes et réalités, enquête sur le roman et les mémoires (1660-1700)* (Paris 1976), et R. Démoris, *Le Roman à la première personne* (Paris 1975), en particulier pp.157-62. J. Sgard, *Prévost romancier* (Paris 1968), en particulier pp.72-76, et H. Coulet, *Marivaux romancier* (Paris 1975), pp.182-250, ont montré comment chacun des deux romanciers a su tirer parti du genre.

encore moins une rhétorique des romans de Marivaux et de Prévost. Ce que nous voudrions montrer, c'est que le roman peut comporter, à sa manière, une réflexion sur l'éloquence, qui sache relier les considérations plus techniques à une interrogation générale sur la nature et les valeurs de l'art de parler, à ce qu'on pourrait appeler, avec un vocabulaire du dix-huitième siècle, une *métaphysique* de la rhétorique.[7]

7. Cette étude doit d'avoir été menée à terme aux conseils amicaux et aux incitations du professeur Jean Sgard. C'est M. J. L. Lecercle qui en a assuré la direction. Je ne saurais trop lui exprimer ma reconnaissance pour l'infinie patience avec laquelle il s'est penché sur les différents états de ce texte, et surtout pour avoir toujours su donner à ses critiques ou à ses recommandations la forme d'encouragements. Le professeur R. Zuber a bien voulu me faire profiter de son savoir et de sa bienveillante curiosité. Plusieurs amis ont été mis à contribution pour revoir le dernier manuscrit, principalement F. Lecercle, et aussi P. Moffet et P. Hubert. Que soit enfin remerciée Martine, ma femme, qui a accepté que mon temps de loisir soit consacré au dix-huitième siècle. Elle a toujours été la première et la dernière lectrice de ce qui a conduit à ce livre, qu'elle m'a aidé à écrire par la pertinence de ses remarques et la justesse de ses doutes.

1. Une réflexion sur l'éloquence

ON ne saurait comparer directement les ouvrages des rhétoriciens et la réflexion sur l'éloquence que le romancier peut mener par le biais d'une fiction: leur propos, mais aussi leurs moyens divergent profondément. Les recherches rhétoriques ne constituent qu'un arrière-plan, un contexte qui permet de mieux saisir l'intention des deux romanciers, d'apprécier l'originalité de leur point de vue, de mesurer l'enjeu des positions qu'ils adoptent. Aussi, avant d'aborder la manière spécifique dont Marivaux et Prévost introduisent dans leurs romans leur propre réflexion sur les phénomènes de persuasion, convient-il de brosser un bref panorama de la rhétorique du classicisme à l'*Encyclopédie*.

i. Le contexte théorique: de B. Lamy à Diderot

Cette présentation sommaire obéit à une double exigence: elle cherche d'abord à montrer que, aux dix-septième et dix-huitième siècles, la notion de rhétorique est prise dans un sens assez large pour que d'une certaine manière on puisse y rattacher les œuvres de Marivaux et de Prévost. Nous voudrions ensuite repérer ce qui, dans cette tradition souvent subtilement renouvelée, a pu intéresser et inspirer nos deux romanciers. C'est dire qu'il ne s'agit pas ici de rappeler encore une fois ce qu'est la rhétorique, mais de définir les questions que se sont posées les théoriciens de la première moitié du dix-huitième siècle, et que Marivaux et Prévost ont reprises à leur façon. Cette problématique générale nous a paru s'organiser autour de deux grands axes, selon que l'on met l'accent sur les difficultés de la réception ou sur les mécanismes de l'expression. Après un bref panorama de la production rhétorique sous Louis XIV et Louis XV, seront donc analysées succinctement ces deux conceptions complémentaires que l'on se fait alors de l'art de persuader: la mise en œuvre d'une stratégie ou la manifestation d'un point de vue.

a. Rhétorique et éloquence

Il n'existe pas d'histoire de la rhétorique sous Louis XIV et Louis XV, et ces quelques pages ne sauraient naturellement en tenir lieu, ne serait-ce qu'en raison de l'étroitesse de notre point de vue. L'ouvrage considérable de M. Fumaroli, l'*Age de l'éloquence*,[1] s'arrête précisément au seuil du classicisme. Dans le recueil qu'il a fait paraître en 1972, *Rhetoric and truth in France*, P. France a surtout essayé de reconstituer la rhétorique des philosophes, de Descartes à Rousseau. M. Charles et T. Todorov n'ont écrit sur B. Lamy et Dumarsais que des études ponctuelles.[2] B. Munteano traite de plusieurs rhétoriciens de la fin du dix-

---

1. Nous ne donnons pas en note les références précises des ouvrages simplement mentionnés: on voudra bien se reporter à la bibliographie.

2. T. Todorov, *Théories du symbole* (Paris 1977), chap. 3: 'Fin de la rhétorique'. Et M. Charles, *Rhétorique de la lecture* (Paris 1977), chap. 2 (4): 'Une théorie du discours'.

septième et du début du dix-huitième siècle, en particulier F. Lamy et B. Gibert, et aborde le problème crucial de la survie des rhéteurs antiques, mais il se place dans une perspective qui déborde trop largement notre propos, celle des *Constantes dialectiques en littérature et en histoire*. Quant aux pages de l'*Histoire de la clarté française* qui concernent la rhétorique, elles sont faussées par les préjugés défavorables de D. Mornet, comme l'a bien montré M. Fumaroli.[3]

L'ouvrage fondamental, pour la période qui nous intéresse, est celui de A. Pizzorusso, *Teorie letterarie in Francia*, qu'il faut compléter de ses études particulières sur Fénelon et Fontenelle. L'auteur a consacré de brèves mais denses monographies à la plupart des écrivains qui se sont intéressés aux problèmes de l'expression, et plus particulièrement à la langue littéraire dans les années 1680-1720: Callières, Morvan de Bellegarde, La Bruyère, F. Lamy, Crousaz, Gamaches se distinguent à des degrés divers par leur volonté d'échapper aux cadres traditionnels, ce qui leur permet de développer une réflexion rhétorique dans des directions neuves et fécondes.

Nous disposons en outre de deux ouvrages d'érudition publiés au dix-huitième siècle, le premier en 1713-1717, c'est-à-dire au cours des années de formation de nos deux romanciers, et l'autre en 1741, c'est-à-dire très exactement à la fin de la période qui nous concerne. Les *Jugements des savants* de B. Gibert[4] se veulent un complément à l'ouvrage de Baillet, et prennent place dans sa réédition de 1725. Gibert, qui couvre toute l'histoire de la rhétorique et suit un ordre simplement chronologique, consacre la moitié de ses trois volumes à l'antiquité, et porte un intérêt privilégié aux ouvrages qui traitent de l'éloquence de la chaire. Si son zèle professoral lui permet de débusquer les à-peu-près, les contradictions, les formules vides et stéréotypées, il refuse de comprendre les efforts de certains pour s'adapter à l'évolution des mœurs et des idées, pour corriger les absurdités les plus criantes de la tradition. Faisant des anciens les porte-parole d'une vérité éternelle, il reproche aux modernes tout ce qui diffère chez eux de ce modèle qu'il s'est forgé, et qui inspire la *Rhétorique* qu'il se décide à publier en 1730.

Les deux premiers tomes de la *Bibliothèque française* de Goujet,[5] conformément à leur titre, ne portent que sur le domaine français, dans lequel l'auteur a distingué les rhétoriques proprement dites des 'réflexions' plus générales sur l'éloquence. Face à la *rhetorica perennis* de Gibert, auquel il fait de nombreux emprunts sans toujours les indiquer, Goujet apparaît nettement moins dogmatique. Faisant preuve d'une certaine sensibilité historique, il aide à comprendre l'évolution qui conduit aux auteurs du dix-huitième siècle, et l'ensemble des articles qu'il consacre à toute une série d'ouvrages du dix-septième siècle permet

---

3. M. Fumaroli, *L'Age de l'éloquence* (Genève 1980), pp.7-8. Au livre de D. Mornet, *Histoire de la clarté française* (Paris 1929), on peut ajouter: R. Naves, *Le Goût de Voltaire* (Paris 1938), 1ère partie: 'Le goût prévoltairien'; I. Söter, *La Doctrine stylistique des rhétoriques du dix-septième siècle* (Budapest 1937); U. Ricken, *Grammaire et philosophie au siècle des Lumières* (Lille 1978).

4. B. Gibert combine talent encyclopédique et goût de la polémique. Outre ses *Jugements des savants sur les auteurs qui ont traité de la rhétorique, avec un précis de la doctrine de ces auteurs* (Paris 1713-1719), il a entretenu de longues querelles avec F. Lamy, E. Pourchot et plus tardivement avec Rollin.

5. L'abbé C. P. Goujet, *Bibliothèque française ou histoire de la littérature française* (Paris 1741), t.i et ii, 'ouvre son édifice de bibliographie chronologique et critique par un péristyle consacré aux ouvrages français sur la langue et sur la rhétorique' (M. Fumaroli, p.3).

d'évaluer la portée des remises en cause doctrinales qui se font jour dans les années 1700.

Dans ces deux *bibliothèques*, les traités de rhétorique n'occupent qu'une place limitée. Leur nombre assez réduit peut s'expliquer par la constante réédition des 'classiques' de l'antiquité.[6] La plupart de ces traités paraissent au cours de deux périodes assez brèves, l'une qu'on identifie parfois avec le classicisme, 1660-1680 (Bary, Le Gras, B. Lamy, Bretteville), et l'autre autour de 1730, c'est-à-dire dans la pleine période d'activité de Marivaux et Prévost (Rollin, Buffier, Brulon de Saint Remy, Dumarsais, Gibert, Colin, Clausier). Quant aux deux rhétoriques isolées de Leven de Templery (1698) et de l'abbé Breton (1703), elles semblent n'avoir guère suscité d'écho, et celle de Batteux nous conduit déjà au seuil de l'*Encyclopédie*.

A côté de ces traités, Gibert s'intéresse aux ouvrages les plus variés: ainsi, la *Manière de bien penser dans les ouvrages d'esprit* de D. Bouhours, l'*Art de composer des harangues* d'O. de Vaumorière, qui mêle des fragments d'une théorie des lieux à des remarques stylistiques, le bref *Discours* de Gillet, qui se contente d'affirmer la supériorité de la langue française, et s'inscrit donc dans le débat convenu entre langues mortes et langues modernes, le pamphlet de Boissimon contre les écrivains modernes, la préface de Dubois à sa traduction des sermons de saint Augustin, et toute une série d'ouvrages (Gisbert, Gaichiès, Fénelon), qui relèvent de ces réflexions générales sur l'éloquence que Goujet, suivant Sorel,[7] a séparées des 'rhétoriques faites par les modernes'. Parmi celles-ci, toutefois, la *Bibliothèque française* fait curieusement figurer les écrits polémiques d'Arnauld, de Sillery, de Lamy, Gibert, Pourchot et C. de La Morinière. Les 'écrits français sur l'éloquence en général' rassemblés par Goujet frappent par une hétérogénéité plus grande encore: si Rapin, Fléchier, Fénelon, Boissimon, d'Olivet se cantonnent effectivement dans des considérations générales, le manuel de Rollin, les livres de Bouhours entrent dans des détails d'ordre technique, et la rhétorique ne semble plus servir que de cadre assez large aux recherches particulières de Callières sur le *Bel esprit*, à celles de Gamaches sur les *Agréments du langage réduits à leurs principes*, au *Traité du beau* de Crousaz, ou au *Traité sur le sublime* de Silvain.

Cette extrême diversité s'explique en partie par les contradictions qui dès l'origine ont affecté la rhétorique. Le discours, dont elle fait son objet, relève en même temps d'une étude générale de la langue et de la composition, et d'une analyse pragmatique des types d'énoncés, des codes culturels et des procédés spécifiques concernant le style, l'invention ou l'ordre des idées. La rhétorique en est venue à dépasser le cadre oratoire proprement dit pour s'intéresser à tous les aspects de la communication, jusqu'à s'occuper de toutes les formes possibles de l'écrit. Elle s'est alors trouvée partagée entre la nécessité de s'adapter à une réalité diverse et changeante, et une fidélité de principe à l'antiquité qui lui imposait le carcan rigide des trois 'genres', désormais anachronique. Plusieurs

6. Dans ce bref panorama, nous avons négligé l'héritage antique. On pourra se reporter à B. Munteano, *Constantes dialectiques en littérature et en histoire* (Paris 1967), pp.173-85, 'Humanisme et rhétorique, la survie littéraire des rhéteurs anciens, épisodes et repères', et M. Fumaroli, 1ère partie, chap 1: 'Le "ciel des Idées" rhétorique'.

7. C. Sorel, *La bibliothèque française* (Paris 1667), présente rapidement les 'livres qui apprennent à parler avec éloquence' (pp.24-28).

des essais des années 1660 se font encore l'écho des rêves humanistes et nourrissent l'espoir que les trois 'genres' de l'antiquité aient trouvé un équivalent moderne dans l'éloquence du barreau, dans celle de la chaire, et dans un discours politique réduit à la célébration de l'ordre royal et des lois fondamentales de la nation.[8] Mais le nouveau style de vie et de pensée qui coïncide avec la Régence, les caractères du gouvernement Fleury, le développement de l'esprit critique et scientifique, le rôle nouveau que l'écrivain tend à jouer dans la société, font que la 'grande éloquence', pour reprendre le terme de Balzac, celle des éloges, des remontrances ou des sermons, se trouve de plus en plus reléguée dans les marges de la vie intellectuelle. Dans ses *Dialogues* comme dans sa *Lettre à l'Académie*, publiés en 1716 et 1718, Fénelon voit la même crise affecter gravement les trois domaines traditionnels de l'éloquence. Transformée en objet de consommation mondaine, l'éloquence religieuse s'est vidée progressivement de sa substance; l'art de persuader ne joue plus qu'un rôle secondaire dans les affaires politiques et juridiques, devenues purement techniques. A la tribune publique s'est substitué l'espace privé du cabinet et du bureau: le spécialiste et le prince décident seuls.[9] Comme presque tous ses contemporains, Fénelon s'appuie sur le Tacite du *Dialogue des orateurs*, qui avait attribué la décadence de l'éloquence à la perte des libertés et à l'instauration du régime impérial.

Proche encore de Tacite, Fénelon montre que les œuvres d'art ont pu jouer le même rôle pédagogique et moral que l'éloquence proprement dite.[10] Mais sa critique de la littérature et de l'art contemporains à qui il reproche leur fadeur et leur gratuité, et sa nostalgie des œuvres antiques, seules capables de produire dans l'âme les plus intenses bouleversements, ne trouveront un large écho que chez Diderot, dans sa *Lettre sur les sourds et muets*, c'est-à-dire au moment où les écrivains renouent avec le projet humaniste de confier à l'éloquence un rôle de magistère moral et politique. En 1771, l'*Essai sur les éloges* de Thomas, prend acte de cette évolution et appelle de ses vœux la constitution d'un panthéon national qui servirait d'école à un peuple tout entier: d'une certaine manière, la Révolution répondra à cette demande.

Notons d'emblée que Marivaux et Prévost ont accordé une place non négligeable aux trois genres oratoires traditionnels. Dans *Cleveland* l'intervention de Gelin devant l'assemblée du peuple de l'île de Sainte-Hélène, dont le narrateur

---

8. 'Nous avons les éloges de nos rois à prononcer, nous avons la majesté des lois à défendre, nous avons la cause de l'Eglise à soutenir', telle est l'ambition que G. Guéret se fixe dans une *Dissertation* publiée à la suite des *Entretiens sur l'éloquence de la chaire et du barreau* (Paris 1666), pp.199-200. Pour C. Perrault, *Parallèle des anciens et des modernes*, t.ii (Paris 1690), l'éloquence de la chaire remplace avantageusement l'éloquence politique: au lieu des troubles publics, elle règle ceux de l'âme (pp.254-55).

9. Fénelon, *Lettre à l'académie*, éd. Caldarini (Genève 1970): 'Chez les Grecs tout dépendait du peuple et le peuple dépendait de la parole [...] La parole n'a aucun pouvoir semblable chez nous. Les assemblées n'y sont que des cérémonies et des spectacles [...] Tout se décide en secret dans le cabinet des princes ou dans quelque négociation particulière' (pp.39-40). Ce lieu commun se retrouve encore chez Marivaux (JOD, p.547).

10. Fénelon, *Dialogues sur l'éloquence* (Paris 1942), p.12: 'La musique, la danse, l'éloquence, la poésie, ne furent inventées que pour exprimer les passions et pour les inspirer en les exprimant. Par là on voulut imprimer de grands sentiments dans l'âme des hommes, et leur faire des peintures vives et touchantes de la beauté de la vertu et de la difformité du vice: ainsi tous ces arts, sous l'apparence du plaisir, entraient dans les desseins les plus sérieux des anciens pour la morale et pour la religion'.

souligne la parfaite conformité à toutes les règles de la rhétorique, constitue un exemple parfait de délibération politique. A travers le cas particulier du choix des épouses, le discours de Gelin met en question la légitimité des lois et le mode de gouvernement de toute la colonie. Et l'épisode des Abaquis est l'illustration de ce lieu commun qui voit dans l'éloquence l'origine de toutes les sociétés. Dans la *Vie de Marianne*, le problème politique est posé par l'intermédiaire du personnage du ministre, dont l'attitude générale est définie pour l'essentiel par son refus de la rhétorique.

En dehors de l'épisode américain de *Cleveland*, les deux romanciers n'ont pas représenté de procès en bonne et due forme, mais les héros de Marivaux doivent plaider longuement leur cause devant des tribunaux improvisés, et ceux de Prévost sont sans cesse amenés à se justifier, auprès des représentants du pouvoir, d'actes souvent au bord de la légalité, et qui les conduisent parfois en prison. Surtout, leur comportement équivoque donne à leurs mémoires une valeur de plaidoyer dont on s'est plu à relever l'habileté ou l'inspiration rhétorique.

Dans ses *Journaux* comme ses romans, Marivaux aborde directement le problème de l'éloquence religieuse, mais elle ne joue qu'un rôle mineur dans le déroulement même du récit. Elle est, en revanche, au centre de la création romanesque de Prévost: *Cleveland* relate en détail les étapes de plusieurs conversions, celle de tout un peuple, les Abaquis, et celle du héros, le philosophe anglais. Et les deux protagonistes principaux des *Mémoires d'un homme de qualité* et du *Doyen de Killerine* agissent, tout comme Tiberge dans *Manon Lescaut*, en directeurs de conscience des âmes perdues. L'éloquence de la chaire permet à Prévost de poser la question, pour lui essentielle, de la responsabilité morale de l'individu: si elle reste sans effet, faut-il en accuser l'auditeur, la nature humaine, ou la folle ambition du prédicateur?

Les œuvres de Prévost et de Marivaux n'en reflètent pas moins, par la description qu'elles en font, la crise des genres oratoires traditionnels. Pour remédier à l'écart grandissant entre héritage antique et usages modernes, les théoriciens ont adopté des solutions de deux types;[11] ou bien tenir compte des formes nouvelles que prend l'art de persuader, et adapter la tradition à ces situations inédites; ou à l'inverse, écarter tout ce qui ne concerne que des emplois particuliers, et esquisser une sorte de théorie générale de l'art de parler.

Dans le premier cas, la rhétorique se résume au respect des 'bienséances', auxquelles Rapin consacre un bref ouvrage, encore cité avec déférence par Bruzen de La Martinière en 1731.[12] Pour plaire, il faut se conformer à toutes les exigences de la société: autant de situations, autant de rôles, autant de rhétoriques. Le prolifique continuateur de *Faramond*, Ortigue de Vaumorière, au lieu d'un traité, publie coup sur coup trois ouvrages composés d'après un modèle unique sur 'l'art de plaire dans la conversation' (1688), sur 'les harangues et

11. Nous isolons ici deux tendances qui souvent coexistent chez les mêmes auteurs, et qui ne sont pas propres au dix-huitième siècle.

12. Bruzen de La Martinière, *Introduction générale à l'étude des sciences et des belles-lettres* (La Haye 1731), réduit l'éloquence au respect des bienséances, et renvoie au livre de R. Rapin (p.124): *Du grand ou du sublime dans les mœurs et dans les différentes conditions des hommes, avec quelques observations sur l'éloquence des bienséances* (Paris 1686).

l'art de les composer' (1687), et sur 'les lettres, avec des avis sur la manière de les écrire' (1690). Le mêmes éléments traditionnels – la référence aux trois genres, des listes de lieux communs, au sens que nous donnons aujourd'hui à ce mot, des conseils stylistiques simplifiés – sont soumis au principe fondamental des 'convenances'. Cette trilogie est reprise et abrégée dans un médiocre ouvrage anonyme de 1699, au titre révélateur, la *Rhétorique de l'honnête homme*. L'auteur y envisage seize types de lettres pour lesquels il propose des idées toutes faites, et les différentes occasions où l'on peut avoir à prononcer un discours public. Mélangeant règles de savoir-vivre politique, conseils épistolaires et remarques sur l'art de la conversation, ces livres souvent réédités répondent aux besoins d'une société qui se veut polie.

En 1698, Leven de Templery prétend, au sujet de sa rhétorique, par ailleurs assez conventionnelle, qu'elle est 'très propre aux gens qui veulent apprendre à parler et écrire avec politesse', et pour faire bonne mesure, reprend l'année suivante le même livre sous un intitulé nouveau, 'l'éloquence du temps enseignée à une dame de qualité', ce qui lui permet d'égayer d'un badinage galant son 'art de parler de toute chose' (p.13). Dans les *Lettres à une dame de province*,[13] Bouhours se justifie de n'avoir pas fait 'une logique ou une rhétorique dans les règles' (p.19), car 'un livre tout hérissé de préceptes' ne saurait convenir 'aux personnes du monde' (p.20). Or c'est pour elles qu'il a écrit ce 'nouvel art d'éloquence [...] comparable en quelque façon à l'*Art poétique* français que nous avons entre les mains' (p.112). Les *Sentiments de Cléarque* peuvent donc reprocher justement à cet émule de Boileau de ne pas rester dans les limites des genres traditionnels: 'L'auteur n'y forme point l'esprit à la conversation, à la prédication, au plaidoyer, au panégyrique, aux lettres, aux traités dogmatiques [...] ni enfin à aucune de ces choses qu'on peut mettre au rang des ouvrages d'esprit; il examine seulement quelques pensées.'[14]

Dans les années 1680-1710, Bouhours, Callières, Morvan de Bellegarde, Gamaches composent en effet les chapitres épars de ce qu'on pourrait appeler une rhétorique de la mondanité. Ce qui les intéresse, c'est l'art de la formule, le bon mot, l'anecdote rapide, les pensées 'brillantes', les expressions 'délicates'. Même les réflexions sur le sublime, qui se situent pourtant à l'opposé de cet art de plaire, se bornent souvent à mettre en relief une série de formules lapidaires dont les effets ne peuvent être expliqués par les systèmes rhétoriques ou poétiques habituels: le *fiat lux* de la *Genèse* ou le *qu'il mourût* d'*Horace* ne renvoient à aucun genre oratoire, ni à aucune catégorie de l'*elocutio*.

Toute l'éloquence est alors revue et corrigée en termes de salon: 'Un mot sublime, un tour heureux, une application juste, une réflexion judicieuse, un geste, un ton de voix, enfin un rien en apparence, a souvent plus d'énergie et d'efficace pour persuader, que toutes ces pièces étudiées où la rhétorique la plus

---

13. Dans ses *Lettres à une dame de province sur les 'Dialogues d'Eudoxe et de Philante'* (Paris 1688), D. Bouhours répond aux attaques dont il a été l'objet. Les *Sentiments de Cléarque sur les 'Dialogues d'Eudoxe et de Philante' et sur les 'Lettres à une dame de province'* (Paris 1688), attribués à Andry de Boisregard, entretiennent la polémique et reprochent à Bouhours son goût frivole et mondain.

14. Les *Sentiments de Cléarque* p.162. L'auteur rend justice à l'originalité du projet de Bouhours, car, si 'on trouve assez de livres qui traitent de la belle élocution' (p.7), Bouhours 'semble vouloir allier la manière de bien penser avec la manière de bien exprimer' (p.8).

régulière étale toute la majesté de ses raisonnements avec toute la beauté possible de l'élocution'.[15] Reprenant la même opposition en 1737, Voltaire[16] prend précisément le *Paysan parvenu* comme exemple de cette éloquence moderne, car mondaine: 'Une éloquence mâle, noble, ennemie des petits ornements convient à tous les grands ouvrages [...] Mais dans un ouvrage d'agrément, dans un compliment, dans une plaisanterie, toutes les grâces légères, la naïveté ou la finesse, les plus petits ornements, trouvent leur place.'

Cette miniaturisation de l'effet rhétorique correspond à une mode culturelle qui sera condamnée avec le style rococo à partir de 1750. Le retour à l'antique et le retour au pathétique s'accompagnent d'un refus souvent hypocrite d'une littérature de salon. On accuse alors Marivaux d'avoir le style scolaire du rhéteur: la rhétorique d'hier sert bien toujours de repoussoir à celle du jour.[17]

Si d'un côté la réflexion rhétorique se restreint à la formule, et par là se déleste de tout le dispositif oratoire, elle tend par ailleurs à s'élargir pour devenir une théorie générale du discours. Elle est alors présentée come un art de parler 'qui est d'usage partout' (B. Lamy),[18] et peut 'nous conduire dans les discours ordinaires de la vie' (Gibert).[19] Cette volonté dont témoigne ce défenseur crispé de la tradition qu'est Gibert, n'est souvent, bien entendu, qu'un artifice publicitaire. Par exemple, les 'préceptes de l'ancienne et vraie éloquence' que Le Gras prétend 'accommodés à l'usage des conversations et de la société civile'[20] s'adressent clairement aux seuls avocats.

Dans cette optique, la rhétorique pourrait prétendre au même degré de généralité que la grammaire et la logique. Tandis que celles-ci définissent les règles de la langue et du sens, celle-là observe l'incidence que peuvent avoir, sur la formulation ou la réception des énoncés, les circonstances particulières de la communication. Elle voit dans le discours un acte concret par lequel celui que nous nommons le locuteur, et qui est alors appelé l'orateur, même quand il s'agit de littérature, cherche, dans une situation déterminée, à produire un effet spécifique sur son auditeur-lecteur. Le point de départ de la rhétorique est donc la fin du discours. En analysant l'effet, elle espère trouver la loi de sa production.

B. Lamy distingue ainsi la parole, redevable d'une simple théorie de la signification, du parler, qui se définit par sa finalité et constitue l'objet propre de la rhétorique:

Nous parlons pour exprimer nos pensées, et pour communiquer les mouvements de notre

---

15. A. Renaud, *Manières de parler la langue française selon ses différents styles* (Lyon 1697), p.181. Le livre de Renaud est une mosaïque de considérations rhétoriques, poétiques et stylistiques qui ne présentent rien d'original.

16. Voltaire, *Conseils à un journaliste sur la philosophie, l'histoire, le théâtre, les pièces de poésie, les mélanges de littérature, les anecdotes, les langues et le style,* in *Œuvres complètes,* éd. Moland, t.xxii (Paris 1879), p.257 (ces *Conseils* ont paru pour la première fois dans le *Mercure de France,* mai 1737).

17. Dans son *Eloge de Marivaux* in *Œuvres complètes,* t.iii (Paris 1821), p.586, d'Alembert reproche au théâtre de Marivaux d'être écrit dans 'un style de rhéteur ou d'écolier, qu'on appelle de l'*éloquence* et quelquefois du *sublime* [...], un jargon bizarre qu'on prend pour de l'*imagination*', et il précise que ce défaut est encore plus accusé dans ses romans.

18. B. Lamy, *Entretiens sur les sciences,* éd. F. Girbal et P. Clair (Paris 1966), p.134.

19. B. Gibert, *La Rhétorique ou les règles de l'éloquence* (Paris 1730), p.19.

20. C'est le sous-titre que Le Gras, avocat au Parlement, a donné à sa *Rhétorique française* (Paris 1672).

volonté, car nous désirons qu'on ait avec nous les mêmes mouvements pour ce qui est l'objet de nos pensées et le sujet de notre discours. La beauté d'un discours ne peut donc consister que dans ce rapport exact que toutes ses parties ont avec cette fin. Il est beau lorsque tous les termes dont il est composé donnent des idées si justes des choses, qu'on les voit telles qu'elles sont, et qu'on sent pour elles toutes les affections de celui qui parle.[21]

Soixante-dix ans plus tard, Batteux reprend la même opposition traditionnelle, entre la grammaire qui apprend à parler, et la rhétorique qui apprend à dire: 'Bien dire, c'est parler de manière à nous faire écouter, et à persuader ceux qui nous écoutent.'[22] Il serait donc absurde de fixer à la rhétorique un domaine ou des genres spécifiques: 'L'éloquence peut se trouver dans les entretiens et dans tout genre d'écrire. Elle est rarement où on la cherche, et elle est quelquefois où on ne la cherche point' (La Bruyère).[23] Plus systématique, Buffier écarte toute distinction d'emploi (on la rencontre dans les discours oratoires et dans la vie pratique), de culture ou de savoir (le peuple et l'enfance en sont également susceptibles). Le seul critère qui vaille, c'est la qualité de la réception: 'Tout langage est également bon pour l'éloquence dès qu'il est entendu. Il sera quelquefois défectueux, et pourtant énergique, il fera quelque peine à l'auditeur, et fera pourtant son effet sur lui.'[24]

La faiblesse de cette pensée fonctionnaliste vient de ce qu'elle érige en normes certains effets définis *a priori*, et que l'on peut résumer dans la formule stéréotypée et sans cesse reprise: *ut pateat, ut placeat, ut moveat*. Quand Fénelon demande 'pourquoi parle-t-on?', c'est pour rappeler la tâche qui incombe traditionnellement aux prédicateurs: 'pour persuader, pour instruire, et pour faire en sorte que l'auditeur retienne'.[25] La parole doit se justifier par son utilité et sa moralité; elle obéit à un idéal d'ordre fondé sur une métaphysique. La beauté du discours renvoie à une téléologie religieuse. Pour Lamy, 'les choses ne sont bien ordonnées que lorsqu'elles ont un rapport à leur tout, et qu'elles conspirent pour atteindre leur fin'.[26] Ce fonctionnalisme est d'abord un finalisme.

La rhétorique veut montrer comment le discours peut atteindre ses fins, mais elle le fait à la manière des grammaires de l'époque, auxquelles les livres de Lamy ou Dumarsais sont souvent assimilés.[27] De même que le grammairien admet que chacun connaît les règles et se contente de dresser la liste des exceptions, le rhéteur donne à l'homme déjà éloquent un certain nombre de

---

21. B. Lamy, *La Rhétorique ou l'art de parler* (Amsterdam 1699), p.9. Ces idées ont pu inspirer à Marivaux ses *Pensées sur la clarté du discours*, parues en mars 1719 (JOD, pp.52-56).

22. C. Batteux, *Principes de la littérature*, t.iv (Paris 1764), p.11. Batteux reprend la distinction de B. Lamy dans des termes légèrement différents: il oppose le 'bien dire' au 'bien parler', c'est-à-dire à la simple correction grammaticale.

23. La Bruyère, *Les Caractères*, éd. R. Garapon (Paris 1962), *Des ouvrages de l'esprit* 55, pp.89-90.

24. C. Buffier, *Examen des préjugés vulgaires, pour disposer l'esprit à juger précisément et sainement de tout* (Paris 1725), p.274. Cette formule figure dans un essai intitulé: 'Que c'est la nature et non point l'art qui fait les hommes véritablement éloquents; contre la maxime et l'opinion commune qui dit: *nous naissons poètes, mais nous devenons orateurs*', pp.260-77.

25. Fénelon, *Dialogues sur l'éloquence*, p.2.

26. B. Lamy, *La Rhétorique*, p.8.

27. A. Baillet, *Jugements des savants* (Amsterdam 1725), classe B. Lamy parmi les grammairiens, et fait figurer sa *Rhétorique* à côté de la *Grammaire générale et raisonnée*, ii.283-84. Dumarsais considère que les tropes sont du ressort de la grammaire, à la différence des figures – où les mots gardent leur signification propre – qui intéressent les rhéteurs (*Des tropes*, Tulle 1793, pp.12-13).

conseils pragmatiques: il lui apprend à gérer son talent. Tous les théoriciens distinguent en effet soigneusement l'éloquence, qui est l'art de persuader, de la rhétorique, qui n'est qu'un ensemble composite de remarques sur ce talent: 'La rhétorique est un art et un fruit de l'étude; l'éloquence prévient tout art et toute étude: l'éloquence est un modèle, la rhétorique n'est que la copie; l'éloquence produit toujours son effet, la rhétorique le manque souvent.'[28]

Les deux genres distingués par Goujet, les traités de rhétorique et les réflexions sur l'éloquence, se situent donc à deux moments d'un phénomène unique: celles-ci traitent avant tout des fins, ceux-là des moyens pour parvenir à ces fins. Les unes évaluent des fonctions, les autres décrivent des fonctionnements. Mais cette description, chacun s'accorde pour dire qu'elle ne saurait rendre éloquent. Même les auteurs les plus traditionnels qui insistent sur la nécessité de l'art, reconnaissent qu'il ne supplée pas au 'talent' ou à 'l'inspiration', et visent davantage à provoquer une prise de conscience de ce qui fait l'éloquence qu'à donner des règles infaillibles, 'afin que, ce que les uns n'exécutaient que par hasard, ou de génie, ou par habitude, d'autres, sans que cela parût, le fissent par des règles certaines'.[29] Mais beaucoup dénient à la rhétorique cette utilité pratique: pour Marivaux, Buffier, d'Alembert, après Pascal ou La Bruyère, l'éloquence ne peut s'enseigner.[30] Le propos des traités de rhétorique, qu'ils respectent les modèles antiques, ou s'aventurent sur des voies inédites, tend ainsi à rejoindre celui des 'réflexions sur l'éloquence': les uns et les autres cherchent à décrire et comprendre ce qu'est la persuasion, apprennent à la 'juger': 'Il faut observer qu'il y a une grande différence entre le talent de l'oraison et l'art qui aide à le former. Le talent s'appelle éloquence, l'art, rhétorique: l'un produit, l'autre juge: l'un fait l'orateur, l'autre ce qu'on nomme rhéteur.'[31]

La démarche de Buffier, qui paradoxalement annonce à l'avance l'inefficacité de sa théorie, procéderait ainsi de ce qu'on appelle volontiers au dix-huitième siècle la 'philosophie':[32] elle établit des modèles d'intelligibilité, non des recettes pratiques. Le manuel de Rollin, auquel Gibert reproche à juste titre de laisser les règles dans le vague, demande qu'on soumette aux élèves le plus grand nombre possible d'exemples pour qu'ils réfléchissent sur l'éloquence et en saisissent les principes. Rollin, Buffier, Batteux veulent surtout apprendre à lire la littérature, à en mesurer les finesses, à en évaluer les intentions.[33] Ils deman-

---

28. C. Buffier, *Cours de science* (Paris 1732), col.299 (ce gros *folio* est numéroté par colonnes, à raison de deux par page).

29. Cette formule de Gibert (*Rhétorique*, p.20) ressemble à celle dont Baillet s'est servi pour présenter la *Grammaire générale*, qui veut 'pénétrer les raisons' de l'usage et 'faire par science ce que les autres font seulement par coutume et par habitude' (ii.283).

30. Nous reviendrons sur les idées de Buffier et de Marivaux. Cette question est abordée par d'Alembert dans son *Discours à l'Académie française* (19.12.1754), in *Mélanges de littérature, d'histoire et de philosophie*. t.ii (Amsterdam 1772), pp.297-310: 'L'éloquence est le talent de faire passer avec rapidité, et d'imprimer avec force dans l'âme des autres, le sentiment profond dont on est pénétré [...] La même disposition de l'âme qui nous rend susceptibles d'une émotion vive et peu commune, suffit pour en faire sortir l'image au dehors: il n'y a donc point d'art pour l'éloquence, puisqu'il n'y en a point pour sentir' (pp.300-301).

31. Batteux, iv.11.

32. Dans sa préface, B. Lamy prévient que sa *Rhétorique* ne suffira pas à rendre éloquent, mais ajoute qu'elle présente l'intérêt de donner 'des connaissances spéculatives'.

33. Batteux, iv.4: 'Notre dessein n'est point d'apprendre à parler; c'est d'apprendre à lire et à juger.'

dent à leurs élèves d'appréhender la beauté de l'éloquence plus que de la reproduire, si ce n'est par imprégnation, et annoncent ainsi l'enseignement moderne du français. Gibert lui-même, qui écarte et les lieux et les figures,[34] se limite le plus souvent à des propos géneraux sur les différents styles.

Si elle ne renonce pas encore à être un art, la rhétorique de la première moitié du dix-huitième siècle se contente de plus en plus d'être une description de l'éloquence. Aussi Marivaux, tout en excluant que l'éloquence puisse dépendre de l'art, d'une connaissance des règles ou des techniques, va donner finalement de la persuasion une description conforme à la tradition. Dans la mesure où la rhétorique sert de cadre général à l'analyse des phénomènes de persuasion, Marivaux, comme Prévost, participe à cette réflexion 'rhétorique' sur l'éloquence.

b. La conception rhétorique de la persuasion

Il reste à examiner les analyses des théoriciens dont on trouve l'écho chez Marivaux et chez Prévost, à définir la problématique qui leur est commune. La réflexion rhétorique de la fin du dix-septième et du début du dix-huitième siècle s'est développée autour de deux axes fondamentaux: une fois admis que l'éloquence a pour fin de combler l'écart entre les deux interlocuteurs, on peut mettre l'accent soit sur la nécessité de s'adapter aux particularités de l'auditeur, soit sur les moyens dont on dispose pour lui faire saisir l'originalité de son *sentiment*. Dans un cas, l'art de parler, conformément à la tradition, est défini en termes de stratégie; dans l'autre cas, on y voit plutôt la capacité à rendre compte d'un point de vue personnel, subjectif.[35] Ce sont ces deux conceptions complémentaires de la persuasion que nous allons examiner successivement.

La mise en œuvre d'une stratégie

Une espèce de mécanique. A F. Lamy, qui s'indignait que les '*idées sensibles* (c'est-à-dire portant sur les réalités concrètes) *ne nous faisant connaître les choses [...] que selon les rapports qu'elles ont avec nous, et non selon les rapports qu'elles ont entre elles, nous remplissent l'imagination de fantômes et d'illusion*', B. Gibert réplique quelques années plus tard, qu'on ne saurait traiter d'illusion ce qui détermine les opinions et les actions des hommes, et donc décide de leur salut: 'Dans les matières oratoires [...] il s'agit de faire des jugements sur les choses bonnes ou mauvaises par rapport à nous.'[36] Pour les contemporains de Lamy et Gibert, il ne fait pas de doute que les *jugements* que l'orateur cherche à infléchir, dépendent des inclinations, des goûts, des penchants, des désirs de l'auditeur: persuader consiste à agir sur les motivations de l'individu. L'éloquence est donc conçue en termes de psychologie.

---

34. Gibert, pp.101-103. B. Lamy traite avec une certaine condescendance la théorie des lieux (pp.308ss.).

35. Les rhéteurs passent souvent de l'une à l'autre de ces conceptions sans les distinguer. Seul B. Lamy semble avoir pris conscience de leur différence. Ayant décrit, dans les quatre premiers livres de sa *Rhétorique*, le fonctionnement de la parole, il en vient dans le dernier livre aux techniques qui facilitent la persuasion, aux recettes proprement rhétoriques.

36. Gibert, *De la véritable éloquence* (Paris 1703), pp.119-20. L'auteur y cite et y réfute le gros ouvrage antirhétorique de F. Lamy, *De la connaissance de soi-même* (Paris 1694-1698).

Les trois buts traditionnels assignés à l'éloquence, instruire, plaire et toucher, correspondent schématiquement aux trois étapes d'un même processus qui conduit de la simple compréhension à un engagement profond de tout l'être. Il faut que le récepteur reconnaisse la vérité de ce qu'on lui présente, accorde à l'orateur le droit de l'énoncer, puis se décide à faire passer dans les actes ces idées nouvelles, à payer de sa personne. La rhétorique a du discours une conception dynamique, non dans le sens d'un processus créateur grâce auquel le moi parvient à s'exprimer, mais en ce qu'il produit un changement, un 'mouvement' chez l'auditeur.

La psychologie à laquelle se réfère la rhétorique est le plus souvent celle d'Aristote, avec une teinture de cartésianisme au dix-septième, puis de sensualisme au dix-huitième siècle. Mais de fait, elle se réduit le plus souvent à une distinction banale entre une faculté intellectuelle et une faculté affective. Cette dichotomie assez fruste explique que la rhétorique soit souvent présentée comme un supplément, voire un 'coloriage' ou un 'habillage',[37] qui ajoute à l'expression des idées abstraites tout ce qui permet d'agir sur le cœur, d'infléchir la volonté:

J'ai dit que l'éloquence fait dans l'âme une impression de sentiment, pour la distinguer d'avec l'impression de simple intelligence, qui se fait dans les entretiens que nous avons les uns avec les autres, pour nous faire mutuellement entendre nos pensées. Par-là aussi, on distingue l'effet de l'éloquence d'avec la simple impression d'une persuasion spéculative, telle qu'il s'en fait dans les démonstrations de science [...] Au contraire, lorsque cette lumière touche, affectionne, plaît, et qu'elle excite le goût, l'inclination, la volonté, les désirs, voilà du sentiment, et c'est où tend l'éloquence, dans ce qu'elle a de propre et de particulier.[38]

Cette action psychologique est fondée sur ce que les traités appellent traditionnellement 'les passions'. Ce terme désigne à la fois un état et le processus qui provoque sa transformation.[39] L'orateur se propose de détourner dans un but qui lui est favorable les 'inclinations' qui au départ s'opposent à la persuasion. Il inverse la direction des penchants qui lui étaient hostiles, s'en sert comme d'un levier pour imposer sa volonté. S'emparer de l'âme de l'autre, et lui inspirer un désir qui lui était primitivement étranger, voilà pour Balzac le miracle de la grande éloquence:

[Les paroles éloquentes] vivent dans les plus ingrates mémoires; elles se font voie dans la plus secrète partie de l'homme; elles descendent jusqu'au fond du cœur; elles percent jusques au centre de l'âme, et se vont mêler et remuer là-dedans avec les pensées et les autres mouvements intérieurs. Ce ne sont plus les paroles de celui qui parle, ou qui écrit. Ce sont les sentiments de ceux qui écoutent ou qui lisent. Ce sont des expressions, donnez-moi congé de le dire, si contagieuses, si pénétrantes et si tenaces, qu'elles

---

37. Les pensées sont comparées au corps, et les mots aux habits: 'C'est l'élocution qui pare et habille ce corps et qui lui prête une nouvelle beauté; c'est elle qui en fait la magnificence et l'éclat' (Gibert, *La Rhétorique*, p.428). On assimile aussi l'idée à un dessin auquel les mots apportent leurs couleurs (voir A. Becq, 'Rhétoriques et littérature d'art à la fin du dix-septième siècle: le concept de couleur', *CAIEF* 24 (1972), pp.215-32)

38. Buffier, *Cours de science*, col.298-99. Mêmes formules chez Gibert, p.250, ou Rollin, *De la manière d'enseigner et d'étudier les belles-lettres, par rapport à l'esprit et au cœur* (Paris 1765), ii.297-98.

39. Gibert traduit ainsi la définition d'Aristote: 'On les définit des sentiments de l'âme qui sont accompagnés de douleur et de plaisir, et qui apportent un tel changement dans l'esprit qu'il juge tout autrement des objets qu'il ne faisait auparavant' (p.242).

s'attachent inséparablement au sujet étranger qui les reçoit, et deviennent partie de l'âme d'autrui.[40]

Mouvement spontané de désir ou de dégoût, la passion peut être dirigée comme un réflexe pavlovien; il suffit de représenter comme des leurres les divers objets qui la sollicitent pour se jouer de l'auditeur. Plusieurs des rhétoriques parues dans la seconde moitié du dix-septième siècle, celles de Bary, de Bretteville, et celle de Breton encore, en 1703, consacrent aux passions de longs développements inspirés d'Aristote; après la définition de chaque passion, ils énumèrent les différentes catégories de sujets qui peuvent en être affectées, et les divers objets qui peuvent les exciter.

Cette *espèce de mécanique* trouve dans le cartésianisme une justification nouvelle. Les parcours complexes des esprits animaux, ce va-et-vient entre les sens et l'esprit, le cœur et l'imagination, servent d'alibi scientifique à l'assimilation du discours à une machine, sur laquelle B. Lamy a fondé l'essentiel de son 'art de parler': 'Celui qui tient le ressort d'une machine n'est pas tant le maître de tous les effets de cette machine, que celui-là l'est d'une personne dont il connaît les inclinations, et à qui il sait inspirer la haine ou l'amour, selon qu'il faut le faire avancer vers un objet ou l'en éloigner' (p.145).

En 1690, dans le deuxième tome de son *Parallèle*, Perrault se prévaut des progrès accomplis dans la connaissance du cœur humain pour expliquer la supériorité de l'éloquence moderne. Comme l'anatomie y a fait des découvertes physiologiques, 'la Morale y a aussi trouvé des inclinations, des aversions, des désirs et des dégoûts, que les mêmes Anciens n'ont jamais connus'.[41] Si Perrault donne d'abord l'exemple des œuvres littéraires, tragédies, romans, et 'traités de morale', et reconnaît surtout à Descartes le mérite d'avoir développé l'esprit de méthode, E. Pourchot,[42] reprenant quelques années plus tard la même argumentation, se réfère explicitement au *Traité des passions* – dans lequel Bruzen de La Martinière voit encore en 1731 la source essentielle de la 'morale'.[43] Le progrès scientifique profite donc aussi au rhéteur et à l'orateur. Les Anciens, bien entendu, ne pouvaient laisser passer une telle allégation. Boissimon réfute en 1698 le volume que Perrault a consacré à l'éloquence:[44] la connaissance scientifique est inutile au rhéteur qui peut se contenter de remarques sur la manière d'exciter les passions en général, et encore plus à l'orateur, qui doit 'puiser dans la nature', faire confiance à son inspiration, surtout dans le domaine de l'éloquence de la chaire. Gibert utilise contre Pourchot un argument un peu différent, et pas très convaincant. Puisque l'orateur ne peut renverser les habitudes et les préjugés de son auditoire, mais tout au plus les détourner à son

40. Guez de Balzac, *De la grande éloquence*, in *Œuvres*, t.ii (Paris 1665). p.524. L'auteur s'est attaché à mettre en valeur le pouvoir de l'éloquence, surtout dans le domaine politique.

41. Perrault, p.30; 'Il y a mille sentiments délicats [sur chaque passion] dans les ouvrages de nos auteurs, dans leurs traités de morale, dans leurs tragédies, dans leurs romans, et dans leurs pièces d'éloquence, qui ne se rencontrent point chez les Anciens' (pp.30-31).

42. Dans la *Lettre d'un juriste à l'auteur du livre 'De la véritable éloquence'* (Paris 1703), E. Pourchot répond à Gibert: il faut soumettre les passions à une triple analyse, physique, morale et rhétorique.

43. Bruzen de La Martinière. pp.74-75.

44. Boissimon, *Les Beautés de l'ancienne éloquence opposées aux affectations de la moderne* (Paris 1698), pp.77-80. Boissimon allie respect des classiques et tradition aristocratique: le bien parler est le propre de la nature noble. Aussi attribue-t-il l'éloquence à l'inspiration plus qu'à l'art.

profit, il lui suffit de connaître ses goûts; et s'il s'agit dans un discours de décrire les passions, il faut là encore se limiter aux idées communes, pour fausses qu'elles soient.

Cet épisode marginal de la Querelle pose indirectement l'une des questions fondamentales qui ont préoccupé le dix-huitième siècle: que peut valoir une persuasion purement machinale? Peut-on réduire la sensibilité à un simple phénomène physiologique?

Cette conception mécanique de la persuasion est au cœur du débat sur l'éloquence de la chaire dont la préface de Dubois-Goibaud à la traduction des sermons de saint Augustin a donné le coup d'envoi, et qui se termine avec la lettre de C. de La Morinière. Gibert en a fait l'historique, et elle a particulière-ment attiré l'attention des critiques modernes.[45] La première controverse, qui met Dubois aux prises avec Arnauld, porte essentiellement sur la place de l'imagination dans la persuasion. Pour Dubois, les images sensibles sont une source d'erreur, puisque l'apparence des choses ne correspond jamais à leur vérité. Surtout on accorde à tout ce qui se trouve dans le monde une valeur qui contredit son essence morale. Dubois, comme F. Lamy, demande aux prédicateurs qu'ils s'adressent uniquement à l'esprit. Mais cette condamnation radicale de l'univers sensible évacue plus qu'il ne résout le problème que pose à la rhétorique le rapport entre l'âme et le corps. Arnauld, l'année suivante, rappelle que l'imagination se contente de construire des représentations, et qu'il appartient à l'entendement et à la volonté de leur attribuer une valeur.

Le gros ouvrage de F. Lamy (1694-1698) vient étayer la thèse de Dubois de deux arguments nouveaux.[46] Prisonnier d'une interprétation étroite du cartésia-nisme, Lamy conçoit l'esprit à l'image d'un espace limité, d'une sorte de boîte où la place prise par l'imagination serait tout entière enlevée à l'entendement. Les sillons de cire de l'esprit seraient alors envahis par les traces des séduisantes sensations.[47] F. Lamy reproche surtout à l'éloquence son rôle mystificateur, qu'on pourrait qualifier d''idéologique'. Utilisant toutes les idées reçues, tous les stéréotypes, l'orateur ne fait que renforcer la confiance que la société accorde aux images trompeuses d'une dévotion, d'une charité, d'une humilité contrefai-tes. Voulant plaire, il flatte les goûts d'un public dominé par son amour des choses sensibles, et aiguise son avidité pour des biens moralement injustes, la richesse, le luxe, les honneurs, la volupté.

L'éloquence, enfin, agissant dans le cadre de l'Eglise, faillit à sa mission. Elle maintient le pécheur dans son aveuglement en lui faisant croire qu'il a satisfait à tous ses devoirs. La même analyse vaut donc pour le discours, pour l'institution

---

45. B. Gibert, *Jugements des savants*, iii.317-44 et 430-48. Goujet se contente de reprendre les analyses de Gibert. A. Pizzorusso a présenté la position de F. Lamy (*Teorie letterarie in Francia, ricerche sei-settecentesche*, Pisa 1968, pp.179-221). B. Munteano a rappelé les épisodes de cette querelle (pp.354-64), rapidement évoquée par M. Charles, pp.182-85.

46. F. Lamy a consacré à la rhétorique une partie de son traité *De la connaissance de soi-même*; il y revient dans la *Rhétorique de collège trahie par son apologiste* (Paris 1704).

47. Ces impressions sont doublement dangereuses: elles laissent des traces plus profondes que les pensées, et elles subsistent à l'insu du sujet: 'Ces hôtesses importunes, après avoir feint de se retirer avec l'idée de l'objet qui les avait amenées dans le cœur, se retranchent comme dans son fond; et là, cachées sous le rideau d'objets tout différents, qui voltigent sur la surface de son esprit, elles font jouer si adroitement tous les ressorts de notre conduite que, quoiqu'il y ait peu d'actions où elles n'aient quelque part, il est très rare qu'on s'en aperçoive' (*De la connaissance de soi-même*, iii.383).

qui le transmet, et pour la société qui l'accueille: la rhétorique n'est là que pour perpétuer les fables de l'imaginaire.[48]

A cette critique, qui rejoint celle d'un La Rochefoucauld, ou d'un La Bruyère, Gibert ne répond pas, s'abritant derrière saint Augustin: l'éloquence n'est bonne ou mauvaise que par l'usage qu'on en fait, et puisque l'homme est doté d'un corps et d'une sensibilité, il faut en tenir compte.

L'éloquence de la chaire peut-elle ou non faire appel à toutes les ressources de la rhétorique, en particulier aux figures? La question perd vite de son intérêt au cours du dix-huitième siècle, mais le problème fondamental du rapport entre éloquence, imagination individuelle et imaginaire collectif va conserver pour Marivaux et Prévost toute son importance.

Un pouvoir contestable. En lecteurs de Cicéron, la plupart des auteurs du dix-septième siècle attribuent à l'éloquence un rôle civilisateur. A l'origine des sociétés, elle les maintient en paix en préservant leur unité morale et culturelle. Dans les cités, dans les armées, elle 'ravissait le consentement des Princes et des Républiques, et rangeait à la raison les volontés les plus opiniâtres et les plus dures' (Balzac, p.524). La rhétorique n'est donc pas une science de la communication, mais un manuel de domination, l'art 'de gouverner les hommes par la parole dans les actions de la vie' (Gibert, *Rhétorique*, p.14). Agissant directement sur les causes du comportement, sur la volonté, le pouvoir de l'éloquence l'emporte sur celui de la fortune ou des armes: ce 'don de l'âme [...] nous rend maîtres du cœur et de l'esprit des autres [...] fait que nous leur inspirons ou que nous leur persuadons tout ce qui nous plaît' (La Bruyère, *Du mérite personnel*, 55, p.89).

Abolissant la distinction entre les mots et les choses, 'née au commandement et à la souveraineté, toute efficace et toute pleine de force, disons qu'elle agit [...] par la parole plus qu'elle ne parle' (Balzac, p.521): avec la rhétorique, dire, c'est faire. Ce pouvoir de l'éloquence soulève deux séries de problèmes. Nous avons déjà mentionné la première. Quand B. Lamy décrit la manière dont les mouvements de la volonté s'inscrivent dans le discours, c'est parce qu'il estime possible le chemin inverse: en agençant les mots de façon à y faire figurer les marques de la sensibilité, on peut agir sur l'affectivité des autres. Au caprice des circonstances ou du génie, la rhétorique substitue des lois sûres qui permettent à l'orateur de prévoir les réactions de l'auditeur et donc de 'programmer' son comportement. C'est cet automatisme qui est contesté au cours du dix-huitième siècle, le pouvoir de persuader étant présenté comme une preuve des qualités naturelles de l'orateur. Cette remise en cause d'une technique rhétorique s'accompagne d'une interrogation sur le rôle de l'éloquence. Traditionnellement, on en fait un moyen de maintenir l'ordre, de diffuser la loi civique et morale dans l'ensemble du corps social: une telle fin justifie tous les moyens.

Parmi les nombreuses métaphores utilisées par la rhétorique, il en est toute

---

48. Pour toucher le cœur, le prédicateur traduit sa leçon en termes figurés. Mais comme ces images ont un fort pouvoir de séduction, l'auditeur goûte ces évocations sensibles et oublie la leçon: 'Ces couleurs, ces brillants, ces ornements amenés de loin, ne sont propres qu'à faire prendre le change. On croit s'attacher à la vérité pendant qu'on ne s'attache qu'à l'écorce. On ne l'aime que par ses habits, par sa parure, par ses ajustements' (v.421).

une série empruntée à l'art militaire qui assimile l'orateur à un stratège disposant ses armes et ses soldats contre son ennemi. Pour imposer sa propre manière de voir, il faut bien considérer celle de son auditeur, son mode de vie, ses choix moraux, ses attaches sociales, ses goûts, comme des obstacles à renverser.

C'est surtout dans la présentation des preuves et dans la partie consacrée à la disposition que le rhéteur explique comment se jouer de l'hostilité de l'auditeur. Il faut tenir compte de son état d'esprit, 's'y prendre de loin, par des détours, et non de front, de peur de l'irriter et de [le] faire se roidir contre ce qu'on veut lui dire'.[49] Ce que manifeste l'auditeur demande à être réinterprété; souvent il demande des conseils dans l'espoir de voir ses vices approuvés, et non pas pour être corrigé: 'il y a donc des occasions où les hommes feignent ne pas vouloir une chose pour la faire vouloir, ou bien ils feignent la vouloir, pour donner envie du contraire, parce qu'ils ont à faire à des esprits de contradiction' (p.391). Si besoin est, l'orateur saura dire le contraire de ce qu'il veut obtenir, s'insinuera 'par des chemins écartés et détournés', prendra le biais de la digression qui ne s'éloigne 'du but du discours' que pour mieux aller 'au but de l'orateur'.[50] Celui-ci est aussi parfois comparé à un médecin dont le médicament, le remède, ne peut faire effet qu'à condition d'être 'déguisé, accommodé'.[51]

Cette idée qu'il faut corriger l'aveuglement de l'auditeur, faire contrepoids à ses préjugés, ses inclinations mauvaises, sous-tend également l'analyse de plusieurs procédés stylistiques, en particulier de l'hyperbole 'qui représente les choses ou plus grandes ou plus petites qu'elles ne sont dans la vérité' (B. Lamy, p.98). Du point de vue logique, c'est une aberration; mais cette démesure permet au récepteur engourdi, indifférent, de se faire une idée juste de ce que pense l'orateur. Ce que ce trope perd en vérité objective, il le gagne en efficacité psychologique: 'on se permet [ces expressions] qui disent trop dans la persuasion où l'on est qu'elles n'auront pas un effet qui aille au-delà du vrai'.[52]

L'auditeur se trouve ainsi progressivement circonvenu. A mesure que se déroule le discours, il change de sentiment. Le rapport entre l'orateur et celui à qui il s'adresse est donc inégal; tandis que l'un parle et dirige, l'autre se laisse manœuvrer et subit passivement sa propre transformation: '[l'éloquence] ne laisse pas le jugement en liberté; ceux qu'elle entreprend de vaincre ne doivent pas demeurer en état [...] de savoir ce qu'ils font et ce qu'ils sont, ni de la connaître elle-même'.[53]

---

49. B. Gibert, p.423. Cette stratégie concerne l'ordre qu'on doit suivre pour agir sur les passions. Pour les exciter, 'il faut surtout commencer par ce qu'il y de plus présent, de plus sensible'; le détour s'impose quand on veut les 'détruire'.

50. p.298: 'On appelle *digressions* les endroits où l'on traite des choses qui ne vont pas au but du discours, mais qui vont pourtant au but de l'orateur. Celui de l'orateur est de vaincre et de gagner sa cause. Celui du discours est d'établir la proposition qui fait le fond du procès.'

51. p.391: 'Les hommes souvent ressemblent à des malades, ennemis des remèdes dont ils ont besoin. Il faut accommoder ces remèdes à leur disposition, il faut les leur déguiser.' Les pédagogues de Prévost recourent souvent à ce type de métaphores pour justifier leur conduite à l'égard de leurs élèves.

52. J. P. de Crousaz, *Traité du beau* (Amsterdam 1724), ii.54. En lecteur de B. Lamy, Crousaz attribue l'hyperbole aux passions: elle 'nous représente les choses non telles qu'elles sont, mais telles qu'il est de l'intérêt des passions qu'elles soient, telles qu'elles doivent être pour leur convenir' (p.58). Se référant à une analyse similaire, Rousseau voit dans l'hyperbole l'origine du langage (*Essai sur l'origine des langues*, éd. C. Porset, Bordeaux 1970, pp.45-47).

53. F. H. d'Aubignac, *Discours académique sur l'éloquence* (Paris 1668), p.12. Pareille à un glaive,

Ce machiavélisme ne donne guère mauvaise conscience aux rhéteurs eux-mêmes: la plupart sont des ecclésiastiques – de surcroît professeurs – ou des juristes, qui écrivent dans le cadre d'institutions dont le pouvoir moral, culturel et politique va de soi. La persuasion est souvent vue sur le modèle d'une conversion: si l'orateur parle au nom de Dieu ou de ses divers représentants sur terre, tous les détours et toutes les ruses deviennent licites.

Dans son célèbre parallèle entre l'orateur et le soldat, B. Lamy envisage trois cas: on peut combattre à 'forces égales', ou 'environné d'ennemis', mais, situation la plus fréquente, quand on doit céder à une force supérieure, il faut continuer la lutte sous une forme nouvelle.[54] Le seul moyen dont le vaincu dispose pour sauver sa mise, pour regagner ce qu'il vient de perdre, c'est de remplacer les armes par des larmes: il va représenter théâtralement sa propre défaite, 'il s'abaisse encore davantage que son ennemi ne l'a abaissé, il se jette à ses pieds et embrasse ses genoux'. C'est alors qu'il est relevé, pardonné, secouru. Voilà comment Lamy explique ce paradoxe (pp.139-40):

L'homme est fait pour obéir à ceux de qui il dépend, et dont il est soutenu et pour commander à ses inférieurs qui reconnaissent sa puissance. Il fait l'un et l'autre avec plaisir. Deux personnes se lient fort étroitement ensemble quand l'une a besoin d'être soulagée, qu'elle le désire, et que l'autre la peut soulager. Dieu ayant fait les hommes pour vivre ensemble, il les a formés avec des inclinations naturelles. Une personne affligée prend naturellement toutes les postures humiliées qui la font paraître au-dessous de ceux à qui elle demande du secours; et nous ne pouvons sans résister aux sentiments de la nature refuser à ceux que nous voyons humiliés le secours qu'ils nous demandent. Nous les secourons avec un plaisir secret, qui est comme le prix qui nous paie du soulagement que nous leur donnons.

Le vaincu conquiert sa liberté grâce à un psychodrame qui permet au puissant de jouer emphatiquement son propre rôle. Le retournement de la situation, qui manifeste le pouvoir de l'éloquence, ne remet pas en cause le principe de la hiérarchie. Il en rappelle même, le temps d'une scène, le fondement ontologique: l'acte de bienfaisance confirme le droit du plus fort à exercer son autorité. Le puissant accède à la jouissance en prenant, dans l'exercice de la générosité, conscience de sa propre force.

Ce respect de l'ordre inspire le principe des *bienséances*: il faut s'adapter à la situation, au caractère de l'auditeur, à son âge, son sexe, sa profession. L'orateur, qui tire profit des préjugés et des habitudes de la société, ne peut les remettre en question: il est par nature conservateur.[55] Pour peu que disparaisse la perspective métaphysique qui est celle de B. Lamy et des prédicateurs chrétiens, l'éloquence devient seulement un moyen privilégié pour échanger les biens ou

l'éloquence produit chez les auditeurs 'un divorce inexplicable entre leur jugement et leurs sens' (p.17).

54. B. Lamy, livre II, chap. 11: 'Les figures sont comme les armes de l'âme. Parallèle d'un soldat qui combat avec un orateur qui parle' (pp.137-41). Crousaz, ii.7-13, cite de longs passages de ce parallèle.

55. L'un des mérites de la rhétorique est de faciliter les rapports 'entre un Prince et des sujets, un père et des enfants, un tuteur et des pupilles, un bienfaiteur et ceux qui en ont reçu du bien' (Rollin, ii.308-309): elle inspire l'humanité aux uns, et aux autres, la soumission. L'ordre même des mots qu'il faut respecter dans la phrase est à l'image de celui qui règne dans une bonne maison (ii.209), dans la société (Batteux, iv.94-95) ou dans l'Etat (G. Girard, *Les Vrais principes de la langue française*, Paris 1747, i.21).

les idées. Le modèle de référence n'est plus le prêtre en quête de conversion, mais le commerçant qui cherche à écouler sa marchandise.

Buffier, pour montrer que les principes rhétoriques ont une portée universelle qui dépasse le domaine du langage et intéresse tous les aspects de la vie sociale, prend pour exemple le livre et la maison: '[une maison] doit par elle-même exciter l'envie d'être habitée; comme un livre doit exciter l'envie de se faire lire'.[56] Maisons et livres doivent provoquer de l'extérieur un désir de consommation ou d'utilisation, offrir au regard une image de leur valeur d'usage. Même si cet art du 'faire valoir' dont parle Buffier rend honnêtement compte de ce qu'est la maison ou le livre, il doit se fonder sur ce que le lecteur ou l'habitant éventuel considèrent être un bon livre ou une belle maison, c'est-à-dire sur le stéréotype, le lieu commun, et donc le préjugé.

Dans sa *Rhétorique* de 1703, Breton avait emprunté aux *Devoirs* de Cicéron l'exemple d'un marchand qui doit vendre une maison non dépourvue de défauts. Voulant montrer que le choix des preuves laisse une grande latitude à l'orateur, Breton propose deux discours antithétiques, l'un conforme à la réalité, l'autre déguisant les imperfections de la villa et assurant un profit maximum. De même, d'Oreste, 'd'un côté on dira, *c'est un parricide qui a tué sa mère*, et d'un autre côté, on l'appellera un *fils généreux, le vengeur du sang de son père*'.[57]

Au cours du dix-huitième siècle, on va donc reprocher à cette rhétorique sa frivolité, son conservatisme, son immoralité, d'autant plus qu'on soumet par ailleurs à une critique systématique les principes sociaux, idéologiques ou politiques qui la justifiaient. A la rhétorique des bienséances, on va opposer une nouvelle forme d'éloquence fondée non plus sur la garantie divine, mais sur la loi naturelle. Alors que B. Lamy confond, sous la notion d'ordre, nature métaphysique, nature politique et nature humaine, F. Lamy, en moraliste chrétien, dénonce la contradiction entre l'essence surnaturelle de l'homme et les idéaux véhiculés par l'éloquence. Les personnages de Marivaux et de Prévost reprennent cette critique en la sécularisant, et opposent la nature humaine à l'imposture des bienséances. Face à un ordre social qu'ils considèrent injuste ou hypocrite, ils cherchent à atteindre, en chaque interlocuteur, un substrat primitif, un sentiment originel, source de vérité et d'équité, car situé au-delà de toutes les particularités des *mœurs*. Ils préfigurent ainsi la distinction que fait Rousseau entre une éloquence superficielle, brillante, mondaine, celle d'une coterie en perpétuelle représentation, et une éloquence *naturelle* qui sait retrouver en l'homme son authenticité profonde. Il faut en effet attendre le milieu du siècle pour trouver une analyse plus consciemment politique des bienséances. Après Diderot et Rousseau, Thomas explique le déclin de l'éloquence par 'des causes politiques ou morales'; le 'besoin de plaire, la crainte d'offenser, et cette existence d'opinion qui aujourd'hui est presque la seule, étouffe ou réprime tous les mouvements de l'âme'.[58] Il demande qu'on ne décerne plus des éloges à ceux

56. C. Buffier, col.347. De même, les 'agréments' des mots et des pensées doivent seulement servir à 'faire sentir et [à] faire valoir les choses à quoi [ils] sont destinés' (col.309).

57. Breton, *De la rhétorique selon les préceptes d'Aristote, de Cicéron et de Quintilien* (Paris 1703), pp.3-8. Là où Cicéron (*Des devoirs*, l.III, 12, §§50 et 54-55) voulait poser le problème de la responsabilité morale, Breton voit seulement les avantages d'une technique rhétorique.

58. A. L. Thomas, *Essai sur les éloges*, in *Œuvres* (Paris 1773), ii.294. Thomas voudrait que l'orateur 'ressemble à ces grands prêtres antiques qui, à la lueur du feu sacré, parlaient au peuple aux pieds

qui ont exercé le pouvoir, mais à ceux qui ont servi l'humanité, en particulier aux savants: la hiérarchie du mérite ne doit pas être confondue avec une hiérarchie sociale par trop arbitraire.

Au début du siècle, déjà, dans ses *Dialogues* et sa *Lettre à l'Académie*, qui mettent un terme à un siècle de débats sur l'éloquence de la chaire, Fénelon avait souhaité le retour à une nature à la fois simple et primitive, et fait le rêve de grandes œuvres d'art fortes et expressives, capables de préserver la moralité et l'esprit civique de la nation. Selon lui, la littérature doit de nouveau occuper la place publique et concerner chacun. Critique du pouvoir, référence à la nature, ambition nouvelle pour l'écrivain, ces trois thèmes majeurs du dix-huitième siècle ne sont encore qu'esquissés. Marivaux et Prévost se situent dans la même période de transition: ils adoptent encore l'optique des moralistes chrétiens du dix-septième siècle, mais pour mettre à jour les contradictions des bienséances, auxquelles ils opposent leur croyance en une éloquence fondée sur la nature et le sentiment.

L'expression du point de vue

Dans ses volumineuses *Observations* de 1728, Gibert reproche à Rollin d'avoir dénaturé Quintilien en ne distinguant pas l'énoncé des faits, qui ne vise qu'à instruire, de l'expression des émotions, qui cherche à toucher l'auditeur. C'est un des rares points sur lequel revient l'auteur du *Traité des études* dans une *Lettre* dont la brièveté ne manque pas d'ironie: 'J'ai avancé, après Quintilien, que les passions doivent être répandues dans toutes les parties du discours [...], et qu'un récit de choses graves et touchantes serait imparfait, s'il n'était vif et passionné.'[59] De son côté, Gibert croit en la possibilité d'un récit neutre, objectif, qui rendrait compte de la réalité indépendamment de la situation subjective de celui qui le rédige. L'expression de l'émotion peut rester extérieure à la représentation: l'orateur y a seulement recours s'il veut agir sur son interlocuteur. Tandis que Gibert assimile la rhétorique à une stratégie, Rollin met l'accent sur la subjectivité inhérente à chaque énoncé, et tente d'expliquer comment on parvient à l'exprimer: la sensibilité intervient au stade de l'invention, de la composition et des choix stylistiques, qui sont toujours porteurs de signification.

Les rhéteurs ont considéré cette question de l'expression individuelle de deux manières complémentaires. Ils ont examiné d'une part les procédés dont dispose la langue pour donner d'un même 'objet' des représentations différentes, et d'autre part les formes diverses que prennent les discours en fonction de l'état psychologique dans lequel se trouve l'orateur.

Une perspective variable. Ce sont des théoriciens rationalistes du dix-septième siècle qui, les premiers, ont essayé d'analyser l'influence que la sensibilité individuelle peut avoir sur la pensée et le discours. Parmi eux, B. Lamy, dont l'*Art de parler*, pour le plus grand dépit de Gibert, connaît de très nombreuses rééditions

---

de la statue de leur divinité. En l'écoutant, l'enthousiasme se communique: le sentiment, quoique exagéré, paraît vrai' (ii.257).

59. Rollin, *Lettre de M. Rollin à M. Gibert* (Paris 1727), p.12. Rollin y répond brièvement aux *Observations* (Paris 1727), que Gibert lui a adressées au sujet du deuxième tome de son traité *De la manière d'enseigner et d'étudier les belles-lettres*. Gibert ne s'en tiendra pas là et rédige une *Réponse de M. Gibert à la lettre de M. Rollin* (Paris 1727).

jusqu'en 1741, est parti de l'idée, assez banale, que 'les mêmes choses peuvent être conçues différemment'.[60] Les hommes ne 'regardent' pas les choses de la même façon, c'est-à-dire qu'ils portent sur elles des jugements différents, et réagissent à leur encontre par des mouvements opposés de surprise ou de haine, d'amour ou d'aversion. Ces divergences font obstacle à la communication, c'est-à-dire à l'extension du savoir, et menacent l'harmonie sociale, la bonne santé du corps politique. Pour y remédier, Lamy veut rendre à la pensée toute sa transparence, maîtriser le mécanisme de la parole: voilà l'optique dans laquelle il aborde la tradition rhétorique.

Il explique la diversité des opinions en jouant sur la métaphore qui assimile ce dont on parle à un 'objet', à une 'chose' à quoi on peut attribuer plusieurs 'faces'. Chacun des termes dont on use pour désigner ce même objet correspond à l'une de ses faces, et donc à un point de vue différent: B. Lamy se fait de la signification une conception assez étroitement lexicale. Comme il n'existe pas pour chaque 'face' un terme spécifique, on utilise des 'tropes', c'est-à-dire des mots qui désignent indirectement l'objet par l'une de ses 'circonstances'. Ce signe de la chose donne une idée précise du jugement qu'on porte à son égard et des qualités qu'on lui attribue: 'Quand on appelle un grand capitaine *un foudre de guerre*, l'image du foudre représente sensiblement la force avec laquelle ce capitaine subjugue des provinces entières, la vitesse de ses conquêtes, et le bruit de sa réputation et de ses armes' (p.106).

Ce trope ne sert pas d'ornement, mais permet de nuancer la pensée, de manifester ce qui fait la spécificité de chaque conception individuelle. Lamy donnait ainsi une inflexion intéressante à la théorie de Port-Royal sur les 'idées accessoires': les auteurs de la *Logique* distinguent en effet dans un énoncé 'la signification principale' des idées accessoires qui s'y ajoutent, et qui s'expriment généralement grâce aux signes naturels (air, inflexions de la voix, gestes) 'qui en diversifient, changent, diminuent, augmentent la signification, en y joignant l'image des mouvements, des jugements et des opinions de celui qui parle'.[61] Arnauld et Nicole maintiennent donc le principe d'une hiérarchie entre *idée principale et idée accessoire*: celle-ci n'est qu'une modification supplémentaire, secondaire, liée à la réalisation concrète du message; on peut s'en servir dans l'euphémisme, la raillerie, ou pour donner au discours un décorum approprié.

La formule de Lamy laisse au contraire entendre qu'à chaque idée accessoire correspond en fait une conception différente. Si l'objet reste identique, on ne peut jamais en avoir que des représentations partielles et partiales. Existe-t-il alors un critère de vérité qui permette d'échapper au conflit des interprétations? Lamy semble, du moins dans les questions pratiques, celles dont s'occupe la rhétorique, prendre son parti de ce relativisime: les 'sentiments', c'est-à-dire les opinions des individus, ne peuvent que se combattre.

Les idées de point de vue, de circonstance et de face vont donner lieu, au

60. B. Lamy, *La Rhétorique*, p.85. Cette différence de 'point de vue' joue entre les individus, mais aussi entre les peuples. Selon leur développement ou leurs intérêts, ils considèrent 'les choses d'une manière particulière' (p.19), ce qui explique les difficultés de la traduction.

61. A. Arnauld et P. Nicole, *La Logique ou l'art de penser* (Paris 1970), p.130. E. S. de Gamaches consacre un long développement à cette idée de la *Logique* (*Les Agréments du langage réduits à leurs principes*, Paris 1718, pp.318-23).

cours du dix-huitième siècle, à deux interprétations sensiblement différentes. Si l'on considère que la multiplicité des *faces* n'entame pas la connaissance que nous avons de l'*objet*, on attribue à l'idée accessoire une valeur picturale ou décorative. Le trope est chargé de donner de l'idée abstraite une traduction sensible, qui en elle-même n'apporte rien, mais est plus facilement accessible au commun des mortels. La multiplication des faces obéit moins à un besoin d'expression individuelle qu'à un goût de la redondance, de la profusion visuelle. Buffier fonde ainsi sa rhétorique sur le principe – qu'il appelle 'exposition'[62] – qui consiste à répéter la même idée en la considérant selon ses différents 'jours'. En lui présentant ses faces successives, l'orateur fait faire à son auditeur le tour de l'objet, et par cette insistance, parvient à l'imposer à l'esprit:

L'exposition produit son effet par les traits divers qu'elle donne à un même fonds de vérité ou de pensée, pour y arrêter l'esprit, qui d'une simple ou première vue n'entrerait pas assez dans ce qu'on veut lui faire sentir. Ces traits différents qui plaisent à l'esprit et l'amusent par leur variété, le frappent en même temps davantage, soit par l'uniformité du but où ils tendent, soit par la sympathie, pour ainsi dire, de chacun de ces traits particuliers, avec la disposition d'esprit particulière des auditeurs.

Ce déploiement des 'traits' confère au discours un surcroît de dignité, la richesse du vocabulaire symbolisant la supériorité sociale. Pour Crousaz, l'abondance des variations synonymiques – qui obéit au principe général de son traité, la diversité dans l'unité – est l'une des beautés de l'éloquence: 'On a donné divers noms à une même chose, pour marquer ses différents rapports et les différentes faces sous lesquelles celui qui parle l'envisage et la présente à ses auditeurs. Par là les idées accessoires font honneur à celui qui parle et à ceux à qui il s'adresse.'[63] Cet idéal de faste verbal, comme M. Fumaroli l'a montré,[64] envahit jusqu'à l'éloquence religieuse au cours du dix-septième siècle, et trouve un écho assez inattendu dans un des textes de jeunesse de Marivaux sur le sublime. Les détails secondaires doivent être présentés 'sous des faces dignes d'accompagner les matières vraiment hautes',[65] et Marivaux compare ces 'faces' aux livrées dont sont revêtus les valets d'un grand seigneur. La notion de face perd ainsi toute valeur fonctionnelle pour s'intégrer à la théorie des trois styles selon laquelle certains mots sont en eux-mêmes plus nobles que d'autres.

Dans un ouvrage antérieur de vingt ans à sa rhétorique, Buffier s'était penché sur le problème soulevé par le relativisime de Lamy, pour qui, rappelons-le, chaque trope exprime une conception différente du même objet. Le premier essai de son *Examen des préjugés vulgaires* veut en effet montrer 'que deux partis peuvent se contredire et contester sur un même sujet, et avoir tous deux également raison'.[66] Quatre ans après, Gamaches consacrait la quatrième partie

62. C. Buffier prend en effet le mot exposition dans un sens inhabituel, et en fait le principe de l'éloquence: 'Je fais principalement consister l'éloquence dans l'exposition. Le système se trouvera peut-être singulier; car il réduit particulièrement le secret de l'éloquence à répéter, par le moyen de l'exposition, une même chose sous différents jours' (*Cours de science, Plan général*, p.x).

63. Crousaz, ii.18. Même idée chez Fénelon, *Lettre ...*, p.55; 'tout le discours est un. Il se réduit à une seule proposition mise au plus grand jour par des tours variés.'

64. M. Fumaroli, *L'Age de l'éloquence*, deuxième partie: 'Du multiple à l'un: les styles jésuites'.

65. Marivaux, JOD, p.66. Cet essai *Sur la pensée sublime* est paru dans le *Mercure* de mars 1719.

66. Buffier, *Examen des préjugés vulgaires*, pp.1-41. A. Pizzorusso a montré que Crousaz essaie de résoudre un problème similaire dans le domaine esthétique: comment concilier le principe du Beau avec les variations du goût? (*Teorie letterarie in Francia*, pp.344-49).

de son *Système du cœur* à une question similaire: 'D'où naît la diversité des impressions que les objets font sur nous?'[67]

Buffier commence par expliciter l'image sous-jacente à l'idée de points de vue: 'Les hommes savent-ils que ce sont là autant de perspectives?' (*Examen*, p.22). L'exemple de l'anamorphose lui sert alors à montrer ce que la représentation doit à l'art, et à la position du spectateur: ce qui, vu de biais, paraît juste, devient, vu de face, monstrueux. De même, les opinions divergent parce que les hommes n'ont pas des 'choses' la même expérience. Buffier donne de cette diversité une explication purement psychophysiologique: 'Les hommes ayant donc les sens, les organes et l'imagination différentes, doivent apercevoir, sentir, imaginer différemment le même objet.'[68] Puis, reprenant les analyses de la *Logique* d'Arnauld et Nicole sur les équivoques,[69] Buffier attribue les différentes manières de regarder le même objet à l'ensemble des conceptions, des croyances, des sentiments de chacun. Mais qu'il s'agisse d'une différence de sensibilité ou d'un choix en quelque sorte idéologique, une seule voie s'ouvre pour remédier aux disputes et aux quiproquos, celle des éclaircissements: comme celui qui décrit un tableau ou un paysage doit, pour être entendu, dire où il se place, il faut préciser sous quel jour on considère l'objet, expliciter l'ensemble de ses présupposés, de ses jugements de valeur, des 'mouvements' qu'on éprouve.

'Si [l'homme] voulait ensuite faire part aux autres de ce qu'il aurait pensé, il n'aurait qu'à les placer dans les mêmes points de vue où il s'est trouvé lui-même lorsqu'il a examiné les signes':[70] le sensualisme rend indispensable l'établissement de cette langue parfaitement claire déjà réclamée par Port-Royal. Il faut que le processus d'abstraction par lequel on substitue un signe unique à une expérience sensible soit totalement explicite et aussi rigoureux que possible. L'extension sémantique de chaque mot doit être précisément définie. Pour Condillac, 'Il faudrait qu'après s'être mis dans des circonstances où l'on sentirait et où l'on verrait quelque chose, on donnât à ce qu'on sentirait et à ce qu'on verrait un nom qu'on emprunterait de l'usage.'[71]

L'idéal serait de disposer d'un mot ou d'une expression pour rendre compte de l'image et du sentiment propres à chaque point de vue. Examiner comment la langue permet d'exprimer les différentes *impressions* produites par chaque objet avait été le propos de Dumarsais dans son *Traité des tropes*. Les tropes ont l'avantage de restituer une expérience sensible et d'expliciter la valeur qu'on lui attribue: 'Les objets qui font sur nous des impressions, sont toujours accompagnés de différentes circonstances qui nous frappent et par lesquelles nous

67. E. S. de Gamaches, *Système du cœur, ou la connaissance du cœur humain* 2ème éd. (Paris 1708), pp.218-52. Cette partie ne figure pas dans la première édition parue en 1704.

68. pp.26-27. L'allusion à l'anamorphose se trouve pp.6-7: 'n'avez-vous jamais vu de ces perspectives que l'on montre par rareté en certains endroits?' Elles font que la vérité est 'multipliée' dans un seul et même objet.

69. pp.97-100. Les auteurs prennent l'exemple des disputes religieuses où les mêmes mots sont utilisés dans des sens différents.

70. Condillac, *Essai sur l'origine des connaissances humaines* (Auvers-sur-Oise 1973), p.272.

71. p.273. La métaphore – et plus largement le trope – était conçue traditionnellement comme la traduction sensible d'une idée abstraite, et donc comme un ornement facultatif, ou un moyen de se faire comprendre du vulgaire. Condillac abolit cette hiérarchie en faisant naître l'idée abstraite de l'impression: c'est dans la sensation que réside la vérité de l'idée.

désignons souvent, ou les objets mêmes qu'elles n'ont fait qu'accompagner, ou ceux dont elles nous réveillent le souvenir.'[72]

Dumarsais rejette d'abord la définition habituelle des figures, 'des manières de parler éloignées de celles qui sont naturelles et traditionnelles', parce qu'elle conduit à une tautologie: 'Les figures sont des figures, et ne sont pas ce qui n'est pas figures.' Il propose une autre définition, pas très heureuse, mais dont l'enjeu est d'intégrer l'idée accessoire à la signification globale du mot, et de briser la hiérarchie propre/figuré: 'Les *figures* sont des manières de parler distinctement des autres par une modification particulière, qui fait qu'on les réduit chacune à une espèce à part, et qui les rend, ou plus vives, ou plus nobles, ou plus agréables que les manières de parler qui expriment le même fonds de pensée, sans avoir d'autre modification particulière' (*Des tropes*, pp. 2 et 10).

Les termes *figurés* peuvent ainsi se distinguer les uns par rapport aux autres tout autant que par rapport au terme *propre* qui ne jouit d'aucun privilège (comme d'être plus simple ou plus naturel), et qui correspond simplement à un point de vue parmi d'autres. Le terme *propre* tout comme le *figuré* se définissent par une série de différences réciproques à l'intérieur d'un ensemble qui reste ouvert, puisque la finesse de chaque individu, l'évolution des mœurs, la richesse des langues font sans cesse apparaître de nouvelles 'faces', exprimant de nouveaux points de vue.

Dumarsais, pour mieux faire comprendre le phénomène du trope, recourt à l'étymologie: le sens ancien d'un mot révèle le point de vue particulier dans lequel il est considéré aujourd'hui.[73] B. Lamy, comparant les différentes manières dont les langues européennes désignent ce que les Latins appellent 'fenestra', avait déjà fait une analyse toute semblable. Chaque peuple envisage le même objet dans une perspective différente (*La Rhétorique*, pp.19-20):

Les Espagnols considérant que les fenêtres donnent passage aux vents, ils les appellent *ventana* de *ventus*. Les Portugais ayant regardé les fenêtres comme de petites portes, ils les ont appelées *janella* de *janua*. Nos fenêtres étaient autrefois partagées en quatre parties avec des croix de pierre, ou les appelait pour cela des *croisées* de *crux*. Les Latins ont considéré que l'usage des fenêtres est de recevoir la lumière; le mot *fenestra* vient du grec φαίνειν qui signifie reluire.

Le trope n'est donc qu'un des éléments du mécanisme général qui régit l'ensemble du vocabulaire. Est-ce, comme le déclare explicitement Dumarsais, qu'un pan de la rhétorique tombe dans la 'grammaire', c'est-à-dire dans l'étude des phénomènes de langue et non plus de discours, ou qu'à l'inverse l'inspiration rhétorique déborde ses limites traditionnelles? Peu importe. L'essentiel est de voir la convergence entre des analyses proprement rhétoriques et toute une série de recherches sur la langue. A la fin de son traité,[74] Dumarsais commente avec

---

72. Dumarsais, *Des tropes*, p.22. Le 'style' de l'individu reflète en partie son histoire personnelle: le choix qu'il fait entre les tropes dépend des circonstances particulières dans lesquelles il a découvert les mots et les choses.

73. Cet 'écart que certains mots font de leur première signification, pour en prendre une autre qui y a quelque rapport' (p.39), définit la catachrèse: elle permet de suppléer à l'insuffisance du vocabulaire.

74. Dumarsais, pp.254ss.: 'S'il y a des mots synonymes'. Mêmes formules chez Pons, *Œuvres* (Paris 1738), pp.167-68.

éloge un passage du livre de Girard, *De la justesse de la langue française*, première
forme de son dictionnaire où il examine des séries de mots prétendus 'synonymes', mais qui, outre 'une idée commune, sont néanmoins distingués l'un de
l'autre par quelque idée accessoire'.[75] Au début du tome ii de la réédition de
1769, le grammairien Beauzée explique la démarche de Girard par des citations
de La Bruyère et de Dumarsais: la distinction de nuances de sens entre des mots
presque équivalents répond à l'idéal de clarté du classicisme. Participent à cet
effort de codification du vocabulaire, à côté de B. Lamy ou Dumarsais, des
ouvrages aussi divers que les *Remarques sur la langue française* de Andry de
Boisregard,[76] qui par exemple compare 'ancien, vieux et antique', ou le traité
sur *Le Bon et le mauvais usage*, qui nous apprend à bien utiliser 'montée, degré et
escalier'.[77] Sous une forme différente, Marivaux poursuit un propos similaire
dans ses romans et ses *Journaux*. Selon lui, le rôle de l'écrivain est justement de
tirer profit de sa 'délicatesse', de sa 'finesse', pour mettre à jour des rapports
inédits, des différences passées jusque-là inaperçues, de faire voir une réalité
connue sous des faces entièrement nouvelles.

Suivant en cela l'abbé de Pons, dont les articles, publiés sous la Régence, sont
recueillis en 1738 dans le volume de ses *Œuvres* préfacé par Prévost, Marivaux
pousse à ses conséquences ultimes l'analyse de Lamy: chaque mot, chaque
expression est le signe d'une pensée particulière. Il ne faut pas juger du style
d'une phrase, mais de la pensée qu'elle exprime.[78] Qu'une même réalité se
présente sous des 'faces' diverses conduit Prévost au scepticisme, du moins à un
relativisme désenchanté. Il n'en est rien chez Marivaux, pour qui il existe un
point de vue privilégié d'où l'on a de l'objet une image nette et juste. On peut
atteindre 'le vrai original', trouver l'aspect unique d'une chose, à condition de
ne pas regarder 'ou trop loin, au-dessous ou à côté'.[79] Le mérite de l'écrivain
consiste à se mettre dans cette perspective unique, et ensuite à trouver dans la
langue de quoi rendre compte de cette perception.[80] Cet accent mis sur l'originalité de la vision explique que Marivaux tende à inverser les termes dans lesquels
la rhétorique pose le problème de la persuasion. Au lieu de dire, *comment faut-il
s'exprimer pour se faire entendre?*, il se demande: *si j'exprime ce que je sens, comment me
fais-je entendre?*

L'exploitation théorique qui a été faite des idées de *face* et de *point de vue* est

75. Girard, *Synonymes français*, nouvelle éd. augmentée par Beauzée (Paris 1769), *Préface*, pp.vii-
viii. Dans la préface au t.ii, Beauzée, reprenant les idées de Girard, se réfère à La Bruyère, Ménage,
Bouhours, Andry de Boisregard et Dumarsais (p.vii): celui-ci jette sur la langue 'ce coup d'œil
philosophique qui apprécie avec justesse l'énergie de chaque terme' (p.xiii).

76. Andry de Boisregard, *Réflexions ou remarques critiques sur l'usage présent de la langue française* (Paris
1692), p.51. C'est un genre de dictionnaire qui porte un intérêt particulier au vocabulaire de
l'analyse stylistique, rhétorique et poétique.

77. F. de Callières, *Du bon et du mauvais usage* (Paris 1693), p.160. Du même auteur, *Des mots à la
mode* (Paris 1692), est un dictionnaire des synonymes présenté sous la forme d'un dialogue mondain.

78. Pons rejette le principe d'une hiérarchie entre les mots ou les registres de langue: 'Je fais
hommage de mon respect et de mon admiration à l'idée grande, au sentiment sublime; mais je ne
confonds pas dans mon hommage les vains simulacres, les signes arbitraires qui me les représentent'
(*Œuvres*, p.10).

79. Marivaux, JOD, p.57. Voir également p.54.

80. Voir JOD, pp.380-88. H. Coulet a fait un exposé complet des idées de Marivaux sur la
question dans son *Marivaux romancier*, pp.268-83.

restée limitée aux problèmes du lexique, et plus spécialement à la métaphore. Marivaux a senti qu'on pouvait l'appliquer à l'ensemble des phénomènes stylistiques: toutes les ressources de la langue sont au service de l'invention de l'écrivain. Mais, pour l'essentiel, il s'est limité à des affirmations de principe. L'ouvrage de Gamaches paru en 1718, les *Agréments du langage réduits à leurs principes*, offre le mérite de dépasser le cadre étroit du 'trope'. Dans ses analyses qui portent sur la 'pensée', c'est-à-dire la phrase, ou le groupe de phrases, il examine de quels moyens dispose celui qui parle pour faire sentir à son auditeur de quel point de vue il se place. On peut parler de 'tours', c'est-à-dire de procédés stylistiquement marqués, quand le message, déviant de la norme logique, et non pas seulement grammaticale, oblige l'auditeur à retrouver l'enchaînement normal des idées, et par là à reconstituer la démarche intellectuelle de l'émetteur, à se placer dans sa perspective.

Les deux premières parties du livre de Gamaches sont les plus convenues; dans le cas de la *construction inversée*, la déviation du message est d'ordre grammatical, dans celui des *figures*, elle est d'ordre lexical. La troisième partie étend la notion de 'perspective' à la logique du discours. Une pensée sera brillante, quand, mettant l'auditeur en défaut, elle l'amène à une démarche interprétative qui lui fait prendre conscience des présupposés par lesquels Gamaches définit assez rigoureusement le point de vue de l'orateur: 'Toutes les espèces de tour se réduisent ou à des suppositions, ou à des contre-vérités, ou à des allusions, ou à des assimilations tronquées, ou enfin à des équivoques de sens.'[81]

Gamaches montre par exemple comment dans une réplique on 'affecte d'interpréter les paroles d'une personne, non dans le sens qu'elle leur donne, mais dans celui qu'on suppose qu'elle devrait leur donner, soit par rapport à son propre caractère, soit par rapport au caractère des choses dont elle parle'.[82]

On détourne ainsi le sens initial d'une phrase en la situant dans un contexte différent, en l'insérant dans un nouveau système de valeurs et de références: 'Ces sortes de substitution [...] nous servent souvent à faire envisager les choses du côté qu'il nous importe le plus que les autres les envisagent. Souvent en leur présentant un objet pour un autre, nous leur faisons faire des réflexions qu'il est de notre intérêt qu'ils fassent.'[83]

Ces analyses de Gamaches pourraient passer, paradoxalement, pour un commentaire de certains dialogues de Marivaux, où le personnage répond volontairement à côté pour dénoncer la duplicité de son interlocuteur.

Le langage des passions. La notion de point de vue permet à Lamy d'expliquer le conflit des opinions aussi bien par les caractères de la 'chose' représentée, que par ceux du sujet 'regardant'. Parallèlement à l'analyse des tropes, qui rendent compte des faces différentes du même objet, l'*Art de parler* étudie comment la personnalité du locuteur, ses inclinations et ses passions donnent à son discours une forme originale, ce qu'il appelle une 'figure': 'les passions ont des caractères

81. E. S. de Gamaches, *Les Agréments du langage réduits à leurs principes*, p.154.

82. pp.184-85. Ces idées de Gamaches rappellent les analyses traditionnelles de la raillerie. Voir par exemple la *Rhétorique française* de Le Gras (Paris 1672), pp.79-87.

83. Gamaches, *Les Agréments*, pp.206-207.

particuliers avec lesquels elles se peignent elles-mêmes dans le discours'.[84] Les figures sont l'équivalent dans la langue de ce qu'expriment le visage, le ton de la voix et le geste dans la communication orale: des marques naturelles d'une disposition intérieure. L'enjeu de la comparaison des figures avec les positions que prend le corps pour s'adapter automatiquement à son environnement, c'est l'existence, dans l'arbitraire de la langue, de signes motivés. La figure est un élément du discours qui reflète la sensibilité naturelle: exprimant à la fois une idée et une émotion, elle se situe au point de rencontre entre l'âme et le corps.

Il est vain pour l'orateur de vouloir apprendre à faire des figures, ou pour le rhéteur d'en faire une liste exhaustive, puisqu'elles se présentent spontanément. La figure s'explique par sa genèse, par l'émotion dont est alors agité celui qui parle. La description qu'en fait Lamy prend donc la forme d'un récit: par exemple, 'L'hypotypose est une espèce d'enthousiasme qui fait qu'on s'imagine voir ce qui n'est point présent, et qu'on le représente si vivement devant les yeux de ceux qui écoutent qu'il leur semble voir ce qu'on leur dit.' On recourt au synonyme 'quand la bouche ne suffisant pas au cœur, on se sert de tous les noms qu'on sait pour exprimer ce que l'on pense'.[85]

Le *Traité philosophique et pratique d'éloquence* de C. Buffier (1728) est, à notre connaissance, la seule rhétorique qui reprenne systématiquement l'explication génétique des figures qu'on trouve chez Lamy. Ainsi l'ironie, dont l'écrasante majorité des auteurs se limite à donner le mode de fonctionnement, est interprétée en termes purement psychologiques: 'L'ironie indique le fiel et la pointe du sentiment [...] Le sentiment, quand il est outré et teint pour ainsi dire d'une couleur de fiel, ne trouvant point dans la vérité même, de quoi faire sentir tout ce qu'il est, il a recours à des contre-vérités.'[86]

Quand il est difficile d'attribuer directement une figure à une passion, Buffier y voit le symptôme d'un désir général de convaincre ou d'informer, qui donne même aux textes théoriques une certaine chaleur: elle restitue la présence vivante de l'orateur.

La figure fait son effet quand elle amène l'auditeur à vivre de son côté le processus affectif dont elle est issue, ce qui suppose entre les deux interlocuteurs une conformation identique, une sensibilité commune: la figure ne peut parler qu'au cœur. L'analyse de Lamy amène plusieurs de ses épigones, en particulier Gamaches, à faire de la sensibilité une faculté autonome ayant son propre langage (*Les Agréments*, p.152):

Dans les discours où le cœur parle, on y trouve d'ordinaire un certain désordre de pensées dont on ne peut découvrir la beauté que par le moyen de la délicatesse du sentiment; en effet, ce n'est point sur les démarches de notre esprit que l'ordre des affections de notre âme est réglé; il ne peut l'être que sur les divers intérêts des passions qui nous agitent.

Le *Système du cœur* de Gamaches fait de la sensibilité un instinct qui règle toute la vie sociale. Elle nous met 'dans les dispositions où nous devons être à l'égard

---

84. B. Lamy, p.108. La comparaison des figures avec les positions du corps (pp.112-13) est reprise par Batteux, p.101.

85. B. Lamy: la définition de l'hypotypose se trouve p.122, celle du synonyme p.121.

86. C. Buffier, *Cours de science*, col.336-37. Les théoriciens postérieurs à B. Lamy reprennent souvent sa définition des figures, mais ne tiennent nullement compte de cette conception génétique quand ils en viennent à décrire chaque figure en particulier.

des autres' (pp.65-66), nous avertit sur leurs intentions véritables, nous donne 'toutes les déterminations qu'il est à propos que nous ayons par rapport à nos intérêts' (p.143), et nous dote d'une 'éloquence naturelle, mille fois plus propre à persuader que celle qu'on croit pouvoir se donner par le moyen des réflexions et des préceptes' (p.166). Pour Crousaz (i.191-95), le sentiment est une faculté qui, à l'image de l'entendement, sait se rendre à 'l'évidence' d'un bel acte de vertu ou d'une grande pièce d'éloquence.

Cette évolution de la rhétorique, qui déplace l'accent de la réception du discours à sa création, substitue progressivement à l'idée d'une stratégie de la communication celle d'une authenticité de l'émotion. L'éloquence devient preuve de sensibilité et donc de valeur: elle rend plus humain, plus compatissant, plus social; elle nous fait communiquer avec la nature et nous permet de goûter les grâces des œuvres d'art. Mais le pouvoir de l'éloquence en sort restreint d'autant, puisqu'elle ne peut faire effet que sur ceux qui sont dotés de cette exquise sensibilité. Ce qui départage bonne et mauvaise rhétorique n'est plus, comme dans la *Nouvelle* de Furetière, la raison ou le bon sens, c'est-à-dire une norme objective, mais une manière d'être.

Dans cette évolution, des réflexions rhétoriques spécialisées consacrées à des domaines limités – celui de la chaire, celui du sublime et celui de l'art – ont joué un rôle difficile à mesurer. Pour avoir mis au centre de leur analyse l'expérience du sujet, plus que les contraintes de la communication, un Gisbert, un Silvain, un Dubos ont été amenés, alors qu'ils restent dans le cadre d'une pensée cartésienne, à en dépasser le schéma mécaniste, et à donner à la sensibilité une fonction autonome et positive.

Les ouvrages consacrés à l'éloquence de la chaire, s'ils font souvent de larges emprunts à la tradition rhétorique, prennent rarement la forme canonique du traité; et même une œuvre un peu archaïque comme celle de Bretteville, pourtant calquée sur les manuels d'éloquence, souligne que l'art occupe une place secondaire après le *zèle* du prédicateur, la profondeur de sa foi, la ferveur de sa prière, sa docilité à accueillir la parole divine. C'est ce que montre avec plus d'ampleur le gros volume de Gisbert qui nous a paru très représentatif des particularités de l'*Eloquence chrétienne* (1715).

Gisbert met au centre de son 'art de prêcher' l'authenticité de l'inspiration religieuse: il faut que sermons et homélies soient animés par une grâce non 'de pure lumière' mais de 'délectation'.[87] L'éloquence religieuse est 'un ouvrage du cœur' qui demande de l'abandon et ne manque pas 'de superflu [...] de négligences [...] de défauts' même.[88] La qualité de la prédication dépend étroitement de la valeur du prédicateur, de son être intime: 'Parlez de cœur et vous parlerez diversement, abondamment, vivement. L'esprit a une forme déterminée, le cœur les prend toutes: c'est un Protée. Chacun, dit-on, est éloquent dans sa propre cause; pourquoi? Parce que chacun, dans sa propre cause, parle par sentiment.'[89]

Gisbert assimile l'éloquence religieuse à celle du sublime: l'une et l'autre

---

87. B. Gisbert, *L'Eloquence chrétienne dans l'idée et dans la pratique* (Lyon 1715), p.15.
88. pp.70-71. Les idées de Gisbert ne diffèrent pas de celles d'un Gaichiès ou d'un Bretteville.
89. pp.55-56. Inversement, 'quand on ne parle que d'esprit, on parle froidement, sèchement, uniformément' (p.55).

s'expliquent par l'émotion qui doit être transmise à l'auditeur ou au lecteur: 'Je sens croître mon âme au-dedans de moi-même, s'agrandir insensiblement et s'élever: il me semble que je deviens plus homme, et que l'orateur me fait part de toute sa grandeur' (p.205). Gisbert essaie de dégager la spécificité d'une émotion qui n'est produite par aucun 'objet' particulier, et qui ne dépend d'aucune technique d'écriture: la notion de sublime lui permet de régler le problème de l'Ecriture Sainte, dont l'éloquence n'est pas redevable d'une recherche littéraire, mais de la seule inspiration divine.

Comme l'éloquence de la chaire, le sublime se fonde sur le caractère unique d'un sentiment vécu: 'C'est un sentiment et même une action. Car les sentiments sont les mouvements de l'âme actuellement agissante, et ces sortes de traits vifs et animés sont comme les cris d'un cœur qui en marquent le fond et la disposition présente.'[90]

Dans son *Traité du sublime*, publié assez tardivement et cité par Prévost, Silvain renoue avec la tradition de la *fureur poétique*. Pour préserver la spécificité de l'expérience du sublime, Silvain a bien senti qu'il fallait supposer l'existence d'une sensibilité qui n'a plus rien à voir avec la machine décrite par Descartes, dont il conserve pourtant le vocabulaire: il distingue soigneusement les 'passions', qui n'ont pour but et pour origine que des choses sensibles et des biens périssables, de ces 'mouvements' qui sont 'l'amour du vrai bien [...] celui de la justice, de la vérité et les sentiments que ces amours produisent'.[91] Ces 'sentiments' ne dépendent plus, comme les passions, de motivations pratiques. Derrière la sensibilité commune s'en cache une seconde qui lui ressemble comme une sœur: 'Ceux qui suivent ces nobles mouvements [...] sentent de la joie, des transports et des désirs' (p.338). Silvain se trouve au fond dans la même situation que les penseurs chrétiens qui s'interrogent sur la nature du sentiment religieux et sur la possibilité de l'exprimer. Et c'est un problème analogue que Dubos cherche à résoudre en 1719 à propos de l'expérience esthétique dans ses *Réflexions critiques sur la poésie et sur la peinture*.[92]

Le paradoxe de la représentation fictive, c'est de susciter une émotion à la fois semblable à celle que provoquerait la réalité, et totalement différente, puisqu'elle devient une source de plaisir. Peut-on assimiler aux passions réelles ces 'fantômes' ressentis par le spectateur? Les unes sont des mouvements déterminés par des *objets*, les autres se transmuent mystérieusement en une douce agitation des *esprits*, en une jouissance sans conséquence. Dubos n'apporte une réponse qu'à la fin du deuxième tome, où il imagine un sixième sens qui serait comme un instrument de mesure capable non pas d'éprouver les diverses

---

90. Silvain, *Traité du sublime* (Paris 1732), p.200. Par sa date de publication, le livre de Silvain forme un trait d'union entre les ouvrages de la fin du dix-septième siècle et ceux de la seconde moitié du dix-septième siècle. T. A. Litman, *Le Sublime en France, 1660-1714* (Paris 1971), a noté qu'à la fin du dix-huitième siècle, le sublime inspire une méfiance grandissante et qu'il trouve en Fénelon son suprême défenseur. Après 1750, le sublime prend une valeur différente, comme l'a montré J. Chouillet, *L'Esthétique des Lumières* (Paris 1974): le sublime devient ce qui excède toute perception, toute connaissance, toute mesure (pp.174-75).

91. Silvain, p.337. Les 'nobles mouvements, qui n'ont pour principe et pour objet que des choses spirituelles et intelligibles' (p.338) caractérisent le sublime, qu'il faut bien distinguer du pathétique, qui ne cherche qu'à 'exprimer et à exciter les passions' (p.257).

92. J. B. Dubos, *Réflexions critiques sur la poésie et sur la peinture* (Paris 1733).

passions, mais de déterminer la quantité d'émotions produites par les œuvres d'art. Ce 'sens destiné pour juger [des] ouvrages [de l'esprit]' (p.325), 'c'est ce qu'on appelle communément le sentiment' (p.326): 'le cœur s'agite de lui-même et par un mouvement qui précède toute délibération'. Le texte, assez imprécis, de Dubos ne distingue pas clairement ce sixième sens de la compassion qu'on pourrait éprouver devant le malheur réel 'd'une mère qui conduirait son fils unique au tombeau'. Dubos avait auparavant soutenu que l'émotion artistique n'avait pas la moindre valeur morale. La sensibilité dont l'homme fait preuve au spectacle est égoïste, et la tragédie la plus épurée, à cet égard, n'est pas supérieure à un combat de gladiateurs. L'exemple choisi par Dubos au moment de définir le sixième sens n'en est que plus intéressant, car il préfigure la conception que le dix-huitième siècle va se faire de la sensibilité: l'œuvre d'art, en particulier par ses scènes pathétiques, excite la générosité du spectateur, provoque des émotions capables de rétablir l'harmonie sociale.

Il est incontestable que la notion de 'sentiment', qui s'impose au cours du dix-huitième siècle, doit plusieurs de ses caractères à l'analyse de ces trois expériences, celle de l'éloquence religieuse, celle du sublime et celle de l'art. La sensibilité inspire les mouvements de bienfaisance que nous avons pour nos semblables, peut conduire à une sorte d'enthousiasme créateur, et nous permet de communiquer directement avec l'être divin. Mais Gisbert, Silvain et Dubos, d'une certaine manière, tout en voulant s'en détacher, n'ont fait que transposer la conception traditionnelle des passions en substituant à la notion d'objet matériel celle d'un objet métaphysique: dans l'éloquence de la chaire, le sublime, ou l'art, l'émotion est une réaction adéquate de l'homme à une sorte de surnature spirituelle.

Une rupture radicale ne s'est produite, en ce qui concerne les problèmes d'éloquence, que vers 1750. Il aura fallu près d'un demi-siècle pour que la réflexion rhétorique prenne en compte les principes du sensualisme, qui accorde une importance nouvelle à l'expérience sensible, à l'image, à la réaction individuelle. Développant certaines idées de l'*Essai* de Condillac, Diderot fait paraître en 1749 et 1751 deux textes décisifs.

Le premier, la *Lettre sur les aveugles*,[93] tire de la notion de point de vue toutes ses conséquences. Diderot essaie de se mettre à la place d'un aveugle, et imagine quels sont les effets de son infirmité sur ses jugements en matière d'esthétique (pp.83-84), de morale (pp.92-93) et de connaissance (pp.94ss.). Il en conclut à un relativisme radical: 'Nos vertus dépendent de notre manière de sentir et du degré auquel les choses extérieures nous affectent [...] Que la morale des aveugles est différente de la nôtre! Que celle d'un sourd différerait encore de celle d'un aveugle ...' (p.93). Et pour élargir son propos, Diderot prend l'exemple de Marivaux qu'il compare à Tacite: l'écrivain est celui qui sait manifester l'originalité de son point de vue et qui parvient à l'exprimer: 'Les situations qu'ils inventent, les nuances délicates qu'ils aperçoivent dans les caractères, la naïveté des peintures qu'ils ont à faire, les écartent à tout moment des façons de parler ordinaires, et leur font adopter des tours de phrases qui sont admirables toutes les fois qu'ils ne sont ni précieux ni obscurs ...' (p.111).

---

93. Diderot, *Lettre sur les aveugles*, in *Œuvres philosophiques*, éd. P. Vernière (Paris 1964), pp.73-146.

La *Lettre sur les sourds et muets*, publiée deux ans plus tard, revient sur ces problèmes de style. Diderot, on le sait, répond à Batteux. Celui-ci avait critiqué la conception traditionnelle des inversions, qui voulait que toute phrase suivît le même ordre logique Sujet/Prédicat, et que, pour être bien compris, tous les énoncés fussent ramenés à cet ordre. Batteux estime que l'ordre des mots obéit à une nécessité d'expression: il correspond au 'point de vue de celui qui parle, et qui doit faire celui de la personne qui écoute'. On part naturellement de l'objet pour porter un jugement à son égard: 'Je vois un objet, j'y découvre des qualités qui me conviennent ou non [...] Il y a donc d'abord en moi connaissance de l'objet et de ses qualités, ensuite vient le mouvement.'[94] Il faut donc mettre le complément d'objet avant le verbe. L'ordre des mots renvoie à une nature humaine dont la description reste dualiste: à la perception de l'objet succède le mouvement adéquat de désir ou de fuite; la sensibilité n'intervient pas dans la manière de concevoir l'objet.

Diderot reproche à Batteux d'ériger des normes universelles valables pour tous les énoncés. L'ordre des termes répond à l'intérêt momentané du locuteur, dépend de l'importance qu'il donne aux diverses idées dont se compose son énoncé. Diderot envisage le message dans sa globalité; il est vain de départager dans une phrase ce qui revient à l'esprit et ce qui revient à la passion, de restituer, par delà son altération, un ordre logique sous-jacent. La sensibilité n'est pas isolable, elle fait partie d'un phénomène d'expression qui échappe à l'analyse, et dont on peut seulement décrire les effets: 'La formation des langues exigeait la décomposition; mais *voir* un objet, le *juger* beau, *éprouver* une sensation agréable, *désirer* la possession, c'est l'état de l'âme dans un même instant; et ce que le grec et le latin rendent par un seul mot.'[95] Seule l'œuvre d'art, qui parvient à 'entasser' les significations à la manière des hiéroglyphes,[96] peut donner une idée de cette instantanéité.

En 1751 et 1755 paraissent les deux *Discours* de Rousseau, et à la même époque est élaboré l'*Essai sur l'origine des langues*. Chacun à leur manière, ils réexaminent la place de l'éloquence dans la société et la vie politique. Marivaux et Prévost se situent donc dans une période de transition rendue souvent confuse par un vocabulaire fluctuant. Ils héritent d'une pensée cartésienne assez cohérente, mais qui subit des retouches nombreuses sans être systématiquement remise en cause. Il revient à la génération de Diderot et de Rousseau de tirer les conséquen-

94. C. Batteux, *Lettres sur la phrase française comparée avec la phrase latine, à monsieur l'abbé d'Olivet*, in *Cours de belles-lettres distribué par exercices*, t.ii, 2ème partie (Paris 1748), pp.14 et 16. Sur cette question des 'inversions' voir: U. Ricken *Grammaire et philosophie au siècle des Lumières* (Lille 1978).

95. Diderot *Lettre sur les sourds et muets*, éd. J. Chouillet, in *Œuvres complètes*, t.iv (Paris 1978), p.162. En bonne logique rhétorique, Diderot considère que l'on peut parler d'inversion uniquement quand l'orateur adapte l'expression de son point de vue à la situation particulière de son auditeur: 'dans une suite d'idées que nous avons à offrir aux autres, toutes les fois que l'idée principale qui doit les affecter, n'est pas la même que celle qui nous affecte, eu égard à la disposition différente où nous sommes, nous et nos auditeurs, c'est cette idée qu'il faut d'abord leur présenter; et l'inversion dans ce cas n'est proprement qu'oratoire' (p.156).

96. La poésie permet d'échapper à la linéarité du langage et restitue la globalité de l'expérience vécue: 'Les choses sont dites et représentées tout à la fois; [...] dans le même temps que l'entendement les saisit, l'âme en est émue, l'imagination les voit, et l'oreille les entend; et [...] le discours n'est plus seulement un enchaînement de termes énergiques qui exposent la pensée avec force et noblesse, mais [...] c'est encore un tissu d'hiéroglyphes entassés les uns sur les autres qui la peignent' (p.169).

ces théoriques des questions soulevées par Marivaux et Prévost dans leurs romans.

ii. Formes romanesques

Il nous faut maintenant laisser à l'arrière-plan ces débats théoriques, pour aborder l'autre versant de cette réflexion sur l'éloquence, les formes spécifiques qu'elle peut prendre à l'intérieur d'un roman.

Pour représenter les phénomènes de persuasion, Marivaux et Prévost ont su tirer parti du genre des romans-mémoires auquel appartiennent toutes leurs œuvres de fiction de la période 1728-1742. Ils ont confié au narrateur le soin d'éclairer rétrospectivement les scènes d'éloquence, de définir les conditions, les causes et les conséquences de leur succès ou de leur échec: l'éloquence est une forme d'action dont le mémorialiste fait apparaître les valeurs et les enjeux.

D'autre part, l'évaluation du caractère rhétorique des discours que le héros formule ou qui lui sont adressés joue un rôle essentiel dans l'interprétation du roman. Elle décide en effet du sens que le lecteur est amené à donner à l'acte autobiographique lui-même, et permet au romancier d'introduire une perspective critique sur la narration à la première personne.

a. Un procédé narratif

Le rôle essentiel que joue l'éloquence dans les romans de Marivaux et de Prévost résulte de deux facteurs principaux. D'une part, elle y figure comme une forme d'action privilégiée,[97] et par là s'insère dans des situations dramatiques simples qui font clairement apparaître sa signification. D'autre part, elle permet au personnage principal d'interpréter et d'évaluer les comportements conformément au système de valeurs dont il se fait le porte-parole, le déroulement même du récit donnant au romancier la possibilité de mettre ces valeurs à l'épreuve et parfois de les contester par l'ironie.

Une comparaison de plusieurs épisodes va nous permettre de déterminer la manière spécifique dont l'éloquence peut intervenir dans le déroulement d'un récit. Tirés des deux œuvres qui se situent aux deux bornes extrêmes de notre période, les *Mémoires d'un homme de qualité* et le récit de Tervire dans la *Vie de Marianne*, ils ont pour point commun de mettre en jeu le sentiment familial. Pour apprécier l'originalité des scènes fondées sur le pouvoir de l'éloquence – que pour simplifier nous appelons *scènes rhétoriques* – nous les opposerons à des scènes parallèles qui s'en distinguent soit par les résultats, soit par les moyens mis en œuvre.

Le dix-huitième siècle s'est plu à peindre le sentiment familial, en particulier des scènes de retrouvailles ou de reconnaissance. Ces situations conventionnelles se situent à l'extrême opposé des *scènes rhétoriques*: l'émotion éclate spontanément sans qu'il soit besoin de préparer les protagonistes par des discours calculés.

---

97. Des théoriciens modernes ont essayé de définir la particularité de cette forme d'action: voir C. Bremond, 'Le rôle d'influenceur', *Communications* 16 (1970), pp.60-69; *Logique du récit* (Paris 1973), pp.242-81; et A. J. Greimas, *Maupassant, la sémiotique du texte: exercices pratiques* (Paris 1976), en particulier les pages consacrées au 'faire persuasif' (pp.197-98 et 202-203).

Par exemple, au début du livre neuf de ses *Mémoires* (pp.213-14), Renoncour raconte comment il a retrouvé, par le plus grand des hasards, son beau-frère, 'le bon et généreux Amulem'. Tous deux s'abandonnent immédiatement aux délices de l'émotion. Les enfants d'Amulem participent à la joie collective par une étreinte passionnée: 'Ainsi nos cœurs et nos larmes étaient réunis dans le même espace et comme confondus.' Le mémorialiste célèbre le sentiment 'qu'inspire la nature ou la reconnaissance': il crée un espace homogène où les individualités s'abolissent, retrouvent tous les plaisirs de la sociabilité.

De même, dans la neuvième partie de la *Vie de Marianne*, M. de Tervire, venu se reposer chez un paysan, découvre par hasard un nouveau-né 'fort faible [...] et comme mourant' (p.434). Pris de pitié, il veut lui porter secours, et apprend qu'il s'agit de sa propre petite-fille, placée là en nourrice par son fils, qui s'était marié contre son gré et qu'il avait chassé. La compassion que M. de Tervire a éprouvée spontanément ranime son instinct paternel. Il prend sa petite-fille sous sa protection, et se réconcilie avec son fils. Le sentiment est venu rétablir l'harmonie familiale et sociale. D'une manière similaire, Mme de Tervire reçoit, sur son lit de malade, la visite inattendue de sa fille qu'elle avait lâchement abandonnée. Egarée un moment par les prestiges de la fortune et les préjugés nobiliaires, elle retrouve finalement sa vraie nature de mère.

Alors que Prévost tente de soutenir l'intérêt du lecteur en multipliant les exclamations et les expressions emphatiques, en suggérant que l'émotion, à travers le temps, continue d'affecter le mémorialiste, Marivaux fait de la reconnaissance familiale une expérience fondamentale, qui bouleverse au moins l'un des deux protagonistes, et dans le cas de la mère de Tervire, dégage l'enseignement d'une douloureuse série d'épreuves. Prévost cultive pour le plaisir la théâtralité de la scène, Marivaux l'utilise pour accélérer une évolution, pour révéler l'être profond de ses personnages.

Dans les *scènes rhétoriques* qui aboutissent à une même exaltation du sentiment familial, il ne s'agit plus de reconnaissance, mais de réconciliation. L'art de parler intervient justement comme le seul moyen possible de parvenir à cette réconciliation, puisque l'obstacle à renverser n'est pas d'ordre matériel, mais une résistance psychologique ou morale. La *reconnaissance* se fait spontanément: ce pur effet du hasard et de la nature ne répond à aucun projet préalable. En revanche, la réconcilation intervient à la demande d'un des protagonistes, qui va envoyer un intermédiaire pour plaider sa cause. Cet *orateur* va essayer, par ses discours, ses explications, ses appels, de fléchir celui qui dans la famille détient le pouvoir, et par conséquent le patrimoine. La *scène rhétorique* nous présente donc une image partiale, et souvent intéressée, de la réconciliation.

Au début de ses *Mémoires* (pp.19-21), Renoncour remonte à l'origine de ses 'malheurs', c'est-à-dire à la rupture entre son grand-père et son père, condamné à l'exil et privé de sa fortune. Après avoir fait son éducation à la cour, le père de Renoncour était revenu au pays natal, pour tomber immédiatement amoureux de la fille d'un obscur protégé de sa famille, qui ne veut pas entendre parler de mariage. Il s'est donc enfui avec la belle en Espagne, et encourt ainsi la malédiction paternelle. Une vingtaine d'années après, Renoncour, âgé de dix-sept ans, est chargé par son père de 'remettre la paix' dans la famille, entreprise qui devrait se montrer aussi 'avantageuse' à son grand-père qu'à eux-mêmes.

Renoncour, qui connaît le lourd contentieux entre le père et le fils, 'convient' avec sa sœur de se présenter sous un nom d'emprunt pour mieux découvrir l'état d'esprit de son grand-père et y conformer son plaidoyer.[98] Il commence par mentionner le nom de son père. La réaction du vieillard est immédiate: il ressasse ses vieux griefs et accuse son fils d'être 'un dénaturé, [...] un ingrat, [...] et un malhonnête homme'. Cette explosion de violence avertit Renoncour qu'il doit rester allusif, et éviter d'aigrir son grand-père 'en lui répliquant d'une manière qui sentît la contestation', mais le renseigne également sur le véritable motif de son hostilité: 'Ce n'était plus tant la fuite de mon père qui lui tenait au cœur, que son silence obstiné, qu'il regardait comme l'effet d'un mauvais naturel.' Renoncour se fait fort de lui faire perdre cette idée en lui exposant les sentiments de son père. Il reprend donc le récit, connu du lecteur, de leurs 'infortunes domestiques', et essaie de montrer que son père est toujours resté très attaché à sa famille:

Je commençai donc une peinture vive et touchante de la triste situation du marquis [...] J'exprimai ses agitations, ses inquiétudes [...] J'appuyai beaucoup sur le soin qu'il avait eu d'envoyer plus d'une fois, tous les ans, un de ses domestiques en France [...] J'ajoutai [...] qu'au reste sa douleur était devenue celle de toute sa famille; qu'il l'avait communiquée à sa femme et à ses enfants.

Devant ce tableau pathétique, le grand-père marque sa surprise d'apprendre qu'il a des petits-enfants. Renoncour, ayant lu 'dans ses yeux l'agitation de son âme', juge la préparation psychologique achevée, et laisse aux passions le soin de conclure la scène. Il révèle alors sa véritable identité: 'Vous les voyez à vos pieds [...] ces enfants affligés de la douleur de leur père, et pleins de leur propre douleur' (p.21). L'éloquence du corps, les larmes, l'agenouillement, viennent appuyer la prière de Renoncour et de sa sœur. Les trois personnages partagent alors une émotion commune; l'antagonisme initial a disparu qui justifiait les déguisements, les mensonges et les manipulations du petit-fils. L'effusion géné-rale témoigne de la réunification de la famille: 'Il n'y a point d'expressions qui puissent représenter tout ce qui se passa dans ce tendre moment. Nous nous levâmes pour nous jeter au cou du vieillard, qui paraissait comme immobile de surprise et de saisissement.' Le grand-père fait alors un aveu qui exprime la morale de l'épisode: 'Ah! mes enfants [...] je n'ai jamais senti comme aujourd'hui ce que c'est que la nature.'

L'éloquence a vaincu toutes les résistances du grand-père. Le narrateur présente sa réussite comme un triomphe de la 'nature', ce qui lui permet de justifier sa mauvaise foi initiale et ses calculs. De la même manière,[99] Tervire n'hésite pas à organiser toute une mise en scène, à recourir au déguisement et au mensonge, pour ramener la paix dans la famille Dursan. Comme chez Prévost, l'héroïne agit à l'instigation d'un membre de la famille, le jeune Dursan, qui, à la suite de son mariage avec une femme du dernier rang, Brunon, s'est

98. Renoncour met en pratique ce que les rhéteurs appellent l'art de l'insinuation: 'L'orateur se glisse [dans le cœur] par des voies plus douces, il regarde auparavant ce qui peut plaire à ses auditeurs, il sonde leurs inclinations et les attaque par la partie faible de leur âme' (Guéret, *Divers traités*, Paris 1672, p.76).

99. H. Coulet, *Marivaux romancier*, a relevé l'analogie de ces deux scènes et suggéré une possible influence de Prévost sur Marivaux (p.394, n.150).

fâché avec sa mère, Mme Dursan, qui est aussi la protectrice de Tervire. Celle-ci va introduire auprès d'elle sa propre belle-fille, Brunon, mais en la faisant passer pour une femme de chambre.

Dans l'esprit de Tervire, ce sont les préventions de Mme Dursan qui obligent Brunon à recourir au masque pour faire connaître la vérité de son caractère: dans le rôle d'une femme de chambre, elle saura s'attirer les bonnes grâces de sa belle-mère. Tout son comportement obéit à la logique de la stratégie rhétori-que: 'Elle avait tous les agréments de l'insinuation sans paraître insinuante' (p.516). Tervire attend, pour révéler à sa tante qu'elle a été jouée, que son hostilité de principe envers sa bru ait fait place à une réelle affection, et donc que d'une certaine manière, elle ne soit plus la même: la belle-mère courroucée sera devenue une vieille femme attendrie et prête à tout accepter.

Tervire va profiter de la maladie mortelle du fils de Mme Dursan et de 'l'auguste et effrayante cérémonie' au cours de laquelle il doit recevoir les derniers soins du corps et de l'âme, l'essentiel étant d'éviter que la vieille mère ne 'regarde toute cette aventure-ci comme un tissu de faits concertés, et la maladie de son fils comme un jeu joué pour la toucher' (p.521). Comme chez Prévost, Tervire cherche dans son plaidoyer à innocenter le fils de ses fautes; substituant au vocabulaire de la responsabilité morale celui du sentiment, elle fait du coupable une 'victime' qui conserve un droit inaliénable, celui du cœur. Il ne reste plus alors qu'à présenter la bru sous son jour le plus favorable, et à frapper le 'coup' final en accumulant les 'impressions' sensibles. 'Fallait-il vous priver du plaisir de pardonner à un fils mourant?': l'authenticité des mouvements naturels a triomphé des contraintes sociales.[100]

Dans ces deux *scènes rhétoriques*, l'éloquence est au service du sentiment naturel, et s'oppose dramatiquement à ce qui est présenté comme son contraire, l'opinion, le préjugé, l'intérêt. Un plaidoyer suffit à convertir le grand-père de Renoncour. Pour Marivaux, seule une inclination nouvelle peut en chasser une autre, et le discours ne fait que couronner une mise en scène compliquée qui tient du machiavélisme. Mme Dursan est abusée pour la bonne cause, ou du moins ce que Tervire tient pour telle: les deux romanciers n'ont pas manqué de suggérer que l'appel au sentiment, dans le cadre limité de la famille, peut prêter à équivoque. Dans la mesure où les relations familiales ont toujours une significa-tion économique, et décident de la position sociale de chacun, le triomphe de la *nature* sur le *préjugé* se solde toujours par le triomphe d'un intérêt sur un autre. Renoncour n'a-t-il fait qu'exploiter la sensiblerie d'un vieillard pour couvrir la conduite scandaleuse de son père, retrouver son titre, et surtout récupérer un héritage? La confusion entre sentiment filial et patrimoine rend l'hypothèse plausible, Prévost laissant à l'éloquence et aux actes de son héros leur ambiguïté.

Chez Marivaux, le désintéressement de Tervire ne laisse aucun doute, mais non son aveuglement. Oubliant qu'elle doit tout à Tervire, Brunon se montre d'une rare ingratitude, et tente de la dépouiller du seul bien auquel elle a droit.

---

100. Dans la première feuille du *Spectateur français* (29 mai 1721), Marivaux oppose aux 'pures rêveries' de l'écrivain, les 'sentiments' authentiques d'un homme qui vient d'être humilié par un grand seigneur, et qui saurait toucher les cœurs les plus durs: 'ces prestiges de vanité qui vous font oublier qui vous êtes, ces prestiges se dissiperaient, et la nature soulevée, en dépit de toutes vos chimères, vous ferait sentir qu'un homme, quel qu'il soit, est votre semblable' (JOD, p.116).

Il est absurde d'imaginer quelles étaient ses intentions au moment où elle sollicite l'aide de Tervire, et de se demander si elle ne l'a pas manœuvrée, tout comme sa belle-mère. Pourtant, Marivaux a voulu que sa conduite paraisse ambiguë: le déguisement de Brunon qui, selon Tervire, devait permettre de faire découvrir ses grandes qualités à sa belle-mère, aurait au contraire dissimulé sa véritable nature. L'héroïne aurait involontairement aidé les méchants à abuser sa protectrice, qui, finalement, a peut-être eu raison de s'opposer au mariage de son fils.

La *scène rhétorique* se caractérise donc par les moyens mis en œuvre, non par les résultats obtenus. Elle peut se solder par un échec si l'orateur ne parvient pas à vaincre les résistances. Ainsi, dans l'*Histoire d'une Grecque moderne*, l'ambassadeur croit avoir retrouvé le père de sa protégée, Théophé. Il interroge le vieil homme sur sa fille disparue, puis lui annonce qu'elle est vivante. Voulant réunir 'tout ce qui était capable de réveiller [les sentiments de la nature]', il revient accompagné de Théophé, et compte 'achever [son] ouvrage' (pp.35-36).[101] Malheureusement, le Grec reste inébranlable et ne reconnaît pas Théophé. Malgré tous les efforts de l'ambassadeur, 'l'impulsion de la nature' s'est heurtée à de trop grands intérêts. On peut considérer comme un épisode du même type les efforts faits par l'oncle de Tervire pour entrer dans les bonnes grâces de la riche Mme Dursan (pp.486-87). Il prodigue 'les respects, les airs d'attachement, les complaisances et toutes sortes de finesses de cette espèce'. Mais Mme Dursan ne comprend que trop où 'tendent' toutes ces façons, et le renvoie.[102]

La *scène rhétorique* se distingue, on l'a vu, de celles où un résultat similaire a été atteint sans l'aide de l'éloquence, mais elle s'oppose également aux scènes où il aurait été préférable de recourir à l'éloquence pour résoudre les problèmes. Ce défaut de rhétorique ne peut bien sûr apparaître que rétrospectivement, par l'intermédiaire d'un commentaire du narrateur, opposant, à ce qui s'est effectivement passé, l'hypothèse que les désunions familiales auraient pu être évitées par la persuasion.

Ainsi, Renoncour, après avoir résumé le conflit qui opposa son père à son grand-père, interrompt son récit par une série de 'réflexions' sur l'amour. Il reproche à son grand-père de s'être abandonné à son emportement sans tenir compte de la violence des passions. Son marché abrupt, 'choisir de partir dans deux jours ou ne plus voir la fille du chevalier', ne pouvait conduire qu'au désastre. Le grand-père aurait peut-être pu éviter la dislocation de la famille, si, au lieu de vouloir 'guérir' son fils par 'la rigueur', il avait su recourir 'à des remèdes plus doux, pour éviter les suites funestes que la violence produit presque toujours' (p.15). Comme Renoncour, Tervire critique la violence de sa grand-mère, qui, s'étant aperçue que sa petite-fille était laissée à l'abandon, est venue en faire vivement le reproche à sa fille: au lieu d'éveiller sa pitié, elle l'a traitée en coupable. Il fallait substituer au vocabulaire de la faute celui du sentiment;

101. 'La nature a des droits contre lesquels ni la grossièreté ni l'intérêt ne rendent jamais le cœur assez fort. Il me parut impossible qu'en voyant sa fille, en l'entendant, en recevant ses embrassements et ses regards, il ne fût point ramené malgré lui aux sentiments qu'il lui devait' (HGM, p.36).

102. La narratrice note malicieusement que ce neveu aurait dû, pour être à la hauteur de ses ambitions, se montrer plus calculateur, et au lieu de vendre son château à sa tante, le lui donner: 'et ce neveu, par pure avarice, oublia les intérêts de son avarice même' (VM, p.486),

en faisant l'inverse, la grand-mère était condamnée à l'échec.[103]

D'un point de vue strictement dramatique, la *scène rhétorique* se définit donc par le recours à l'éloquence pour renverser des obstacles d'ordre psychologique, moral ou idéologique. Dans les exemples choisis, l'orateur rétablit l'harmonie familiale en éveillant des sentiments 'naturels' étouffés par des considérations de rang ou de fortune. Tout projet rhétorique restant ouvert, il peut, bien entendu, se solder par un échec: le Grec refuse de reconnaître Théophé, l'oncle de Tervire laisse Mme Dursan de marbre. On trouve aussi deux cas de figure complémentaires. Si le sentiment familial ne rencontre aucun obstacle, l'usage de la rhétorique est vain. A l'inverse, le sentiment peut avoir été détruit parce qu'on n'a pas fait appel à l'éloquence: dans ce cas, l'obstacle existe, mais on ne fait rien pour le renverser.

L'utilisation de l'éloquence comme procédé narratif entraîne trois conséquences importantes. D'une part, la tentative de persuasion révèle ce qu'implique, pour Mme Dursan ou le grand-père de Renoncour, une réconciliation avec leurs enfants: elle peut ainsi suggérer les conflits intérieurs des personnages, présenter dramatiquement les forces ou les idées qui les déterminent. D'autre part, la *scène rhétorique* permet au romancier de donner aux divers épisodes de son récit une valeur idéologique ou morale. A travers nos exemples de réconciliation, il peut poser la question des rapports entre passion et conventions sociales, sentiment et honneur. En multipliant les scènes parallèles, il va montrer les facettes multiples et contradictoires d'un même problème. Il échappe ainsi à l'éparpillement des 'réflexions' morales et d'une intrigue trop foisonnante, puisque les événements, les actions, les décisions, doivent aussi être considérés comme des réponses à une même interrogation. Enfin, la *scène rhétorique* implique un mode de présentation qui détermine l'attitude du lecteur, qui l'oblige à mettre en doute ce qu'il lit, à le corriger, à l'interpréter. Pourquoi faudrait-il croire l'orateur quand il nous dit avoir la nature de son côté? Il ne fait que plaider sa cause. On ne pourra mesurer la partialité de son discours que si on le confronte à tous les autres éléments du récit: c'est précisément à cette démarche herméneutique qu'invitent les romans de Marivaux et de Prévost.

b. Une construction spéculaire

La détermination du caractère rhétorique des entreprises de persuasion n'intervient pas seulement dans l'interprétation des événements, et donc de l'histoire, mais aussi dans celle du projet autobiographique, et donc de la narration. Le mémorialiste, on le sait, occupe une place centrale dans l'économie générale du roman. L'écriture constitue le point d'aboutissement des aventures du héros, elle en est généralement présentée comme la conclusion logique, et c'est elle qui donne aux événements passés leur ordre, leur sens et leur valeur. De cet acte autobiographique nos romans donnent deux images opposées: l'une a un caractère rhétorique nettement marqué, l'autre s'affirme, à l'inverse, dégagée

---

103. 'Cette façon de lui reprocher sa conduite à mon égard avait quelque chose de si vif, c'était lui reprocher avec tant de force qu'elle me traitait en marâtre, et qu'elle manquait d'entrailles, que l'apostrophe la déconcerta d'abord, et puis la fâcha' (VM, p.439).

de toute rhétorique. L'éloquence du personnage narrateur se présente bien au lecteur comme un problème à résoudre.

La représentation contradictoire qu'on peut se faire de cette éloquence s'explique par la construction particulière de ces romans, qui, pour reprendre l'expression heureuse de J. Rousset, pratiquent un *double registre*.[104] Pour ce qui nous intéresse, l'essentiel n'est pas que le personnage se dédouble en regardant et regardé, en acteur et spectateur, mais qu'il soit amené à se peindre et à se raconter à deux moments, sous deux formes, et dans deux contextes différents, une fois dans le récit, une seconde fois dans la narration. En effet, quand le mémorialiste prend la plume, il ne fait que reprendre et amplifier ce qu'il a toujours fait, raconter et interpréter ses aventures, décrire son caractère et ses intentions. La persuasion étant, comme on l'a vu, l'une des formes d'action privilégiées du roman, le héros compte sur son éloquence pour lever les obstacles qu'il rencontre: il se justifie, il s'explique, il donne sa version des faits.

Par exemple, dans la troisième partie de la *Vie de Marianne* (pp.151-53), l'héroïne essaie d'obtenir de l'aide en racontant ce qui lui est arrivé jusqu'alors, et dont le lecteur est déjà informé: la scène primitive du roman familial, l'enfance à la campagne, son éducation, sa venue à Paris, la mort de la sœur du curé, son séjour chez Mme Dutour, les entreprises criminelles du faux dévot, le dénuement qui l'a jetée dans cette église où elle est en train de parler. Plus loin, cherchant à détacher d'elle le trop riche Valville, Marianne reprend, plus brièvement, son histoire – le mystère de sa naissance, la mort de la sœur du curé, son désarroi face à Climal – en y ajoutant un épisode nouveau, précisément la confession qu'elle a faite dans l'église et qui lui a valu la protection de Mme de Miran. Face à l'abbesse chargée de la garder avant qu'elle ne comparaisse devant le tribunal de famille, elle se justifie et donne pour preuve de sa bonne foi le précédent récit qu'elle a fait à Valville: 'Je défierais qu'on imaginât une personne plus chétive que je me la suis rendue' (pp.298-99). Chacun de ces récits autobiographiques prend appui sur celui qui le précède pour conduire l'héroïne un peu plus loin dans la voie de la réussite, jusqu'au moment où la comtesse, âgée, prend la plume et rédige ses mémoires.[105]

Dans ces récits, l'enchaînement des événements et les commentaires du narrateur font apparaître les choix que le héros opère dans ses arguments, son vocabulaire ou ses justifications, en fonction des nécessités du moment et des fins pratiques qu'il veut atteindre. De chacun de ses discours il attend un effet tangible, une faveur financière, un emploi, une autorisation de mariage, etc. Le caractère rhétorique de cette représentation qu'il fait de lui-même apparaît d'autant plus clairement qu'elle entre en conflit avec des interventions de ses adversaires: de leur côté, ces derniers font du héros un portrait tout différent, afin de le dévaluer aux yeux de la société ou de l'inciter à adopter une autre

---

104. J. Rousset, *Forme et signification* (Paris 1962), chap. 3: 'Marivaux ou la structure du double registre'.

105. On pourrait procéder à une analyse similaire pour le *Paysan parvenu*: 'Chacune des promotions du héros est précédée d'un récit. Quel est le sujet de ce récit? Jacob lui-même, présenté sous des dehors favorables et d'une manière touchante [...] Son langage ne *dit* pas, son discours ne *rapporte* pas, il transforme, il recrée' (M. H. Huet, *Le Héros et son double, essai sur le roman d'ascension sociale au dix-huitième siècle*, Paris 1975, pp.36-37).

attitude. Il suffit donc que le narrateur explicite le caractère rhétorique de son propre plaidoyer, ou des discours de ses adversaires, pour que soit suggérée la dimension rhétorique des tentatives de persuasion qui participent du même conflit ou ont le même objet. Les contraintes stylistiques, les enjeux idéologiques, les motivations psychologiques de chaque discours apparaissent alors dans la simple confrontation des points de vue antagonistes.

Alors même que l'histoire du héros montre que l'acte par lequel on se représente est toujours polémique, qu'il obéit à certains choix idéologiques, sociaux, moraux, psychologiques, et par conséquent qu'il est d'ordre rhétorique, l'autobiographie par laquelle le mémorialiste prétend donner de lui une image définitive, et qui comporte souvent les mêmes faits, les mêmes arguments, les mêmes procédés que les divers récits et plaidoyers qui scandent les aventures, se présente sous des traits exactement inverses de ceux qui caractérisent les discours passés: le mémorialiste se dit enfin libéré de la rhétorique.

Le mémorialiste n'attend rien de son destinataire. Dégagé de toute contrainte, arrivé au terme de sa vie, il peut rendre compte de son passé sans chercher à le modifier. Retiré du monde, il écrit dans le silence d'une abbaye ou d'une campagne; sa retraite symbolise ouvertement son indifférence nouvelle aux sollicitations mondaines et aux ambitions humaines. La plupart de ces *mémoires*[106] ne sont pas rédigés en vue d'une publication; la comtesse comme le chevalier ne se souviennent que pour satisfaire à la curiosité d'amis. La *Vie de Marianne* est composée d'une série de lettres qui auraient dû disparaître si un 'éditeur' n'avait pas fait des travaux dans son appartement; et Renoncour reçoit les confidences de Des Grieux au hasard d'une rencontre de voyage. La publication des mémoires de Cleveland et de ceux de Renoncour n'est due qu'à l'intervention accidentelle d'un tiers; et le doyen souligne que les événements personnels qu'il rapporte n'ont en eux-mêmes aucun intérêt, et qu'ils servent simplement de support, presque fortuit, à une réflexion morale d'ordre général qui, seule, peut justifier son entreprise d'écrivain. Le mémorialiste n'est pas guidé par la recherche d'un effet littéraire quelconque, mais par le simple souci d'être fidèle à son expérience passée.[107]

Chez Prévost, le mémorialiste retrouve son passé par une sorte d'anamnèse sensible.[108] Le souvenir permet à Renoncour, Des Grieux ou Cleveland de revivre

106. Les romanciers disposent de tout un ensemble de procédés conventionnels pour donner à leurs œuvres l'apparence de mémoires authentiques, même si personne ne doit être dupe. Voir V. Mylne, *The Eighteenth-century French novel: techniques of illusion* (Manchester 1965), en particulier pp.77-124; et P. Stewart, *Imitation and illusion in the French memoir novel, 1700-1750, the art of make-believe* (New Haven, London 1969).

107. L'écriture des narrateurs de Marivaux et de Prévost renvoie à deux modèles qui se définissent en partie par leur opposition à la rhétorique. D'une part, le mémorialiste s'apparente à l'historien, qui doit s'en tenir strictement aux faits et fuir toute recherche littéraire (voir par exemple Fénelon, *Lettre à l'Académie*, pp.112-13, ou Batteux, *Principes de la littérature*, p.314). D'autre part, le mémorialiste cherche à avoir, avec son destinataire, la même relation que dans une conversation: même simplicité, même familiarité, même confiance.

108. Le style sensible de certains narrateurs de Prévost est inspiré par le modèle de la littérature amoureuse. Les premiers livres des *Mémoires d'un homme de qualité* et *Manon Lescaut* se présentent comme des *tombeaux* que des amants éplorés ont érigés pour perpétuer le souvenir de leur chère disparue. Voir J. Sgard, *Prévost romancier*, pp.104-15 et 'Le spectre et la mort chez Prévost', *Saggi e ricerche di letteratura francese* 13 (1974), pp.97-111.

leurs émotions, de célébrer le bonheur perdu. Cette contagion émotive se marque par une série de procédés codés: exclamations, hypotyposes, interrogations, transpositions de temps ou de personnes. Il s'agit bien de donner l'impression que l'écriture, conformément à l'analyse traditionnelle des figures, répond à une inspiration passionnée.

Marivaux donne à la subjectivité un rôle beaucoup plus actif que Prévost. Marianne et Jacob veulent, par leurs mémoires, rendre compte de la diversité du réel, de la signification des gestes et des paroles. Ils donnent pour tâche à leurs différents procédés stylistiques – qu'ils n'hésitent pas à mettre en évidence – de restituer la valeur accessoire d'un regard ou la différence infinitésimale qui sépare deux synonymes. Les tropes servent chez eux de truchement à une prise de conscience.

Qu'il s'agisse, comme chez Prévost, d'être à l'écoute de ses émotions ou, comme chez Marivaux, de rendre justice à la richesse sémantique du monde, les différents procédés stylistiques, figures ou tropes, auxquels recourt le héros, semblent naître des circonstances mêmes de sa vie. La rédaction de ses mémoires répond au projet explicite de saisir et de représenter le moi dans son authenticité la plus profonde.

L'écriture du narrateur est ainsi toujours en porte à faux avec la pratique ouvertement rhétorique du personnage, d'autant plus que le mémorialiste se réfère à un ensemble de valeurs morales ou idéologiques qui sont souvent démenties par la réalité de ses actes passés.[109] Ainsi en est-il de Renoncour qui prétend avoir sacrifié toute sa vie à Sélima, avant de vivre dans le culte de la morte, alors que cet épisode n'occupe qu'une partie de son récit. Ainsi également de Des Grieux, qui couvre du mythe de la passion sa dégradation morale et sociale; ainsi du doyen dont les sentiments religieux sont toujours au service de la réussite mondaine. Quant aux narrateurs des romans des années 1740, l'ambassadeur, Montcal ou le commandeur, ils prétendent à une respectabilité que leur comportement ne peut justifier.

De leur côté, Marianne et Jacob adoptent dans la narration un point de vue qui ne parvient pas à donner au lecteur une idée juste des transformations successives qui les conduisent à écrire. Ce décalage, encore accusé par l'inachèvement des deux romans, se manifeste à la fois à un niveau psychologique – le narrateur ne donnant pas de preuve de sa maturité et ne permettant pas de saisir le passage du temps – à un niveau moral – le narrateur et le héros agissant selon des principes différents– et à un niveau social – les modèles de comportement avancés par le narrateur empêchant de comprendre comment il a pu réussir.

Cet écart entre les intentions déclarées et les actes, et plus spécifiquement entre l'écriture du mémorialiste et l'ensemble des images partielles qu'il donne de lui au cours de ses aventures, doit éveiller le soupçon du lecteur, et l'obliger à s'interroger sur le rôle que joue l'éloquence dans la vie et le récit du héros-narrateur. Les obstacles que ce dernier a rencontrés dans le passé, les conflits suscités par son identité, sa situation toujours équivoque, suffisent à indiquer

---

109. Comme l'a montré R. Démoris, les romanciers pouvaient à cet égard s'inspirer des mémoires authentiques: les faits rapportés y sont souvent en contradiction avec les intentions du mémorialiste (*Le Roman à la première personne*, pp.70-73).

que ses choix, sa manière de présenter les faits et de les interpréter, les valeurs auxquelles il se réfère, le vocabulaire qu'il utilise, les figures dont il use, tout a une valeur polémique et obéit à des nécessités sociales et psychologiques. Sans même qu'il soit besoin de supposer au narrateur une hypothétique mauvaise foi, la rhétorique explicite des discours qu'il relate révèle les surdéterminations diverses qui affectent son écriture.

En effet, le propos du romancier n'est pas seulement de démythifier la narration en en montrant ironiquement la rhétorique implicite. En maintenant une tension entre deux dimensions du langage, la persuasion de l'autre et l'expression du moi, il cherche à provoquer une réflexion du lecteur sur l'art de parler, sa place dans la société et dans les rapports intersubjectifs. La contradiction entre les nécessités objectives auxquelles tout discours est soumis, et l'ambition du narrateur de parvenir au style de sa nature, donne au roman sa valeur d'enquête sur l'éloquence.

2. Quand dire, c'est faire:
les pouvoirs de l'éloquence

Le héros narrateur utilise l'éloquence comme un moyen d'action privilégiée: pour lui *dire, c'est faire*.[1] Il présente donc son art de parler comme une technique: nous verrons d'abord de quelle rhétorique relèvent les images de l'éloquence que nous proposent les héros de la *Vie de Marianne*, du *Paysan parvenu* et de *Manon Lescaut*. Dans ces trois romans, le héros occupe une position socialement marginale, et recourt à l'éloquence pour montrer sa qualité et se faire accepter. A travers cette tentative de l'individu pour s'imposer, le romancier examine la place de l'éloquence dans les relations sociales, ou plus largement, à l'intérieur de la société. Après avoir essayé de comparer dans ces trois œuvres les valeurs dont l'éloquence est investie, nous élargirons enfin notre enquête aux autres romans de Prévost. Présentant le point de vue adverse des défenseurs de l'ordre établi, ils démontent le mécanisme de ce qu'on peut appeler une rhétorique du pouvoir.

i. L'art de persuader

Quand il commente son art de parler, le propos du narrateur n'est jamais d'ordre théorique: ce n'est pas un rhéteur. Pourtant, l'analyse qu'il fait de ses discours, la façon dont il prévoit ou note les réactions de ses auditeurs, les procédés qu'il décrit, forment un ensemble suffisamment cohérent pour qu'on puisse en dégager les conceptions que Marivaux et Prévost se font de l'éloquence.

a. Les procédés

Chez Prévost, le narrateur énonce presque toujours le but qu'il s'est fixé au départ. A Saint-Lazare, Des Grieux se propose d'entrer dans les 'bonnes grâces' du Père, 'persuadé que c'était le plus sûr moyen d'abréger [sa] prison' (p.83). Il cherche ensuite le soutien de M. de T. fils: 'J'ai formé le dessein de l'intéresser à la liberté de Manon' (p.99). Il fait plusieurs fois appel à Tiberge: 'Me refusera-t-il ce qu'il aura le pouvoir de me donner?' (p.111). Sur le bateau, il s'efforce de s'attirer 'quelque considération' (p.183) de la part du capitaine. A la Nouvelle-Orléans, il tente de 'confirmer l'idée' (p.186) que le gouverneur s'est faite du couple exilé, puis de 'le toucher par des considérations d'honneur et par le souvenir de [son] respect et de [son] affection' (p.194). Parfois, le chevalier se contente de saisir l'occasion qui se présente à l'improviste. Recevant la visite inopinée de son père, il le laisse exhaler son amertume, avant de lui 'expliquer naturellement [sa] pensée' (p.162), de lui montrer que son amour pour Manon

---

1. C'est le titre français du livre de J. L. Austin, *How to do things with words* (Oxford 1962). L'auteur y pose les problèmes d'une manière qui rappelle la rhétorique: voir par exemple pp.93 ou 146-48, *Quand dire, c'est faire* (Paris 1970).

n'a pas nui à ses sentiments familiaux. Dans la scène parallèle qui suit, l'étendue des obstacles qui se dressent devant le héros l'amène à recourir de nouveau au calcul: 'Il attendait ma harangue et je la méditais' (p.171).

Pour parvenir au but qu'il s'est ainsi assigné, Des Grieux compte sur sa connaissance du cœur humain. Prévoyant les moindres réactions de son interlocuteur, il ne distingue pas toujours l'énoncé de son plan de la description de ses effets, puisqu'ils sont censés illustrer les mêmes principes psychologiques. Par un mouvement de confirmation réciproque, le savoir produit l'événement, qui, à son tour, prouve la justesse de la prévision. Cet automatisme psychologique donne à la persuasion l'allure d'une manipulation des consciences. En mettant l'accent sur la préméditation de son héros, Prévost ouvre volontairement l'ère du soupçon: quel crédit accorder à un discours ouvertement composé en fonction des bénéfices qu'il doit rapporter?

Le chevalier semble prévenir cette objection, et présente l'émotion qu'il cherche à susciter comme une preuve de la justesse de sa cause. Il prétend simplement réactiver chez son interlocuteur cette *sympathie* que l'homme éprouve naturellement pour son semblable, mais que les préjugés et les passions ont déformée. En se laissant toucher, l'auditeur reconnaît son appartenance à la même communauté sensible que l'orateur; peut-il alors condamner celui qui est de même nature que lui?

La famille, on l'a vu, conserve à cette sympathie originelle sa force primitive. Comme Renoncour, Des Grieux doit seulement renverser l'obstacle des préventions ou des préjugés pour faire triompher chez son père les sentiments familaux: 'Un cœur de père est le chef-d'œuvre de la nature; elle y règne, pour ainsi parler, avec complaisance, et elle en règle elle-même tous les ressorts' (p.163). L'éloquence se fait un jeu d'actionner ce mécanisme; la nature agit pour elle. En dehors de la famille, cette même sympathie trouve un terrain d'élection dans l'amitié et l'amour. Pour le narrateur, le même déterminisme régit à la fois les sentiments et les phénomènes physiques. Au milieu de l'égoïsme général, les âmes sensibles savent se reconnaître: 'Le cœur, qui se ferme avec tant de soin au reste des hommes, s'ouvre naturellement en leur présence, comme une fleur s'épanouit à la lumière du soleil, dont elle n'attend qu'une douce influence' (p.57).

De même, rien ne vient faire obstacle à la générosité de M. de T., qui va jusqu'à reconnaître les mérites de Manon; le travail rhétorique opère ici par pur mimétisme. Un cœur découvre un autre cœur, une inclination naît de la 'simple disposition qui porte un homme tendre et généreux à aimer un autre homme qui lui ressemble' (p.101). Encore une fois, le chevalier interprète l'émotion de son interlocuteur comme la confirmation de son propre mérite.

Mais le plus souvent, cette sensibilité *originelle* est étouffée par des considérations de fortune ou de rang. Il ne reste plus alors à Des Grieux qu'à biaiser ou s'abaisser. Il flatte ainsi le zèle pédagogique du Père supérieur de Saint-Lazare, et lui joue la comédie du repentir. Devant le gouverneur de la Nouvelle-Orléans, il se prête à toutes les 'soumissions', mais en vain: le 'monstre' reste insensible à l'appel de la nature. C'est Manon qui, d'une certaine manière, vient mettre en échec la rhétorique du chevalier. Alors que le héros sait assez bien retourner les opinions en sa faveur, il ne parvient pas à entamer l'hostilité qu'on témoigne à sa maîtresse, Renoncour constituant à cet égard, avec M. de T., une curieuse exception. Le traitement infligé à la jeune femme suffit à ruiner l'argumentation avancée par Des Grieux d'une communauté des âmes sensibles: loin d'être 'naturelle', la sympathie ne s'exerce qu'entre gens du même milieu. On reconnaît immédiatement en Des Grieux ce qui manque à Manon, une éducation, une honorabilité, et sans doute un langage. Le roman marque ainsi ses distances vis-à-vis du narrateur, de l'interprétation qu'il fait de ses succès oratoires: ils dépendent trop d'un environnement culturel pour prouver la bonté de sa nature.

Dans le récit qu'il fait à Renoncour, Des Grieux signale également le rôle que joue dans la persuasion sa manière de parler. A l'image de son créateur,[2] il témoigne d'une conscience proprement rhétorique des problèmes d'expression, sans bien entendu entrer dans les détails techniques qu'on attendrait d'un rhéteur; il lui suffit de montrer ce que son éloquence doit à l'art.

Son vocabulaire reste donc volontairement vague. Le plus souvent il attribue simplement l'efficacité de son discours à une certaine *manière* de dire, le travail stylistique qui est censé assurer le succès de la persuasion restant totalement indéterminé. Par exemple, la lettre qu'il envoie à son père est écrite 'd'une manière si tendre et si soumise' que le fils, l'ayant relue, se 'flatte d'obtenir quelque chose du cœur paternel' (p.114). En bon élève des Pères, le jeune homme se met à la place de son lecteur pour trouver ce qui peut faire le plus d'effet sur lui. Il tire également parti de l'impression qu'il a produite sur le gouverneur de la Nouvelle-Orléans en répondant 'de la manière la plus propre à confirmer l'idée qu'il avait de [lui]' (p.186). Il utilise le terme plus spécifique de *tour* pour caractériser les propos qu'il tient à son père en prison. Ce dernier, explique le narrateur, 'fut si touché du tour que j'avais donné à mes excuses qu'il ne fut pas le maître de me cacher ce changement' (p.163). Le chevalier attribue son succès moins à son bon droit qu'à l'habileté avec laquelle il a défendu sa cause, au 'tour' qu'il a donné à son plaidoyer.

Le travail de l'orateur porte aussi sur le choix des faits rapportés ou des arguments en fonction de ce que les rhéteurs appellent les *convenances*. Des Grieux adapte le récit des ses aventures amoureuses à chacun de ses interlocuteurs, utilisant pour chaque transposition un lexique et des références culturelles différentes. Il parle à M. de T. le langage hyperbolique de la galanterie: 'Je lui parlai de ma passion et du mérite de ma maîtresse comme de deux choses qui ne pouvaient être égalées que l'une par l'autre' (p.100). Devant Tiberge, il adopte le point de vue de la responsabilité morale et se présente en victime du destin: 'Je la lui représentai [ma passion] comme un de ces coups particuliers du destin qui s'attache à la ruine d'un misérable, et dont il est aussi impossible à la vertu de se défendre qu'il l'a été à la sagesse de les prévoir' (p.59).

Il arrive aussi au narrateur d'épargner au lecteur la reprise d'un récit qu'il connaît déjà; il indique alors simplement ses préoccupations rhétoriques sans les définir. Par exemple, il cherche à toucher le gouverneur de la Nouvelle-

2. Prévost se montre très attentif aux moyens spécifiques grâce auxquels l'écrivain parvient à soutenir l'attention de son lecteur: 'Dans tous les arts, il y a une industrie particulière, [...] qui consiste à s'emparer, pour ainsi dire, de l'opinion des hommes, en trouvant le moyen de leur persuader, non seulement que ce qu'on leur offre est excellent, mais qu'ils chercheraient inutilement quelque chose de meilleur, ou d'aussi bon' (*Le Pour et contre*, 1, mars 1733, p.3).

Orléans 'par tous les motifs qui doivent faire une impression sur un cœur qui n'est pas celui d'un tigre féroce' (p.194).

La rhétorique du chevalier se réduit pour l'essentiel à un art de la confession.[3] Il compte sur des marques 'd'ouverture et de candeur' (p.100), sur un aveu dramatique de ses fautes pour submerger l'auditeur sous un flot d'émotions, et obtenir son absolution: 'Loin d'altérer quelque chose à la vérité, ou de diminuer mes fautes, [...] je lui parlai de ma passion avec toute la force qu'elle m'inspirait' (p.59). Arrêté, emprisonné à Saint-Lazare, accusé par le vieux G. M., Des Grieux se présente d'emblée en victime pitoyable. Pleurant comme un enfant, il fait au Père supérieur un appel pressant: 'Figurez-vous la plus horrible cruauté, imaginez-vous la plus détestable de toutes les barbaries' (p.86). Sur le même ton hyperbolique, il affirme ensuite vouloir faire un aveu complet de toutes ses fautes: 'Je veux vous raconter tout, ajoutai-je en sanglotant.' Le narrateur passe alors au discours indirect, ce qui lui permet d'indiquer la finalité rhétorique du bref récit qu'il fait au Père: 'Je lui représentai les choses, à la vérité du côté le plus favorable pour nous.' Après la *captatio benevolentiae* et la *narratio* vient, logiquement, la *refutatio* des accusations du vieux G. M., qu'il attribue à 'un pur motif de vengeance'. Le tout culmine dans une péroraison pathétique: 'Il a fait enlever cruellement la plus chère moitié de moi-même, il l'a fait mettre honteusement à l'Hôpital [...]! A l'Hopital, mon Père! O Ciel! ma charmante maîtresse, ma chère reine à l'Hôpital [...]! Où trouverai-je assez de force pour ne pas mourir de douleur et de honte?' (p.86). Expressions hyperboliques (la plus infâme, mourir de douleur), métaphore culturelle (la plus chère moitié de moi-même), répétition (à l'Hôpital), opposition (reine/créature infâme), apostrophe (mon Père!), invocations conjointes du Ciel et de l'aimée, autant de figures qui, rassemblées en quelques lignes, doivent manifester la violence des passions, et, conformément à la description qu'en donne Lamy, les transmettre à l'auditeur.

Au moment même où il met en évidence l'artifice de ses plaidoyers, le narrateur retrouve, pour décrire ses pensées et ses sentiments, pour faire à Renoncour le bilan de sa passion et dégager le sens de sa vie, les mêmes arguments, mais surtout les mêmes accents, les mêmes tournures, les mêmes procédés de style, les mêmes modèles de l'amant parfait et de 'l'illustre malheureux'. Le contraste entre ce vocabulaire lyrique et les aventures racontées apparaît avec d'autant plus de force que le narrateur donne la clef rhétorique de son éloquence. La description qu'il fait des discours adressés à ses divers adversaires ne peut qu'accuser aux yeux du lecteur le caractère littéraire et stéréotypé de son langage.

On retrouve en effet dans la bouche du narrateur l'emphase des pluriels ('j'aurais sacrifié pour Manon tous les évêchés du monde', p.47), des images ('ruisseau de larmes'), des épithètes ('supplice inexprimable', p.87; 'jalousie mortelle', p.135), des adverbes ('je souffrais mortellement dans Manon', p.97); on retrouve les antithèses ('j'aurais donné mille vies pour être seulement un

---

3. La confession fait moins appel au *pathos* qu'à l'*ethos*, c'est-à-dire aux 'sentiments plus doux, plus tendres, plus insinuants, [...] dont l'effet n'est pas de renverser, d'entraîner, d'emporter tout comme de vive force; mais d'intéresser et d'attendrir, en s'insinuant doucement jusqu'au fond du cœur' (Rollin, *De la manière d'enseigner*, ii.308).

quart d'heure à Paris', p.35; '[je] me suis retranché jusqu'au nécessaire pour satisfaire ses petites humeurs', p.70), les paradoxes ('c'est donc le parjure qui est récompensé! Le désespoir et l'abandon sont pour la constance et la fidélité', p.142), les renversements oxymoriques ('le Ciel a toujours choisi, pour me frapper de ses plus rudes châtiments, le temps où ma fortune me semblait le mieux établie', p.124), les interrogations ('où trouver un barbare qu'un repentir si vif et si tendre n'eût pas touché?', p.47 ou p.191), les exclamations, dont l'indétermination temporelle permet parfois de rendre dans le cours de la confession l'émotion ressentie dans le passé (le 'quelle apparition', p.44, reproduit ainsi la surprise du jeune séminariste; voir aussi p.101).[4]

Tous ces procédés,[5] le plus souvent combinés, s'apparentent à l'hyperbole,[6] et se ramènent à l'idée que, par leurs excès, l'amour et les souffrances du héros dépassent toutes les bornes imaginables: 'Nous étions l'un et l'autre dans une des plus tristes situations dont il y ait jamais eu d'exemple' (p.179). Le caractère exceptionnel de ses malheurs leur donne une dimension tragique: 'Quoi, m'écriai-je, dans le malheur même, il faudra toujours que je sois distingué par des excès!' (p.182).

Mais rien de plus conventionnel que cette affirmation d'une originalité radicale.[7] Le narrateur ne se fait d'ailleurs pas faute de rappeler qu'elle s'inscrit dans une tradition culturelle bien établie. Orateur à la mode, élève modèle, Des Grieux se veut l'héritier de toute une littérature de sentiment et se propose de rédiger un 'commentaire amoureux' de Virgile et d'Horace. En se présentant comme une version masculine de Didon – en victime des infidélités de la femme aimée – il reprend une formule romanesque souvent utilisée qui suggère la force de l'amour par les formes paradoxales qu'il prend.[8]

D'une certaine manière, ces références littéraires permettent de ramener la jeune prostituée dans l'univers culturel qui est celui de Des Grieux, de sa famille

---

4. L'exclamation est une figure qui est censée témoigner d'une très forte émotion. Dans la mesure où elle ne comporte aucune marque de temps, elle peut introduire, dans le cours du récit, une sorte de rupture similaire au choc ressenti autrefois. Ce procédé permet donc de suggérer l'émotion du narrateur qui revit son passé.

5. A. M. Perrin-Naffakh, 'Le cliché dans *Manon Lescaut*', *Information littéraire* 30 (1978), pp.23-26, a repéré, dans le 'style' de Des Grieux, deux tendances opposées: 'l'une est la préférence pour l'expression générale et abstraite […]. La seconde […] est l'intensification du sens'. Elles auraient 'un même effet, élever le récit hors de la banalité vulgaire […]: le cliché fonctionne comme une marque de littérarité et de genre' (p.25).

6. L'hyperbole occupe une place essentielle dans les rhétoriques de Gibert, Buffier et Batteux. Gibert fonde l'art de persuader sur le procédé de l'amplification (*La Rhétorique*, p.109); elle joue chez Batteux un rôle majeur dans l'expression des passions (*Principes de la littérature*, iv.120). Et pour Buffier, elle ne se distingue pas de l'exposition, à quoi il réduit tout l'art de parler (*Cours de science*, col.340).

7. Comparant *Manon Lescaut*, les *Epoux malheureux* et la *Nouvelle Héloïse*, J. L. Lercercle en arrive à la conclusion que 'l'expression de l'émotion recourt à une série de thèmes et de formes qui ne varient guère dans la période considérée' ('Baculard ou l'embonpoint du sentiment', in *Approches des Lumières, Mélanges offerts à Jean Fabre*, Paris 1974, pp.295-308). Voir également J. L. Lecercle, *Rousseau et l'art du roman* (Paris 1969), 2ème partie, chap. 3; 'Tradition et invention', et chap. 6: 'L'expression lyrique'.

8. Du Plaisir, *Sentiments sur les lettres et sur l'histoire*, éd. P. Hourcade (Genève 1975), p.47, et Fontenelle, *Réflexions sur la poétique*, in *Œuvres*, t.iii (Paris 1790), pp.124-25, sont les théoriciens de cette esthétique du paradoxe, illustrée à l'époque de Marivaux et de Prévost par les romans de Mme de Tencin.

et de ses divers auditeurs, c'est-à-dire du milieu dans lequel il cherche à refaire surface après son équipée américaine. La transformation esthétique qu'il fait subir à ses aventures leur donne une dignité d'emprunt, corrige son avilissement, compense la bassesse de Manon, lui permet de faire de sa passion la matière d'un récit. C'est à ce prix qu'il peut faire revivre la jeune femme.

Est-ce trop cher payé? S'il est incontestable que le roman, par un contraste ironique entre les mots et les choses, les événements et leur présentation, veut faire apparaître l'artifice d'un langage de pure convention, le narrateur ne garde aucune distance vis-à-vis de sa rhétorique des passions. Rien ne permet de décider si c'est par habileté suprême de rhéteur, ou parce qu'il est lui-même la dupe du stéréotype.[9] Prévost, ici, rejoindrait Marivaux pour dire que rien ne se confond plus facilement avec l'authentique que l'artifice, et que, pour communiquer une expérience intime, il faut adopter la langue commune. Le parallélisme entre la narration et les plaidoyers passés met en évidence la tension entre ces deux dimensions du discours qui correspondent aux deux conceptions traditionnelles du style, une manière de parler originale ou le choix d'un code.[10] La contradiction entre la recherche de l'expression individuelle et la convention culturelle joue un rôle déterminant dans l'appréhension de la rhétorique du héros; nous verrons ultérieurement quelle signification sociale Prévost lui prête.

Les héros de Prévost avouent les entorses qu'ils font subir à la vérité; ils décrivent leurs stratagèmes, mettant en évidence, même succinctement, leur art de parler. Leur situation sociale leur confère en effet des droits qui garantissent à leurs yeux la validité de leurs entreprises. C'est le cas du pédagogue ou du directeur de conscience, mais aussi de Des Grieux qui se sert de sa naissance comme d'un passeport. A l'inverse, l'orpheline et le paysan de Marivaux ne peuvent se prévaloir d'aucun droit qui justifierait à l'avance leurs discours. Ils comptent sur la qualité de leur éloquence pour faire la preuve de leur mérite. Hors leur parole, ils ne sont rien. Ils ne peuvent donc en aucun cas laisser soupçonner que leur attitude obéit à un calcul préalable. La passion excuse le machiavélisme du chevalier, la religion celui du doyen; Jacob et Marianne ne seraient qu'arrivistes ou ambitieux, et leur démonstration de vertu une imposture.

La narration, chez Prévost, suit l'ordre de la conception rhétorique, montre le passage du plan à sa réalisation; chez Marivaux, la persuasion s'impose comme un fait premier: c'est une donnée. Le héros découvre sa propre éloquence au moment où elle fait effet sur l'auditeur. Il se reconnaît alors avec plaisir dans l'image qu'on vient de se faire de lui. 'Là finit mon petit discours ou ma petite harangue, dans laquelle je ne mis point d'autre art que ma douleur, et qui fit son effet sur la dame en question. Je la vis qui s'essuyait les yeux' (VM, p.153).

9. 'Le romanesque apparaît chez Prévost comme le trait essentiel de la nature de l'homme; il n'est pas un ornement du roman, il en est le sujet' (J. Sgard, *Prévost romancier*, p.168).

10. Chacun prend un style 'selon les inclinations et les dispositions naturelles qu'il a', mais en même temps, 'il faut que la matière règle le style' (B. Lamy, *La Rhétorique*, préface). Il y a donc 'autant de différents styles que de personnes qui écrivent ou qui parlent; mais comme toutes ces diverses manières de s'exprimer se réduisent à trois sortes de sujets [...]: l'un sublime, l'autre médiocre et l'autre simple, il y a aussi, par rapport à ces sujets, trois sortes de styles' (J. Leven de Templery, *La Rhétorique française*, Paris 1698, pp.111-12).

Cette absence de calcul s'explique en partie par la facilité avec laquelle le héros renverse les obstacles qu'il rencontre. La sympathie immédiate que Mme de Miran éprouve pour la jeune inconnue (VM, pp.146-48), son indépendance d'esprit vis-à-vis de l'opinion publique, son absence d'ambition mondaine, suffisent à expliquer par avance le succès de Marianne. De même, l'attrait érotique de Jacob, ou sa bonne humeur, font assez d'effet sur ses interlocuteurs pour que sa cause soit au préalable à demi entendue. Les œillades expressives qu'il adresse à la présidente, à la dame dévote et au jeune abbé, tandis que l'aînée des sœurs Habert débite ses griefs, tiennent lieu de la *captatio benevolentiae* la plus efficace; il ne reste plus alors à Jacob qu'à ridiculiser la vieille fille pour mettre tous les rieurs de son côté.

Le problème rhétorique n'est donc pas posé, puisqu'il suffit, pour convaincre, d'exposer sa misère, de témoigner de sa bonne foi, de dire ses raisons: 'Sa Présidence me dira ses raisons, je lui dirai les miennes', annonce avec confiance Jacob (PP, p.122). Marianne est si sûre de son bon droit qu'elle estime pouvoir ramener à l'évidence ceux qui lui sont hostiles: 'Je méditai ce que je dirais, et je trouvais mes raisons si fortes, qu'il me semblait impossible qu'on ne s'y rendît pas, pour peu qu'on voulût bien m'écouter' (VM, p.303).

C'est précisément cette éventualité dont s'occupe la rhétorique: comment éveiller l'attention de l'auditeur, surmonter sa mauvaise foi ou ses préjugés? Exceptionnellement, Marianne avoue qu'elle travaille son plaidoyer, car elle attend de passer devant un tribunal; mais la narratrice dénonce aussitôt l'inutilité de ces préparatifs:[11] ils ne rendent pas plus éloquent, tout au plus aident-ils à calmer l'angoisse: 'C'est la manière dont les choses tournent qui décide de ce qu'on dit ou de ce qu'on fait en pareilles occasions; mais ces sortes de préparations vous amusent et vous soulagent.'

La persuasion n'est pas affaire de calcul, mais d'intuition. Il y faut une finesse psychologique qui ne dépend pas de l'art, mais de la sensibilité de l'individu, de sa nature profonde. Marianne et Jacob font preuve d'habileté, mais sans la moindre préméditation. Le jeune paysan imagine immédiatement que sa rencontre avec Mlle Habert sur le Pont-Neuf peut 'tourner à bien'. L'air de douceur avec lequel elle lui répond, lui fait concevoir 'que [son] histoire était très bonne à lui raconter et très convenable' (p.44). Il cite alors les propos qu'il lui a tenus, et interpelle le lecteur: 'N'était-ce pas là un récit bien avantageux à lui faire?' Jacob sait se ménager des entrées dans la société, mais ignore ce qui se trouve derrière chaque porte: 'Je n'envisageais pourtant rien de positif sur les suites que pouvait avoir ce coup de hasard.' L'avantage qu'il va tirer de Mlle Habert n'est encore qu'une vague promesse.

Le mérite essentiel de Marianne et de Jacob, c'est de s'adapter à toutes les situations, de saisir rapidement ce qu'ils peuvent attendre des autres, et d'y conformer leur conduite. Marianne, dans le récit qu'elle fait dans l'église du couvent, ne met peut-être d'autre *art* que sa douleur, mais elle note soigneusement les réactions successives de ses deux interlocutrices: les jeux de physiono-

---

11. 'Les personnes de qualité, les âmes bien nées, les grandes âmes, parlent le plus simplement et le plus purement [...] elles fuient l'ombre d'étude et de contrainte' (Boissimon, *Les Beautés de l'ancienne éloquence*, pp.180-81). En ce domaine, comme dans les autres, le travail est 'ignoble': le noble sait naturellement bien parler.

mie, et les variations stylistiques dans les réponses qu'on lui fait, lui indiquent clairement quelle voie elle doit suivre.

L'épisode, essentiel d'un point de vue dramatique, est précédé des deux portraits de la prieure et de la dame. La jeune fille devine qu'elle ne peut rien attendre de bon de la religieuse, sans encore être capable d'expliquer pourquoi. Tout au long de la scène elle accumule les observations qui confirment cette première impression, et achèvent de 'démêler son portrait'. La prieure, qui s'extasiait en termes dévots sur la vocation de Marianne, se révèle froidement calculatrice, et refuse de l'aider quand elle apprend que, sans parents, elle ne pourra verser aucune pension au couvent. 'Ce sont de belles images qui paraissent sensibles, et qui n'ont que des superficies de sentiment et de bonté' (p.149). De l'accueil gracieux au non glacé, le regard de Marianne découvre la véritable nature de la prieure, cachée par une flatteuse *superficie*. A un geste de bienveillance succède 'un refroidissement imperceptible et grave', les 'douceurs' disparaissent, 'ma belle' devient 'ma pauvre enfant'. L'issue de la scène montre que l'orpheline avait eu raison de tout miser sur l'autre dame; elle note parallèlement les progrès qu'elle fait dans le cœur de cette dernière: air caressant (p.148), gestes de soutien (p.150), larmes furtives (p.153) annoncent l'offre généreuse de subvenir aux besoins de l'héroïne.

Quand Marianne avoue un peu plus tard à sa protectrice, Mme de Miran, qu'elle est cette jeune inconnue qui a tourné la tête de son fils, Valville, elle s'attire de nouveau la plus grande admiration. Mme Dorsin se propose alors de prendre en charge Marianne, qui répond d'une légère inclination de tête. La narratrice ajoute: 'Je dis légère, parce que je compris dans mon cœur que je devais la remercier avec discrétion, et qu'il fallait bien paraître sensible à ses bontés, mais non pas faire penser qu'elles me consolassent' (p.180). Le respect des bienséances, auquel beaucoup d'écrivains classiques ont limité la rhétorique, peut donc aller jusqu'au calcul. Marianne refuse d'aller retrouver son amant, 'afin que si Mme de Miran le savait, elle [l]'en estimât davantage'. 'Mon refus n'était qu'une ruse', conclut-elle. Juste auparavant, le discours qu'elle a tenu à Valville pour le détourner d'elle a eu l'effet contraire. Mme de Miran et son fils redoublent en effet d'affection pour elle, qui décide de profiter de la situation: un 'excès de désintéressement de ma part n'aurait été ni naturel ni raisonnable' (p.200).

Cette conscience aiguë de ce qu'il faut faire, c'est-à-dire des contraintes rhétoriques, ne conduit presque jamais Marianne ou Jacob, contrairement aux héros de Prévost, à mettre en evidence directement l'art avec lequel ils ont défendu leur cause. Le narrateur reconnaît qu'il a su tirer de sa perspicacité psychologique des indications sur la manière dont il a intérêt à parler, mais à de rares exceptions près, il ne décrit pas cette manière, ne la fait pas apparaître comme un choix réfléchi. Ambiguïté d'autant plus troublante que les deux personnages ont effectivement intérêt à ne pas laisser soupçonner qu'il entre de l'art dans leur façon de parler, et qu'ils font de leur naturel leur argument privilégié. Ils voient dans l'éloquence l'expression directe de la qualité de l'individu, et plus spécialement de sa sensibilité: pour persuader, il suffit simplement d'avoir du cœur.

On l'a vu, B. Lamy estimait que la parole a un pouvoir absolu parce qu'elle conserve dans ses figures la force bouleversante des signes naturels, c'est-à-dire des signes dont le corps dispose pour témoigner de ses émotions, et qui font automatiqement effet sur le corps des autres hommes (voix, gestes, larmes, regards, cris, etc.). L'expression des sentiments, des inclinations peut donc devenir matière de convention, voire de dissimulation: 'Nous distinguons', explique Gibert au nom de toute la tradition rhétorique, 'les mœurs oratoires d'avec les *mœurs réelles* [...] Qu'un homme paraisse tel ou tel par le discours, cela s'appelle *mœurs oratoires*, soit qu'effectivement il soit tel qu'il le paraît, soit qu'il ne le soit pas. Car on peut se montrer tel, sans l'être, et l'on peut ne point paraître tel, quoiqu'on le soit, parce que cela dépend de la manière dont on parle.'[12]

F. Lamy s'était justement alarmé des dangers que peut présenter cette parfaite maîtrise des *marques* naturelles:[13] c'est donner au séducteur et à l'hypocrite les pleins pouvoirs, comme le dénonce encore Laclos un siècle plus tard. A égale distance des deux Lamy, Marivaux estime qu'il existe, entre le discours et l'être de l'orateur, un lien nécessaire. Pour lui, le discours ne peut tromper, car il dit trop clairement ce qu'est et ce que vaut celui qui l'énonce. Le héros marivaudien habite son discours; il présente souvent son éloquence comme un phénomène spontané issu des profondeurs du corps. Marianne explique ainsi en quelles circonstances elle s'est agenouillée devant le ministre: 'Mais il me prit un transport qui l'arrêta, et qui était juste. C'est que je me jetai à ses genoux, avec une rapidité plus éloquente et plus expressive que tout ce que je lui aurais dit' (p.337).

L'héroïne fait confiance à son instinct, dont elle découvre, en même temps que l'auditoire, la force de persuasion. Un mouvement analogue avait déjà prévenu Mme de Miran en sa faveur lors de leur première rencontre: 'J'oubliai de prendre garde au ton dont je lui répondais, et ce ton me trahit.' Cet 'oubli' éveille fort à propos la pitié de la dame, tout comme les larmes qui suivent, et que la narratrice traite de 'mignardise [...] dont nous ne pouvons presque pas nous défendre' (p.147).

Venue du fond de l'être, l'éloquence ne peut toucher que ceux qui ont la même délicatesse. Elle ne transforme pas l'individu, mais trace, à l'intérieur d'un groupe, ou même d'un couple, une ligne de partage entre les âmes sensibles et les esprits intéressés, conventionnels et durs.[14] Au lieu de concevoir le cœur

12. Gibert, *La Rhétorique*, p.208. Par exemple, Gibert met la sincérité au nombre des procédés dont dispose l'orateur (pp.546ss.).

13. F. Lamy, *De la connaissance de soi-même*, iii.250-51: '[Ces fourbes] mentent impudemment, je ne dis pas simplement de la bouche, mais de tout leur cœur, de tout leur corps, de toute leur personne. Non seulement ils abusent de la parole [...], ils violent même les lois et les droits les plus inviolables de la nature, en la forçant de répandre sur le visage et sur tout le maintien [...] ses signes les plus naturels, et mille caractères de sentiments et de mouvements qu'ils n'ont point dans le cœur'.

14. L'éloquence ne peut plus s'expliquer par les propriétés du discours, mais par la nature et l'histoire des individus. Marivaux préfigure Rousseau, qui attribue la différence entre la brillante 'énergie' du langage parisien, et la force touchante de ses personnages, à des manières de vivre et de sentir opposées: 'Dans la retraite on a d'autres manières de voir et de sentir que dans le commerce du monde; les passions autrement modifiées ont aussi d'autres expressions [...]. Ce n'est que dans le monde qu'on apprend à parler avec énergie [...]. On cherche à donner à ce qu'on dit un tour persuasif qui supplée à la persuasion intérieure' (*La Nouvelle Héloïse*, in *Œuvres complètes*, t.ii, Paris 1964, p.14).

comme un théâtre mobile, à la manière de Prévost, Marivaux représente symboliquement, en chacun des assistants de la scène, l'une des instances psychologiques ou morales auxquelles le discours fait appel. Le conflit ne se joue pas dans l'âme de l'interlocuteur, mais entre plusieurs participants, chaque attitude prenant alors une dimension relative. Mme de Miran et la prieure forment un de ces couples exemplaires: chez celle-ci prédomine l'intérêt, chez celle-là la compassion; en chacune d'elle, chaque motivation se définit implicitement dans son opposition à l'autre. Puisque l'éloquence est la manifestation de la valeur personnelle, elle ne peut faire effet que sur ceux qui savent reconnaître, dans les mots et les gestes, les traces de cette intériorité. Les affinités électives prouvent que l'orateur et ses auditeurs appartiennent à la même communauté: les sensibles parlent à leurs semblables.

On voit l'enrichissement que représente le roman par rapport à des œuvres théoriques assez grêles et conventionnelles. Marivaux peut, en même temps, faire de ses deux narrateurs les porte-parole de ses idées sur l'éloquence naturelle, et, par une ironie légère, suggérer l'usage retors qu'on peut faire d'une telle conception: nos héros, pour le moins, savent avantageusement tirer parti de leurs dons. Les critiques ont donc pu, tour à tour, reconstituer l'architecture secrète d'un double langage qui sait donner à ses calculs et ses artifices une parfaite apparence de naturel, ou au contraire s'extasier sur la délicieuse spontanéité de Marianne et de Jacob. Marivaux s'est bien gardé de trancher, fidèle en cela à la pensée rhétorique qui laisse ouvert le débat entre l'art et le naturel, le calcul et l'inspiration. Cette contradiction habilement ménagée entre authenticité et artifice crée autour du personnage une zone d'ombre qui lui donne son épaisseur; nous verrons qu'elle répond à une double nécessité, sociale et psychologique.

L'incertitude concernant les intentions rhétoriques du héros marivaudien se retrouve quand on aborde la façon dont il décrit son style, sa manière de parler. Marianne et Jacob témoignent d'une conscience aiguë des phénomènes stylistiques, mais cette pénétration s'exerce le plus souvent à l'égard des autres, ou pour montrer la sincérité de leur propre écriture.

Dans l'esprit de Marivaux, la manière dont les hommes parlent livre la clef de leur caractère. Elle a la valeur d'un symptôme psychologique.[15] Ainsi Marianne fait remarquer que la prieure, qui l'avait d'abord appelée 'mon ange' et 'ma belle', en vient à 'mademoiselle' et 'ma pauvre enfant'. Ces variations révèlent l'égoïsme de la religieuse que sa politesse dissimulait. Jacob analyse de même 'le style' des âmes malignes: 'On se peint en tout, et la petite personne, au lieu de nous dire: 'Ce n'est rien que cela!' s'écria: 'Ah! que ceci est fâcheux!' et voilà dans quel goût les âmes malignes s'y prennent en pareil cas; c'est là leur style' (PP, p.117).

Le narrateur cherche à évaluer précisément la réponse d'Agathe en imaginant

15. Pour Marivaux, ces signes naturels fournissent à l'observateur attentif la clef du *monde vrai*: la vérité des hommes 'n'est pas dans leurs mots [...]: elle est dans la tournure de leurs discours, dans l'air qu'ils ont en parlant, dans leur ton, dans leur geste, même dans leurs regards: et c'est dans tout ce que je dis là que leurs pensées se trouvent bien nettement, bien ingénument exprimées' (JOD, p.401).

la phrase qu'elle aurait pu prononcer si elle avait été généreuse. Il traite donc la phrase de la jeune fille à la manière d'un trope: comme le sens figuré se définit par référence au sens propre, chacun étant l'expression d'un point de vue spécifique, Jacob tente d'appréhender le style, c'est-à-dire les caractéristiques de la formule employée, en relevant ses différences avec d'autres formules analogues.

L'art du narrateur consiste à saisir des nuances qui passent ordinairement inaperçues, et à trouver des formules qui en rendent compte.[16] Si Marianne et Jacob, contrairement au mémorialiste de Prévost, n'hésitent pas à mettre en évidence leur style d'*écrivain*, c'est que la recherche de l'expression *juste* a une valeur heuristique. La comtesse dit ainsi avoir préféré 'elle ne vit plus' à 'elle est morte' pour rester fidèle à l'étrangeté de ce qu'elle a vu. 'Je ne puis vous représenter l'impression qu'elle faisait, qu'en vous priant de distinguer ces deux façons de parler, qui paraissent signifier la même chose, et qui dans le sentiment pourtant en signifient de différentes. Cette expression, elle ne vit plus, ne lui ôtait que la vie, et ne lui donnait pas les laideurs de la mort' (VM, p.350).

Tout cela pour expliquer l'effet prodigieux que l'évanouissement de Varthon a pu produire sur l'inconstant Valville. La description que le mémorialiste fait du style de ses protagonistes ou de sa propre écriture vient donc étayer l'idée que la manière de parler est l'expression d'une manière d'être: comme le style trahit le méchant, il révèle les bonnes âmes. Si la narratrice n'attire jamais notre attention sur l'habileté de ses propos, le roman laisse au lecteur le soin d'en reconstituer la rhétorique implicite. Ainsi Marianne s'est avouée contente du billet qu'elle a envoyé à Valville, car il révèle 'des sentiments d'honneur, d'amour et de fierté' (p.158). Mais pourquoi renvoie-t-elle ses cadeaux à Climal par l'entremise de Valville?[17] A qui veut-elle montrer son innocence? Et en se disant 'l'égale' du jeune homme, l'idée de son mérite ne lui permet-il pas de dissimuler l'énorme disparité de rang et de fortune qui les sépare?

De même, quand elle répond à Mme Dorsin, 'puisque j'ai rencontré madame, et qu'elle a la bonté de s'intéresser à moi, c'est un grand signe que mon bonheur commence' (pp.172-73), la misère où elle se trouvait auparavant donne au mot 'bonheur' un double sens. Mme de Miran lui procure assistance économique et affection maternelle: le mot de bonheur permet à Marianne de remercier de l'une tout en ne faisant penser qu'à l'autre. Comme nous le verrons, cette réplique s'inscrit dans le projet de gommer les réalités matérielles au profit des relations sentimentales.

Jacob est beaucoup plus explicite sur cet art de l'équivoque,[18] dont il décrit

16. La *finesse* se définit précisément par cet art de saisir les différences. Le narrateur peut donc tirer de sa propre écriture la preuve de sa supériorité: 'Un homme né avec du génie [...] découvre une différence infinie entre des objets qui, aux yeux des autres hommes, paraissent les mêmes' (Dubos, i.221, voir aussi p.232).

17. Auparavant (p.130), la jeune fille a indiqué les motifs profonds qui lui font envoyer le colis à Valville et non à Climal, comme il serait logique. Elle a d'autre part expliqué qu'elle employait le mot 'hardes' pour se persuader qu'elle méprise ces vêtements (p.133).

18. Pour définir l'équivoque, on recourt au même type d'explications que pour le trope: elle est fondée sur une confusion possible entre l'idée principale et les idées accessoires (voir Arnauld et Nicole, *La Logique*, p.87), c'est-à-dire sur la possibilité pour chaque interlocuteur de se placer dans une perspective particulière, et donc d'associer au même mot des circonstances différentes (pp.97-98).

avec précision le mécanisme: il consiste à remplacer un terme par un *synonyme*, dont les *idées accessoires* sont plus favorables. Jacob et Marianne savent mettre à profit cette sorte de sensibilité sémantique avec laquelle ils saisissent les différentes implications, généralement non exprimées, de ce que les autres disent ou font. Alors que l'éloquence de Des Grieux recourt le plus souvent à l'excès figural, c'est-à-dire à l'hyperbole, la rhétorique de Marianne et de Jacob est placée sous le signe inverse de l'euphémisme.[19]

Pour en faire comprendre le fonctionnement à la manière d'un rhétoricien, Jacob met par deux fois en regard de la litote qu'il a utilisée ce qui aurait été une formule plus directe, mais aurait eu le malheur de ternir l'image qu'il voulait donner de lui. A la question de M. Bono, 'Qui êtes-vous?', véritable *leitmotiv* du roman, Jacob répond: 'Le fils d'un honnête homme qui demeure à la campagne.' Et le narrateur de commenter: 'C'était dire vrai, et pourtant esquiver le mot de paysan qui me paraissait dur; les synonymes ne sont pas défendus, et tant que j'en ai trouvé là-dessus, je les ai pris' (p.216). Le héros a pu ainsi rester fidèle à son origine, tout en lui ôtant sa signification sociale. La campagne est présentée comme un simple lieu de résidence, l'honnêteté morale pouvant alors se faire passer pour une honorabilité sociale. La dernière partie du livre se termine par une réponse du même ordre: 'Mon père demeure à la campagne où est tout son bien.' Comme le narrateur le fait remarquer, il entre là moins de 'mensonge' que de 'discrétion' (p.264). Encore une fois, la campagne est considérée seulement comme un lieu d'habitation. Dans toute sa réplique, Jacob joue de la même ambiguïté. Quand il déclare qu'il cherche à 'se pousser', 'comme tous les jeunes gens de province et de ma sorte', la généralité des termes utilisés lui permet de dissimuler la misère qui est la véritable cause de l'émigration paysanne, et de suggérer qu'il appartient à des milieux plus aisés, pour qui la 'montée à Paris' peut, effectivement, obéir à des motifs d'ambition.

Jacob peut donc s'estimer entendu quand Mme de Ferval le présente comme le fils d' 'un gros fermier', de 'fort honnêtes gens', et que Mme de Fécour reprend en écho, 'des gens qui demeurent à la campagne [...] de fort honnêtes gens' (p.184). C'est pour donner une apparence de respectabilité à leur liaison qu'elles prennent en bonne part les propos ambigus de Jacob: la rhétorique du paysan en quête de réussite coïncide avec celle des mondaines en quête de distraction.

Même si le narrateur ne le décrit pas aussi explicitement, on trouve dans tous les discours de Jacob ce même art de l'équivoque. Les divers procédés[20] auxquels il recourt dans ses différents plaidoyers consistent à émousser le contour des mots, à jouer sur leur polysémie pour substituer un sens à un autre. Quand on lui reproche de vouloir épouser celle dont il a été le valet, il reprend l'un des arguments de Mlle Habert, et répond qu'il ne l'a été 'qu'un moment par rencontre', et qu'on ne saurait donc se fonder sur un état passager pour définir une identité. Le président se fait alors plus pressant: 'Tu es actuellement à son

---

19. L'orateur recourt à l'euphémisme pour manifester son point de vue: 'il y a beaucoup de termes qui ne sont préférés à leurs synonymes, que parce qu'entre les idées accessoires qu'ils font naître, il y en a qui découvrent de quel œil l'orateur regarde ce qu'il traite, et sous quelle face il cherche à le faire voir à son auditeur' (Crousaz, *Traité du beau*, ii.95).

20. Voir à ce sujet l'étude exhaustive de F. Deloffre, *Marivaux et le marivaudage*, 2ème éd. (Paris 1971), en particulier les chap. 3 et 4 de la 2ème partie (pp.217-50).

service?' La réponse de Jacob: 'Je suis fort son serviteur' (p.127), reprend le mot du président, mais change sa signification, en l'utilisant dans une expression toute faite:[21] 'serviteur' ne désigne plus une situation sociale, mais fait partie d'une formule de politesse, qui n'entre pas en contradiction avec les termes suivants, 'son ami et son prétendu', c'est-à-dire avec ce que Jacob veut effectivement devenir: il détourne le sens des mots dans la direction qui lui est favorable.

De la même manière, Jacob atténue la disproportion de rang entre lui et Mlle Habert par une série d'approximations et d'images. Il identifie la fortune réelle du père de sa prétendante à celle que lui-même pourrait posséder un jour ('il se fit marchand, n'est-ce pas? Je le serai peut-être; ce sera encore boutique pour boutique'), et il assimile la différence de statut social à une simple affaire d'''étages', de 'crans' entre un en-deçà et un au-delà.[22] Jacob transpose le problème des hiérarchies sociales en termes purement spatiaux, ce qui lui ôte toute signification: 'Est-ce qu'on est misérable à cause d'un étage de moins?' (p.131).

L'une des variantes possibles de ce jeu sur les synonymes consiste à présenter une définition partielle du mot qui permet d'en écarter les implications déplaisantes.[23] Voilà par exemple comment Jacob demande sa main à Mlle Habert: 'Mais si, par hasard, quelque jour vous aviez envie de prendre un camarade de ménage, là, de ces garçons qu'on n'envoie point dans une chambre à part, et qui sont assez hardis pour dormir à côté du monde; comment appelle-t-on la profession de ces gens-là? On dit chez nous que c'est des maris: est-ce ici de même?' (p.81). Jacob, en présentant la chose avant le mot, amène Mlle Habert à envisager d'abord le mariage dans la perspective qui lui est favorable, celle de l'union sentimentale (camarade) et érotique (dormir à côté), et à laisser au second plan les obstacles juridiques ou financiers. L'argumentation du héros consiste à faire croire que ces obstacles ne jouent aucun rôle et que leur relation peut se situer uniquement au niveau du cœur et du corps.

Le procédé est accusé jusqu'à la caricature dans le plaidoyer que la Rémy adresse à Jacob. Cette entremetteuse qui gère une maison de rendez-vous, évite de donner aux choses leur nom, et présente son commerce honteux comme une suite d'actions ou de gestes purement fortuits, dépourvus de toute signification. Dans la mesure où son attitude n'obéirait à aucun projet, elle ne saurait susciter la moindre réprobation morale: on le voit, elle a assimilé l'une des techniques du discours libertin (PP, p.229).

Plus globalement, les synonymes et les équivoques permettent à Marianne et à Jacob de transposer le récit de leurs aventures ou l'expression de leurs

---

21. On l'a vu, c'est ce genre de déplacements qu'analyse Gamaches dans la 3ème partie de ses *Agréments*. Dans cette réponse de Jacob, M. Hirsh, 'Le roman expérimental de Marivaux', *RSH* 39 (1974), pp.103-24, voit un exemple des efforts du héros pour 'effacer les marques sociales précises qui le désignent pour leur substituer des termes universels' (pp.119-20).

22. Jacob utilise la même expression au sens propre et au sens figuré. C'est généralement le seul type de jeux sur les mots qui soit toléré. Après avoir critiqué les simples jeux sur les sons, F. de Callières remarque: 'L'équivoque ne m'y paraît supportable que lorsqu'un mot offre à l'esprit deux idées différentes, dont l'une est dans le sens propre et l'autre dans le sens figuré' (*Des bons mots et des bons contes*, Paris 1692, p.9).

23. L'équivoque joue des sens différents que prend un même mot selon les points de vue où l'on se place; la périphrase et le synonyme présentent les faces différentes d'un même *objet*, d'un même *fond* de pensée.

sentiments sur le registre stéréotypé auquel se conforme le groupe social dont ils rêvent de faire partie. Quand ils analysent les conventions dans lesquelles s'enferme chacune de ces microsociétés, nos deux héros se placent dans une perspective clairement rhétorique. Ils cherchent à exploiter la fascination qu'exerce le cliché, à maîtriser les habitudes culturelles et lexicales dont les utilisateurs ne prennent pas conscience. Ils ne découvrent cette sorte d'aliénation que pour en tirer parti. Il n'est donc pas question pour ces mémorialistes en quête de légitimité de mettre en évidence cette duplicité. L'art avec lequel ils manient le code des différents groupes qu'ils côtoient se dégage indirectement de la juxtaposition des divers plaidoyers et récits autobiographiques, de la confrontation entre le style de ces discours et la manière dont sont décrites les pratiques linguistiques de leurs protagonistes.

Sur la dizaine de récits autobiographiques qui jalonnent les aventures de Marianne, la narratrice n'en commente que deux d'un point de vue stylistique. Au début de la première partie, elle rapporte comment on l'a découverte au fond d'un chemin, couverte de sang, dans les bras d'un cadavre: 'Ce début paraît annoncer un roman.' Cette réminiscence littéraire explique l'intérêt qu'elle éveille dans la province où elle a échoué: 'On se prenait pour moi d'un goût romanesque' (p.13). L'orpheline devient le support d'une rêverie fabuleuse: 'On s'imaginait remarquer dans mes traits quelque chose qui sentait mon aventure.' Chacun peut alors se croire investi des prestiges de la fiction: 'Cela rendait noble et délicat l'attendrissement qu'on sentait pour moi.' On se raconte de véritables histoires, auxquelles on finit par croire, jusqu'au moment où le plaisir d'inventer et 'les beaux sentiments' finissent par s'émousser. Il ne reste plus alors qu'une 'orpheline' à qui il faut faire la charité.

Ultérieurement, racontant sa vie à Varthon, Marianne reconnaît qu'elle s'est laissée prendre à ces mêmes chimères: 'Je ne mentis en rien, [...] mais je peignis dans le grand' (p.356). Parlant en 'héroïne de roman', elle 'orne' si bien 'la vérité', que Varthon ne comprend pas que Valville est celui qu'elle aime. Les stéréotypes littéraires sont accusés une seconde fois de déformer notre vision de la réalité. Mais la narratrice, tout en présentant explicitement le romanesque comme une source d'aliénation, ne manque pas de lui attribuer une partie de sa réussite. Elle explique son succès auprès de Valville par la conformité de ses aventures aux canons romanesques. En se racontant, Marianne invite les autres à se projeter dans l'univers de la littérature, à prendre les attitudes 'généreuses' du héros sentimental. L'orpheline triomphe parce qu'elle flatte l'imaginaire d'une société très limitée: elle en incarne la fable. Que cet imaginaire se nourrisse de littérature correspond à l'expérience profonde de Marivaux. Ce lecteur des romans baroques et cet auteur des *Effets surprenants de la sympathie*, et des *Nouvelles folies romanesques*, était un habitué des salons de Mme de Tencin et de Mme de Lambert, deux *métaphysiciennes du sentiment* dont il se serait inspiré pour Mme de Miran et Mme Dorsin.

Comme Prévost, Marivaux montre la contradiction inhérente au discours de son héroïne, partagée entre une volonté d'authenticité et l'emprise qu'exerce la tradition littéraire et culturelle sur la société et son langage, hésitant entre la recherche d'un style individuel et le respect de codes hiérarchisés en fonction des sujets traités. Le romancier attribue ainsi ironiquement les succès de son héroïne à une sorte de don-quichottisme heureux, sans jamais nous dire dans quelle mesure exacte elle en serait la dupe ou la complice. S'est-elle simplement adaptée aux milieux qui l'ont accueillie, ou s'est-elle laissée prendre à la force de la convention? Le roman oscille ainsi constamment entre l'Utopie et la Fable, entre le rêve d'une société réconciliée autour de ses élites, et la dénonciation d'une mystification généralisée: ce sont pour Marivaux les deux visages contradictoires de l'éloquence.

Avec le *Paysan parvenu*, le romancier peut étendre l'éventail des registres stylistiques, et surtout laisser à son narrateur le soin de décrire explicitement l'usage qu'il fait de chacun d'eux, et le pouvoir qu'il en retire. Dans son premier emploi, Jacob découvre l'effet que produit sur une femme du monde 'l'ingénuité rustique' (p.16) de ses propos et de ses manières. Le jeune paysan acquiert ensuite assez d''usage' pour ne recourir 'au langage rustique' que pour plaire, en particulier à son deuxième employeur, Mlle Habert. La 'petite tournure champêtre' est devenue affaire de choix stylistique (p.85). Face à Mme d'Orville, il quitte ce style campagnard: 'On n'y sentait plus le jeune homme de village, mais seulement le jeune homme naïf et bon' (p.210). La simplicité s'est décantée de ses connotations sociales et n'a plus qu'un sens moral. 'Vêtu en enfant de famille', introduit dans le grand monde, Jacob essaye à la fin de la cinquième partie d'en adopter le langage: il se doit de 'parler bon français' (p.261).

Avec Mlle Habert, il comprend immédiatement l'intérêt qu'il peut avoir à transformer ses démêlés assez douteux avec son précédent maître et Geneviève, en une histoire édifiante dans le style dévot. Celle-ci est censée manifester 'un dégoût fier et pudique qui ne pouvait avoir frappé qu'une âme de bien et d'honneur' (p.44). Jacob va ensuite entrer dans la comédie que la vieille fille joue à leur logeuse: il s'y '[conforme] comme si elle [lui] avait donné le mot' (p.78). Il refuse que Mme d'Alain l'accompagne jusqu'à sa chambre et arrive en avance à son rendez-vous pour paraître empressé. 'Grand merci à Dieu qui a permis que je la porte!' (p.96), s'exclame-t-il, reprenant en écho le discours de la vieille fille qui attribue sa rencontre avec Jacob et ses amours à une intervention toute spéciale du Ciel. Quand le paysan lui demande: 'Ne voyez-vous pas bien que mon affection se trouve là par prophétie divine, et que cela était décidé avant nous?' (p.97), il prêche une convertie, qui 'ne peut se mettre trop tôt dans l'état où la Providence nous demande' (p.98). L'imposture de Jacob, ici, ne fait aucun doute à la lumière de son analyse de la fausse dévotion. Il se rend maître de l'esprit et du cœur de Mlle Habert précisément parce qu'il a su démonter le mécanisme de son aliénation psychologique. Il suffit de parler la langue stéréotypée par laquelle le dévot se laisse mystifier pour le mener où l'on veut: c'est la leçon de *Tartuffe*.

Jacob ne procède pas différemment avec les femmes du monde, même s'il leur tient un discours tout autre. Son intrigue avec Mme de Ferval passe par l'apprentissage d'un code libertin. Il doit savoir déguiser leur désir et afficher pour sa maîtresse une 'tendresse' qui puisse justifier toutes les faiblesses.

Le romancier a mis en évidence le pouvoir que confère la maîtrise rhétorique de ces différents styles en présentant, parallèlement aux aventures de son héros, des personnages qui sont victimes de leur impuissance rhétorique et qui restent enfermés dans leurs habitudes linguistiques.[24] Le récit du plaideur dans le voyage à Versailles[25] offre un cas de figure exactement inverse de celle de Jacob. La fausse dévotion qui, pour l'un, ouvre une voie d'accès à la fortune, devient, pour l'autre, la source de la désunion conjugale et d'une frustration constante. Refusant d'entrer dans le délire de sa femme, il est condamné à un éternel procès. De même, Mme de Ferval est la victime du code libertin, Mme d'Orville du modèle aristocratique, et le fou furieux qui apparaît dans la troisième partie, des stéréotypes littéraires de l'histoire tragique. Pour que Jacob réussisse, il faut qu'il y ait aussi des don-quichottismes malheureux.

Les personnages de Prévost et de Marivaux donnent donc deux descriptions fort différentes de l'éloquence. Sur l'utilisation du savoir rhétorique, on ne saurait imaginer plus franche opposition. Des Grieux, comme la plupart des autres héros de Prévost, utilise l'enseignement rhétorique qu'il est censé avoir reçu pour mieux circonvenir ses interlocuteurs. Marianne et Jacob connaissent l'art de persuader sans l'avoir appris. Ils peuvent donc présenter leur éloquence comme une preuve de leur mérite: intelligence, sensibilité, rapidité d'esprit importent davantage que toutes les techniques. Marivaux et Prévost divergent également dans leur analyse du mécanisme de la persuasion. Pour Prévost, elle dépend de l'inspiration passionnée de l'orateur, pour Marivaux, de l'art de saisir les différentes *faces* de la même réalité. Les deux romanciers en viennent pourtant à poser les mêmes questions sur l'éloquence et sur les contraintes qui la déterminent. Des Grieux peut-il se sauver autrement qu'en sacrifiant au mythe de la passion? Marianne et Jacob peuvent-ils réussir sans adopter les codes qui régissent les sociétés où ils veulent entrer? Persuade-t-on qui détient le pouvoir sans lui emprunter son langage? L'orateur échappe-t-il au conformisme?

b. Les enjeux

Ce qui donne à l'éloquence sa physionomie, ce n'est pas seulement un ensemble de procédés discursifs, c'est aussi le type de fins qu'elle se propose et le type d'effets qu'elle produit, c'est-à-dire le rapport entre les deux protagonistes de la tentative de persuasion, la place respective qu'occupent, à l'intérieur de la société, ou du moins d'une relation socialement hiérarchisée, l'orateur et ses différents interlocuteurs. Le champ d'application de l'art de parler est déterminé par une certaine configuration de pouvoirs.

L'obstacle qui conduit le héros à recourir à l'éloquence est le plus souvent d'ordre économique ou juridique, soit qu'il cherche un moyen de subvenir à ses besoins, soit qu'il veuille se soustraire aux différents représentants de l'ordre qui essaient de lui imposer leur loi. Symétriquement, ceux à qui il s'adresse sont caractérisés par leurs richesses ou leurs pouvoirs; ils distribuent faveurs, pensions, emplois, et disposent d'un appareil répressif étendu.

---

24. Ces digressions font elles-mêmes partie d'une certaine convention romanesque: elles servent souvent de cible aux adversaires du roman.
25. Le voyage en voiture servant de cadre et de prétexte aux récits intercalés est lui aussi un poncif des œuvres picaresques, ou plus largement, comiques (voir par exemple *La Voiture embourbée* de Marivaux, OJ, pp.309-88).

Le héros, pour obtenir une aide financière, doit donc convaincre qu'il en est digne, et pour recouvrer sa liberté, qu'il n'est pas coupable. Il doit faire la preuve ou de son mérite ou de son bon droit. Faisant de son sort un problème de morale et de justice, il interpelle la société et remet en question ses pratiques et ses valeurs. Les tenants et les aboutissants de ce conflit éthique et juridique diffèrent assez sensiblement chez les deux romanciers.

La dépendance de Des Grieux est purement accidentelle. Il appartient à une famille fortunée, et une carrière toute tracée l'attend: il sera chevalier de Malte ou riche abbé. C'est sa passion soudaine et violente pour Manon qui le détache de sa famille et lui interdit de songer aux emplois lucratifs auxquels il pouvait prétendre. Non seulement il perd les moyens de gagner sa vie, mais le statut de Manon, ses habitudes de fille entretenue, l'obligent à trouver de l'argent, beaucoup d'argent. L'éloquence constitue donc pour lui un expédient parmi d'autres. Ayant perdu tout son bien dans l'incendie de leur maison de Chaillot, il songe à voler, à se faire entretenir par Manon, à 'se mettre en liaison avec quelque dame vieille et libérale' (p.56), à écrire à son père en feignant une nouvelle conversion, et choisit finalement de s'adresser à Tiberge: il justifie alors sa conduite par la violence irrésistible des passions. Des Grieux sollicite ainsi plusieurs fois les secours de Tiberge (pp.57-61, 89-92, 111-13), de M. de T. fils (pp.99-100) et de son père (p.114), et enfin de l'homme de qualité lui-même (pp.12-15). Dans tous les cas, il rétablit par ses succès une honorabilité compromise par la longue chaîne des trafics, des vols et des crimes auxquels les amants finissent par se laisser entraîner. Dès lors, ce n'est pas seulement l'argent qui leur manque, mais aussi la liberté. Enlevé par les domestiques de son père, enfermé à Saint-Lazare, puis au Châtelet, déporté dans la colonie pénitentiaire de la Nouvelle-Orléans, le héros voit dans l'éloquence le seul moyen dont il dispose pour fléchir ses juges. Ses plaidoyers ne cherchent plus à extorquer une aide matérielle; ils s'adressent à ceux qui possèdent le droit de décider de son sort et de celui de Manon: le Père supérieur de Saint-Lazare (pp.81-89), son propre père (pp.161-63) et le gouverneur de la Nouvelle-Orléans (pp.186-94).

La jeunesse de M. de T. fils et la pauvreté de Tiberge en font des personnages socialement secondaires; les autres protagonistes se définissent au contraire par l'étendue de leurs pouvoirs.[26] Le père de Des Grieux, investi d'un droit légal et économique sur ses enfants, n'hésite pas à utiliser ses valets comme hommes de main, fait appel à la justice, et se trouve d'accord avec le lieutenant général de police pour écarter Manon. Les représentants de l'Etat – lieutenant de police, gouverneur, supérieur de l'Hôpital – se montrent en effet solidaires des privilégiés et mettent à leur disposition tout un appareil policier: prisons, tribunal, gardiens, soldats ... L'originalité du roman est d'avoir montré la diversité de ces pouvoirs qui se relaient dans l'intention unique de maintenir l'ordre et de préserver la situation des nantis: pouvoir plutôt idéologique de l'Eglise, pouvoir de normalisation des institutions charitables, pouvoir de la haute finance, pouvoir familial des notables, pouvoir juridique et militaire de l'Etat.

Le chevalier tente de lever les condamnations dont il est l'objet, soit en

---

26. Voir D. Guiragossian, '*Manon Lescaut* et la justice criminelle sous l'ancien régime', *Studies on Voltaire* 56 (1967), pp.679-91.

montrant que sa conduite n'est pas ce qu'elle paraît, soit en contestant la légitimité des principes au nom desquels on le juge. Son plaidoyer intervient comme un ferment de contradiction dans le dispositif juridique et culturel. Le romancier a suggéré ce déséquilibre en opposant deux scènes similaires au cours desquelles le chevalier présente la même demande au même personnage et reçoit tour à tour une réponse positive et une réponse négative. Ainsi, lors d'une première entrevue, le chevalier parvient à émouvoir son père et obtient sa libération. Une étreinte pathétique scelle leur réconciliation. 'Viens mon pauvre chevalier, me dit-il, viens m'embrasser; tu me fais pitié' (p.163). Mais ce retour au bercail ne signifie nullement que le père accepte que son fils continue à vivre avec Manon. La deuxième entrevue se solde donc par une violente rupture qui vaut à Des Grieux le malédiction paternelle.[27] Le sentiment est venu buter sur les exigences de l'honneur ou, du moins, de l'honorabilité.

La fin du roman offre un autre exemple de scènes redoublées. Dans un premier temps le couple trouve grâce auprès du gouverneur de la colonie (p.180). Mais quand Des Grieux lui demande de revenir sur sa décision de marier Manon à son neveu, il se heurte au cœur 'd'un tigre féroce et cruel'. Fort de son droit, le gouverneur peut s'abandonner à ses préférences personnelles même si elles le conduisent à faire un choix parfaitement irrationnel: que pourrait valoir une union fondée sur la seule violence?

Le héros ne parvient donc jamais à entamer durablement la logique générale d'un système à la fois moral, social et politique: il peut tout au plus compter sur l'instabilité générale des comportements.[28] Comme nous le montrerons, Prévost voit l'homme ballotté d'un objet à l'autre par les passions les plus violentes et les plus opposées. C'est d'ailleurs cette violence des passions qui rend le Pouvoir dangereux et incite à sa remise en cause, du moins à sa limitation.

Des Grieux, comme presque tous les héros de Prévost, cherche à recouvrer un droit dont il s'est trouvé privé par une étrange fatalité, défaillance familiale, complot des méchants ou faiblesse amoureuse. Le rapport du héros marivaudien au pouvoir se présente différemment à deux égards. La situation sociale du jeune paysan et de l'orpheline sans ressources les condamnait par avance à mener une vie pauvre, besogneuse et sans éclat, et donc indigne d'être racontée. Les mémoires qu'ils rédigent sur le tard sont à l'image de leur bonne fortune: un miracle. Les circonstances mêmes de leur réussite donnent à leur projet autobiographique une valeur de plaidoyer: il leur faut justifier leur ascension aujourd'hui comme il leur a fallu autrefois l'assurer, c'est-à-dire faire la preuve de leur mérite pour accéder à la fortune, obtenir de leurs protecteurs les faveurs, les emplois, les alliances. Leur propos n'est donc pas de confirmer leurs droits, mais de s'en arroger de nouveaux.

Comme chez Prévost, le héros est amené à formuler des demandes de deux

---

27. ML, p.172: 'Va, cours à ta perte. Adieu, fils ingrat et rebelle. Adieu, lui dis-je dans mon transport, adieu, père barbare et dénaturé.'

28. Dans la mesure où la rhétorique s'adresse, en l'homme, à ses passions, et non à sa raison, ses résultats sont précaires. Une passion peut toujours en chasser une autre, comme l'explique E. Fléchier, *Œuvres posthumes*, t.ii, *Œuvres mêlées* (Paris 1712), p.109: 'Comme le principal de cette persuasion consiste dans le mouvement et dans l'instruction d'un discours qui passe avec le voix et les paroles, il n'est utile que peu de temps. L'imagination se relâche [...] le feu s'éteint.'

types sensiblement différents, l'une plus économique et l'autre plus juridique. L'originalité des romans de Marivaux est qu'elles s'enchaînent selon un ordre de progression particulièrement évident.

Le héros doit d'abord satisfaire ses besoins d'argent. Cette première étape se déroule elle-même en deux temps. Repoussant les entreprises de séduction rhétorique des protecteurs auxquels sa famille l'a indirectement confié, il montre sa rectitude morale, mais se retrouve à la rue, sans ressources. Errant dans Paris, Jacob mesure le sursis qui lui est accordé pour échapper à son destin de paysan: 'Ma foi! restons encore quelques jours ici pour voir ce qui en sera: il y a tant d'aventures dans la vie, il peut m'en échoir quelque bonne; ma dépense n'est pas ruineuse; je puis encore la soutenir deux ou trois semaines' (p.40).

Marianne, abandonnée par Climal, Mme Dutour et le curé, ne peut pas, comme Jacob, compter sur un éventuel retour au pays natal: la bienveillance de Mme de Miran la sauve d'une véritable misère. Comme Manon ou Ursule, Marianne pouvait finir prostituée ou ouvrière sans qualification.

De cette première épreuve dont il n'a tiré aucun profit, le héros fait un récit capable de provoquer l'estime de ceux qui se trouvent par hasard sur son chemin, et, à des degrés divers, se caractérisent par leur aisance. Marianne demande qu'on l'accueille au couvent, et par là même qu'on règle sa pension; Jacob obtient un emploi, et donc des gages, qui se transforment vite en un lit et en un contrat de mariage. Les projets matrimoniaux de l'orpheline et du paysan, qui sanctionneraient définitivement leur intégration sociale, provoquent donc naturellement des réactions de défense. Les membres de la famille de Mme de Miran, Mlle Habert l'aînée et son confesseur font intervenir des représentants de l'appareil d'Etat, un ministre et un président. Convoqués devant une sorte de tribunal, nos deux héros sont ainsi contraints de se défendre sur un plan juridique. Après avoir, dans un premier temps, montré leur mérite dans le registre privé, ils revendiquent publiquement le droit au mariage et donc à l'ascension sociale: à une première épreuve où ils font la démonstration de leur qualité, en succède alors une seconde qu'on pourrait appeler glorifiante, puisqu'elle impose leur réussite au groupe social tout entier.

Cette épreuve décisive vient dénouer à sa manière le conflit suscité par la première. En effet, alors que le héros de Prévost parvient mal à entamer la solidarité des détenteurs du pouvoir, et peut tout au plus compter sur l'instabilité affective qui est le propre de tous les hommes, Marianne et Jacob savent, par leur argumentation, introduire au sein des groupes de possédants une constante contradiction. Le héros adresse ses demandes à plusieurs interlocuteurs, le plus souvent en même temps, et suscite toujours deux réactions divergentes. Chacune de ses interventions contribue donc à tracer une ligne de partage entre ceux qui reconnaissent ses mérites et ceux qui les récusent. Les uns forment le groupe de ceux qu'il appelle les sensibles, et les autres celui des âmes dures et intéressées, ce mode de présentation n'étant pas lui-même dépourvu d'intention polémique.

Par exemple, Marianne reprend dans l'église la prière qu'elle vient d'adresser au curé. La religieuse adopte la même attitude que lui, tandis que Mme de Miran décide d'aider cette orpheline vertueuse. Dans le cabinet du ministre, Marianne s'adresse à la fois à ses protecteurs, à des 'curieux', et à tout 'un groupe railleur et dédaigneux'. Quand son éloquence a provoqué un revirement presque général, une parente rebelle de Mme de Miran continue, peut-être à juste titre, de la traiter d'aventurière. Ce maintien de l'antagonisme initial permet de montrer le chemin parcouru par Marianne, et de rappeler l'enjeu du procès. Les interlocuteurs de Jacob sont également divisés à son égard. Protégé par sa première maîtresse, le paysan est menacé de prison par son maître. Il se fait passer pour un parangon d'honneur auprès de Mlle Habert la jeune, mais éveille les plus vifs soupçons de la sœur aînée et du confesseur.[29] Il persuade Mme d'Alain, mais pas Agathe, sa fille (pp.116-17). Devant le président, le paysan élargit le champ de ses succès, sans pourtant fléchir l'irréductible haine de sa future belle-sœur.[30]

Si les demandes de Marianne et de Jacob ont une portée sociale évidente, les réponses opposées qu'ils reçoivent ne correspondent pas à des différences sociologiques chez leurs interlocuteurs. Ceux qui reconnaissent leurs mérites, et donc acceptent les valeurs dont ils se recommandent, appartiennent aux mêmes milieux exactement, souvent à la même famille, que ceux qui, de l'ordre des choses et du respect des hiérarchies, tirent des raisons de les rejeter. La fonction des scènes de jugement public est de mettre un terme à un combat douteux dont les participants sont par trop à armes égales. Marivaux place à la tête du tribunal un représentant du pouvoir d'Etat, dont le rôle est de nier la signification sociale de l'antagonisme, c'est-à-dire de mettre entre parenthèses les situations économiques des partis en présence, et de créer un espace idéal où tout pourrait se réduire à des questions d'éloquence: il donne à la rhétorique toute sa chance.

Dans le portrait préliminaire qu'en fait la narratrice, le ministre est décrit comme un sage qui ne pense qu'au bien de ses administrés, et nullement à sa gloire personnelle. Cette pure figure d'arbitre n'est mue ni par le préjugé ni par l'intérêt: '[Il fait] de grandes actions dans la seule pensée que les autres en ont besoin, et non pas à cause qu'il est glorieux de les avoir faites [...], il a tout fait pour elles, et rien pour lui' (p.315). Ce qui fait sa supériorité, c'est donc son absence de toute préoccupation rhétorique.[31] Dans l'exercice de sa fonction, il ne sacrifie rien à l'apparence, aux *verba*, mais se consacre tout entier à la réalité, aux *res*. Aux discours qu'on pourrait tenir sur lui, il préfère toujours les faits. C'est à cette attitude de Fleury que Thomas, quarante ans plus tard, attribue le déclin des éloges académiques. Par principe, son action se dérobait à la grande éloquence.[32]

29. De même (pp.59-64), le sermon que Doucin adresse aux deux sœurs pour les mettre en garde contre les périls où Jacob risque de les faire tomber, suscite deux réactions totalement opposées: tandis que l'une des deux sœurs se range à ses conseils, l'autre lui reproche sa tyrannie.

30. A la fin du roman, quand Mme d'Orville vient demander grâce pour son mari, M. de Fécour reste de glace. 'Il fallait pourtant qu'il eût le cœur naturellement dur, car je crois que la prospérité n'achève d'endurcir que ces cœurs-là', note Jacob (p.207), à qui la prière n'était pas adressée, mais qui renonce à tout ce qu'il vient d'obtenir et l'offre à la belle éplorée.

31. Cette distinction entre les actions qu'on fait pour elles-mêmes, et celles qu'on fait pour s'attirer l'admiration des autres, inspire les pages que La Bruyère a consacrées au *Mérite personnel* (*Les Caractères*, pp.96-111). Rapin l'avait utilisée pour montrer la vertu sublime de M. de Lamoignon: 'L'impression de sa sagesse et de ses conseils paraissait en la plupart des choses qui se faisaient pour le salut de l'Etat, sans que sa personne ou son nom y parussent [...] Il aimait beaucoup mieux faire des choses estimables que d'être estimé [...] allant au solide en toutes choses' (Rapin, *Du grand et du sublime*, p.29).

32. Thomas, ii.208-209: 'Le cardinal de Fleury fut modeste et simple. Il eut l'ambition de l'économie et de la paix, deux choses qui font le bonheur des états, mais qui n'ébranlent point les

Cette indépendance d'esprit fait pour Marivaux tout le mérite du ministre. Ne cherchant pas à plaire, il ne s'identifie à aucun point de vue particulier, n'épouse aucun intérêt. Le pouvoir ne peut se prétendre absolument juste que parce qu'il est absolu. Ne tenant sa légitimité que de sa seule efficacité, c'est-à-dire de lui-même, il échappe à tout partage, à toute critique, à toute compromission. S'il sollicite le consensus, l'approbation, s'il se soumet au regard des administrés, le voilà qui perd sa cohérence et son équité. Dans cette vision d'un pouvoir qu'on pourrait qualifier, pour parler à la manière des sociologues, de *métasocial*, on reconnaîtra sans doute un idéal monarchique. Marivaux opterait indirectement pour un despotisme éclairé par la raison.[33]

Ce juste qu'est le ministre va donc maintenir la balance égale entre Marianne et les membres des classes privilégiées qui lui sont hostiles; il les dépossède en quelque sorte de leur pouvoir économique, idéologique et juridique, et leur demande simplement d'exposer leur point de vue, qui se trouve mis sur le même plan que celui de Marianne. Comme le président face à Jacob, il s'affirme au-dessus des partis, et dit n'intervenir que pour répondre à des plaintes qu'on lui a adressées. Cette opération de réduction donne à Marianne et à Jacob leur chance: contre un discours, un autre peut l'emporter, l'éloquence va décider de l'issue du procès.

Que ce royaume de l'éloquence soit un rêve, le récit marivaudien le dit à sa manière. En relâchant Jacob et Marianne, les deux arbitres prennent nettement parti en leur faveur, et rendent leur mariage possible. Ils infléchissent le conflit qui oppose partisans et adversaires des parvenus dans un sens déterminé. En outre, Marianne et Jacob n'ont été mis que très provisoirement à égalité avec les possédants. Leurs aventures montrent clairement qu'ils ne vivent pas dans l'univers de la pure raison. Leur réussite, et les obstacles qu'ils rencontrent, disent assez que leurs revendications ne sont pas seulement morales, mais ont une portée économique et sociale déterminée.

Dans *Manon Lescaut*, la seule issue de la lutte entre la société et l'individu, c'est la fuite. Marivaux, lui, estompe le conflit insoluble entre ceux qui acceptent et ceux qui refusent de faire une place dans la société établie au mérite individuel: il imagine, au sein de la société, un espace privilégié, qui, se situant en dehors d'elle, pourrait en ignorer les intérêts et les luttes. Mais la parenthèse fermée, chacun retrouve le monde de l'argent et du besoin, du profit et du malheur. Les problèmes soulevés par l'argumentation de Marianne et de Jacob sont résolus par une sorte d'utopie provisoirement installée dans la réalité: la cohésion de la société se maintient par un subterfuge.

c. Une dimension symbolique de l'éloquence

Marivaux et Prévost ont souligné la dimension sociale de l'éloquence de leurs héros par une série d'indices symboliques: les lieux auxquels ils ont accès,

---

imaginations [...]. Il gouverna sans bruit, ne remua rien, et, content d'être absolu, ne chercha ni le faste du pouvoir, ni le faste des éloges: tout fut calme comme lui.'

33. Le secret 'est le ressort qui fait jouer la machine de l'Etat' (D. Bouhours, *Les Entretiens d'Ariste et d'Eugène*, Paris 1683, p.239). Il fait du Prince une image de Dieu, 'qui gouverne le monde par des voies inconnues aux hommes, et qui nous fait tous les jours sentir les effets de sa bonté et de sa justice, sans nous découvrir les desseins de sa sagesse'.

l'argent qu'ils possèdent, les vêtements qu'ils portent. Ces indices montrent la situation matérielle de l'*orateur*, et révèlent quel rapport il entretient avec son interlocuteur. A titre d'exemple, nous avons choisi d'examiner l'analogie constante entre les lieux occupés par le héros et l'enjeu de ses tentatives de persuasion. Pour deux raisons: d'une part, soumission, grâce, accueil, rejet forment autant d'images traditionnelles de la dynamique de l'éloquence; d'autre part, cette analyse succincte des étapes[34] par lesquelles passent successivement Marianne, Jacob et Des Grieux, nous offrira une vue d'ensemble de leur rapport avec le pouvoir.

Chez Marivaux, la scène rhétorique fonctionne comme une épreuve initiatique assurant le passage d'un espace hostile à un espace favorable. Marianne et Jacob sont d'abord tentés par l'offre qui leur est faite d'une demeure confortable, mais dangereuse. Climal veut obtenir les faveurs de Marianne en échange d'une maison et d'une rente; le maître du paysan achète ses complaisances à un prix similaire. Pour échapper à ce mauvais lieu, Marianne et Jacob se retrouvent dans une sorte de non lieu: la rue de Paris où Marianne erre désespérée, où Jacob prend de courtes vacances avant de retrouver son pays, la tête basse.

Liberté de ceux qui n'ont rien. Sans attaches ni argent, nos héros sont provisoirement dépourvus de moyens de subsister et d'identité sociale. Aussi ne peuvent-ils prétendre à aucun espace propre: les voilà confondus avec la foule. Jacob commence sa carrière sur un pont, Marianne dans une église, lieu de passage ou lieu public qui offrent toutes les possibilités de rencontre. C'est grâce à leur éloquence qu'ils parviennent alors à accéder à des lieux privés: la rencontre avec Mlle Habert ménage à Jacob un habit, un repas, une maison, en un mot, un foyer. En obtenant de Mme de Miran qu'elle paie sa pension, Marianne trouve un refuge dont l'honorabilité est tout autant sociale que morale. L'opposition de la prieure rappelle que le couvent n'est pas ouvert à qui vient de la rue: c'est un espace réservé aux riches.

Les projets matrimoniaux de Jacob et de Marianne, qui doivent les installer définitivement dans l'espace privé de Mlle Habert et de Mme de Miran, sont ressentis par leurs adversaires comme une insupportable transgression. Les membres des deux familles vont tout faire pour chasser les intrus qui osent empiéter sur leur domaine. Marianne et Jacob sont brusquement arrachés à leur douillet refuge, enlevés, enfermés dans une voiture, dans une prison, et forcés de comparaître devant une chambre de justice; on les menace de les renvoyer à la rue. Pour Marianne, le couvent change symboliquement de signe: de havre, il devient prison. A une première négativité par défaut – le vide de la rue – succède donc la pleine négativité de l'incarcération. Le mariage qu'on propose à l'orpheline en est une subtile variante: elle appartiendra à son mari. Cette tentative d'exclusion donne son sens à l'éloquence de Marianne et de Jacob: ils veulent reconquérir un droit, réintégrer l'espace interdit. Ce que représente la maison de Mme de Miran ou celle de Mlle Habert apparaît aussi bien dans l'effort du corps étranger qui veut s'y introduire, que dans l'effort *réactionnaire* de celui qui veut l'en chasser. L'opposition entre intérieur et extérieur

---

34. M. Mat, 'Espace, décor et temps dans les romans de Marivaux', *Studi francesi* 58 (1976), p.27: 'Les changements de lieu coïncident avec les étapes du destin des héros et correspondent aux tournants de l'intrigue.'

est vue en même temps dans la perspective du parvenu qui entre et du privilégié qui ferme.

Le succès des plaidoyers de Marianne et de Jacob se marque par des phénomènes d'accueil, de réintégration, de communion. En remerciement du compliment qui lui est fait, Marianne s'agenouille; le ministre, dont l'attendrissement se communique à presque toute l'assemblée, la relève. La 'parente revêche' quitte le terrain avec deux dames. 'Aussitôt le reste de la compagnie se rassembla autour de moi', note Marianne, qui, par la grâce de son éloquence, a regagné une position centrale. Ramenée au couvent qui lui avait servi de prison, elle peut afficher glorieusement son droit là-même où elle en avait été dépossédée. Dans un même ordre d'idée, on conduit Jacob sur le lieu de son arrestation arbitraire pour proclamer son innocence. A l'issue de son procès, il est appelé par cette fausse dévote qu'est Mme de Ferval. La chambre d'accusation fait place à un boudoir galant: la réintégration est ici transposée sur le registre érotique.

Dans la mesure où Des Grieux estime que son amour pour Manon ne met pas en cause sa dignité, la supériorité de sa naissance, son but n'est pas, en persuadant de son mérite, de se faire une place, d'acquérir un droit nouveau. Dans ses rapports avec les détenteurs de la richesse et du pouvoir, il cherche simplement à fuir, à échapper aux conséquences de ses actes. L'éloquence du personnage marivaudien l'installe dans un espace accueillant et protecteur. Chez Prévost, l'espace dégagé par la persuasion n'est défini que par opposition à la prison où le héros était détenu. N'accédant à aucune position nouvelle, le chevalier se retrouve au point de départ, dans un monde où les intrigues continuent de se tramer, la violence de menacer. La liberté dont on rêve dans le cachot se transforme toujours sous le coup de la fatalité en autre cachot: maison gardée du père, hôpital Saint-Lazare, maison assiégée du fils de M. de T., convoi des enchaînés, bateau pour l'Amérique, colonie pénitentiaire, l'espace ne cesse de se refermer sur Manon et Des Grieux.

Ce perpétuel mouvement de fuite trouve un terme provisoire à la Nouvelle-Orléans. L'éloquence de Des Grieux semble alors aller dans le même sens que celle des personnages marivaudiens, puisqu'il sollicite à trois reprises qu'on lui fasse une place: dans le convoi des déportés, sur le bateau qui le conduit en Amérique, et dans la colonie elle-même. Ce retournement peut s'expliquer par la valeur ambiguë du Nouveau Monde. La justice française l'utilise comme une annexe de la prison qui lui permet de se débarrasser de ses délinquants les plus dangereux ou les plus encombrants. Mais dans la mesure où cet espace carcéral prend la dimension d'un monde en miniature, Des Grieux espère pouvoir en inverser le sens. Cette colonie tout entière vouée à la surveillance des individus et à leur redressement moral serait suffisamment éloignée de la métropole, et par là de la société française, pour n'en connaître ni les lois, ni les préjugés. Des Grieux croit enfin avoir trouvé un espace dont l'indétermination serait positive. Par un curieux paradoxe, c'est dans cette prison si particulière que fleurirait la liberté authentique: '[Là-bas], ils suivent les lois de la nature. Ils ne connaissent ni les fureurs de l'avarice, qui possèdent G... M..., ni les idées fantastiques de l'honneur, qui m'ont fait un ennemi de mon père [...] C'est ici qu'on s'aime sans intérêt, sans jalousie, sans inconstance' (pp.180 et 188).

Des Grieux, qui ne peut plus compter sur la force ou sur la persuasion pour s'échapper, met entre parenthèses le Pouvoir qui le contrôle, et consacre toute son éloquence à se faire accepter. Le gracieux accueil que le gouverneur réserve aux amants, les faveurs qu'il leur accorde semblent répondre à ce rêve à la fois d'innocence et de légitimité. Mais quand le gouverneur vient rappeler qu'il est le maître et qu'il veut marier Manon à son neveu, le couple se trouve pris au piège: la porte de la prison ne s'ouvre pas, comme à Paris, sur ces lieux équivoques et discrets qui favorisent les intrigues et les commerces illicites, puisque l'espace de la prison se confond exactement avec celui de la société. Des Grieux et Manon ne s'enfuient donc de la Nouvelle-Orléans que pour errer dans un espace sauvage qui est comme la négation de toute société: pour eux, il n'y a pas d'autre au-delà de la colonie pénitentiaire que le désert et la mort.

ii. Une argumentation ambiguë

Nous continuons notre analyse de l'*art de parler* de Marianne, Jacob et Des Grieux par un examen des arguments auxquels ils recourent. Alors que nous pouvions jusqu'alors rester dans l'optique du narrateur, c'est-à-dire voir comment il rendait compte lui-même de sa propre éloquence, l'étude de son argumentation exige une perspective plus large, pour deux raisons: d'une part, on ne peut en apprécier pleinement la valeur, l'efficacité, et donc le fonctionnement, qu'en la confrontant avec les exigences et les réponses des membres des groupes dominants auxquels nos héros s'adressent. Comme nous le verrons, leur position marginale explique qu'ils ne puissent tenir les mêmes propos, dans les mêmes conditions, que les détenteurs du pouvoir et de la richesse. Leur discours introduit une distance critique à l'égard des valeurs consacrées. D'autre part, ils ne peuvent formuler explicitement ce qu'ils cherchent à conquérir par leurs discours. Ainsi, il leur faut afficher désintéressement et mépris des biens matériels pour prouver leur mérite, et obtenir de leurs protecteurs ce confort et ces ressources qui leur font cruellement défaut. La situation particulière de Marianne, Jacob et Des Grieux fait apparaître, à un niveau individuel, une contradiction entre l'idéalisme du discours et ses effets pratiques, qui, selon Marivaux et Prévost, affecterait la société toute entière.

a. Des discours de légitimation

L'image que Marianne et Jacob donnent d'eux-mêmes est, au moins en partie, conforme à l'idéal de ceux à qui ils s'adressent et dont ils sollicitent les faveurs. C'est en puisant dans le discours de leurs protecteurs, en empruntant leur système de valeurs et leurs références morales qu'ils composent leur propre portrait. Celui de Marianne réunit toutes les composantes du modèle aristocratique. L'habileté de l'orpheline, c'est d'abord de permettre à ses protecteurs, essentiellement Mme de Miran et Mme Dorsin, de faire preuve de ces qualités, pitié et générosité, qui dans leur esprit font leur supériorité, et ensuite de les concurrencer sur leur propre terrain. Cette 'belle âme' qu'elle affiche, qui en impose plus que fortune et rang (p.178), ce 'grand cœur' qu'on lui reconnaît (pp.180, 329, 337), se définissent par les mêmes caractères de désintéressement, de reconnaissance, de tendresse qu'elle s'est plu à exalter chez ceux dont elle dépend. La narratrice ne dissimule pas ce que cette attitude doit à la littérature. Elle peut en effet s'inspirer des grands romans baroques – dont Marivaux a par ailleurs fait la parodie – puisqu'ils offrent à la noblesse une image idéalisée où elle se flattait de se reconnaître. Peu importe que la jeune fille hausse un peut trop le ton pour se montrer 'digne de cette Marianne dont on faisait tant de cas' (p.386), elle finit par terrasser Valville et sa mère par ses 'grands sentiments' (p.407).

Drapée dans les oripeaux de l'*illustre malheureuse*, Marianne appuie également sa prétention à la noblesse sur la finesse de son 'goût'. La 'délicatesse' de l'héroïne (pp.32-33) et ce désir inné d'un mieux-être qu'elle ne connaît pas encore vont trouver immédiatement à se satisfaire dans le beau monde où l'introduit Mme de Miran: 'J'étais née pour avoir du goût, et je sentis bien en effet avec quelles gens je dînais' (p.211).

Si elle n'est pas pourvue 'de goût naturel [et d'] un peu de sentiment' (p.212), comment peut-elle se rendre compte qu'elle est admise à l'une des tables les plus prestigieuses de Paris? Marianne devine les plaisirs que peut offrir la grande ville (p.17), juge de la beauté d'une robe, ou de l'élégance d'une assemblée. Cet art de la consommation, cette faculté de distinguer entre les biens offerts, marquent l'appartenance nécessaire de Marianne à une classe vouée à la dépense. Mais, comme pour Des Grieux qui prend pour modèle le mode de vie des financiers, le dénuement initial de l'orpheline rappelle ironiquement que cet *art de vivre* dépend moins des qualités de l'âme que de l'importance des revenus.

Enfin, Marianne donne de ses activités de mémorialiste une idée tout à fait conforme à une certaine tradition aristocratique. Comme le noble, elle déprécie le travail de l'écriture au nom de la valeur de l'individu qu'elle veut faire passer directement dans les mots. Il lui suffit d'improviser, de faire confiance au hasard de l'inspiration ou de l'humeur, pour capter les reflets chatoyants de sa belle nature.[35]

Fréquentant un autre milieu, voué par son sexe[36] à un rôle de séducteur, Jacob se présente sous des traits assez différents. Voulant rassurer Mlle Habert qu'il vient d'aborder dans la rue, Jacob avance comme garantie de son honorabilité le fait qu'il a quitté son village seulement depuis trois ou quatre mois, et qu'il n'a donc pas eu le temps d''empirer et de devenir méchant' (p.43). Jacob rappelle son origine de paysan et utilise à dessein un style 'rustique',[37] car dans

---

35. L'attitude de Marianne traduit les idées de Marivaux sur l'écriture (voir par exemple JOD p.114: 'Ce n'est point un auteur que vous allez lire ici [...] Je ne sais point créer, je sais seulement surprendre en moi les pensées que le hasard me fait, et je serais fâché d'y mettre rien du mien'). Mais le roman fait aussi apparaître la forte connotation aristocratique de cette conception du style. Marianne rejoint ici les mémoires authentiques où l'écrit veut passer pour 'un reflet quasi involontaire de la personne' (R. Démoris, p.73): 'le seul talent tolérable est celui que donne la nature, c'est-à-dire la naissance, et qu'on n'a rien fait pour acquérir' (p.74).

36. Cette opposition entre Marianne et Jacob révèle les conceptions psychologiques de Marivaux (voir F. Deloffre, 'De Marianne à Jacob: les deux sexes du roman chez Marivaux', *Information littéraire* 11, nov.-déc. 1959, pp.185-92), mais elle obéit aussi à une nécessité culturelle.

37. Le 'galant homme' ne doit pas, par son langage, laisser deviner sa profession, comme le rappelle. F. de Callières (*Des mots à la mode*, Paris 1692, p.93): Jacob peut faire sentir qu'il vient de la campagne, non qu'il est paysan.

l'esprit des milieux où il s'introduit, la campagne, pour méprisée qu'elle soit dans sa réalité vécue, se confond avec une nature qui implique à la fois innocence morale et spontanéité érotique. Si la première intéresse la dévote, la seconde séduit les femmes du monde. Mme de Ferval, qui réduit le mérite du paysan à sa 'physionomie', déclare ne point régler son 'goût' sur la condition (p.137), mais sur les 'grâces naturelles' du gros brunet (p.172). Selon le contexte, l'accent tombe donc sur l'honnêteté de son âme ou sur la vigueur de son corps: en enlevant au mot de campagne tout contenu concret, Jacob satisfait l'imaginaire d'une société urbaine et fortunée.

A vouloir prouver, l'une, sa noblesse, et l'autre, la bonté de sa nature, tous deux, on l'a vu, provoquent un scandale. La famille de Mme de Miran refuse de savoir si, effectivement, la jeune fille possède toutes les qualités qu'on lui attribue. Son absence de fortune et l'obscurité de sa naissance la rendent indigne de s'allier à une grande famille parisienne. Pour toute réponse, l'orpheline se voit rappeler que l'avoir prime l'être, et qu'il faut, pour parler de reconnaissance, de générosité, d'âme et de cœur, de sérieuses garanties du côté de la fortune et du rang. C'est, en termes plus crus, la leçon du *Paysan parvenu*. Mlle Habert veut empêcher le mariage de sa sœur, parce que son prétendant manque de répondant: sans emploi et sans argent, que vient-il faire chez de paisibles rentières, sinon bouleverser tous les principes de l'ordre public et de la hiérarchie sociale?[38] En parvenu dépourvu de délicatesse, le premier maître de Jacob lui dévoile le mécanisme sur lequel est fondée l'estime publique. L'honneur est un luxe de riches, et seul l'argent peut élever qui ne possède rien: 'Allez, mon enfant, l'honneur de vos pareils, c'est d'avoir de quoi vivre, et de quoi se retirer de la bassesse de leur condition, entendez-vous? Le dernier des hommes ici-bas, est celui qui n'a rien' (p.29).

L'entreprise rhétorique de Marianne et de Jacob, leur volonté de justifier leur ascension par leur noblesse ou leur belle nature, amène les représentants des classes possédantes à déclarer brutalement qu'ils attachent plus d'importance au rang ou à la fortune qu'aux qualités dont ils font leur idéal – goût, générosité, innocence – et à avouer que le fait prime le droit, que la hiérarchie sociale n'est pas fondée sur les qualités morales profondes de l'individu. En prenant, en quelque sorte, les nantis au pied de la lettre, les deux marginaux les obligent à reconnaître que la justification qu'ils donnent de leur position dans la société n'est qu'un leurre: il faut montrer ses titres de noblesse ou de propriété pour pouvoir ensuite jouer à la belle âme.

Face à l'imposture du discours traditionnel, Marianne et Jacob esquissent les principes d'une hiérarchie fondée, non plus sur l'arbitraire de la fortune et du rang, mais sur le seul mérite. Les théoriciens de la noblesse[39] expliquent les

---

38. Mlle Habert l'aînée rappelle que si 'nous sommes tous égaux devant Dieu [...], devant les hommes ce n'est pas de même': il faut avoir égard aux 'coutumes établies' (PP, p.129). De même, l'abbesse explique à Marianne: 'La différence des conditions est une chose nécessaire dans la vie, et elle ne subsisterait plus, il n'y aurait plus d'ordre, si on permettait des unions aussi inégales que le serait la vôtre, on peut dire même aussi monstrueuse' (VM, pp.297-98).

39. La noblesse est d'abord une exigence, 'un héritage dont le seul mérite peut nous donner la possession' (Le Maître de Claville, *Traité du vrai mérite*, Paris 1734, p.40). Le jeune noble dispose des meilleurs exemples domestiques: il ne lui reste plus qu'à les imiter ou à les surpasser (voir aussi F. de Callières, *Des mots à la mode*, pp.120-21).

avantages qu'apporte un grand nom par le fait qu'il incite effectivement celui qui le porte aux plus grandes actions: il l'oblige à se montrer digne de sa renommée. Marianne réplique assez subtilement que tout un chacun peut arriver à un résultat similaire en se fixant le même idéal, et que le titre n'est donc qu'une circonstance purement facultative de la grandeur morale. Marianne ne remet pas en cause le principe de la hiérarchie mais, en inversant l'ordre de causalité, en restaure la logique: au lieu que le titre précède une hypothétique valeur individuelle, c'est une supériorité réelle qui vient constituer la *noblesse*. La notion de *naissance* se trouve par là même profondément modifiée. Alors qu'elle implique traditionnellement l'appartenance à un ordre, l'héroïne y voit simplement ce qui détermine une configuration de qualités et de mérites. Aussi importe-t-il peu que Marianne puisse faire la preuve qu'elle est d'origine noble puisqu'elle l'est devenue en fait.

Jacob inverse de la même manière le raisonnement habituel sur l'honorabilité. Il n'a nullement besoin d'être propriétaire, c'est-à-dire de lier son nom à une terre, à un bien, pour faire voir que son corps et son âme sont restés proches de la nature, et par conséquent dignes d'estime. Dans la mesure où Marianne et Jacob trouvent des oreilles complaisantes, voient leurs protecteurs partager leur point de vue, leur exemple montrerait que la société est, au moins partiellement, fondée sur un système rationnel, qu'elle sait faire une place au vrai mérite.[40] Grâce à des âmes éclairées comme Mme de Miran, et dans une faible mesure, Mlle Habert, élite morale et élite sociale semblent pouvoir coïncider. Ces femmes généreuses ne veulent considérer dans l'homme que son 'âme', c'est-à-dire sa valeur personnelle.

Dans le salon de Mme Dorsin, 'il n'était point question de rangs, ni d'états [...], personne ne s'y souvenait du plus ou du moins d'importance qu'il avait; c'était des hommes qui parlaient à des hommes, entre qui seulement les meilleures raisons l'emportaient sur les plus faibles; rien que cela' (p.226). L'officier qui fait demander Marianne en mariage formule explicitement le principe d'une égalité entre tous les hommes: 'Et puis les âmes ont-elles des parents? Ne sont-elles pas toutes d'une condition égale?' (p.423). Cette universalité de droit exige qu'on néglige les *conditions*, c'est-à-dire la situation économique et sociale, pour n'envisager que la *valeur*, l'*honnêteté*. Voilà ce que la comtesse et le parvenu répètent après leurs protecteurs.

Mais l'orpheline, le paysan à la recherche d'un emploi dans Paris, peuvent-ils tenir le même langage, ou s'ils le font, ce langage possède-t-il le même sens? Ce que Marianne peut faire désormais au nom de son titre, Jacob au nom de sa fortune, a représenté autrefois un moyen de parvenir, de s'imposer à un milieu étranger. Le roman ne dissimule pas que c'est poussés par les contingences matérielles qu'ils affichent ce mépris des biens et des honneurs, et que c'est ce mépris qui séduit les puissants auxquels ils s'adressent.[41] Les mémorialistes se

40. Les héros de Marivaux se définissent à la fois par leur sensibilité et par 'la capacité spontanée de se réfléchir' (R. Démoris, p.456): cette double qualité serait présentée non comme 'le résultat de certaines conditions sociales privilégiées (caractérisées en dernière analyse par la possession de la fortune) mais bien [comme] le juste fondement de cette différence'.

41. Le renoncement joue un rôle essentiel dans le roman de Marivaux comme dans celui de Mme de La Fayette; mais tandis que le choix de la Princesse de Clèves est libre, celui de Marianne répond aux attentes de la société: selon J. v. Stackelberg, *Von Rabelais bis Voltaire* (München 1970), p.305,

retrouvent dans une situation similaire à celle de Mlle Habert ou de Mme de Miran, dont la volonté d'ignorer l'argent et le rang ne viendra pas remettre en cause l'évidence de leur richesse. Mais les difficultés que rencontrent l'orpheline et le paysan, les enjeux pratiques de leurs discours, ce qu'ils risquent et ce qu'ils gagnent, viennent rappeler qu'on ne saurait, comme les propos qu'ils tiennent à leurs protecteurs le laissent croire, oublier le poids des conditions, l'étendue de la misère, la rigidité des hiérarchies. L'image que Marianne et Jacob donnent d'eux-mêmes reflète celle que leur présentent leurs protecteurs. Mais alors que les nantis peuvent occulter le rapport de leur parole à leur pouvoir et à leur richesse, l'itinéraire de l'orpheline et du paysan entre en contradiction avec le discours totalement idéaliste qu'ils empruntent aux privilégiés, et par là, suggère que le dire est bien lié à un faire, et qu'il en est peut-être l'instrument. La manière dont leurs aventures explicitent ce que leur argumentation doit laisser implicite, offre au lecteur une clef pour déchiffrer le langage de ceux à qui ils s'adressent.

Marianne et Jacob, en effet, laissent soigneusement dans l'ombre l'enjeu matériel de leur éloquence, et ne mentionnent jamais dans leurs discours les aspects concrets, économiques et sociaux, de leurs relations avec leurs protecteurs: la réalité, en particulier financière, est constamment évacuée d'une phraséologie à la fois morale et psychologique. Au moment où la sœur du curé tente de ramener l'orpheline au sens des réalités, lui fait comprendre que désormais elle doit gagner sa vie, et lui suggère soit de se faire vendeuse, soit de trouver un bon parti, la narratrice note la précocité de ses grâces et de son esprit. Quand Climal lui propose d'entrer comme domestique chez sa belle-sœur, elle refuse pour préserver 'sa liberté', de même qu'elle rejette l'offre de la prieure de faire une quête pour elle: Marianne semble échapper totalement à l'emprise du besoin. Elle paraît ignorer qu'on ne peut entrer au couvent sans argent, comme le lui rappelle charitablement la prieure. Elle ne songe qu'à exciter des beaux mouvements de pitié et de générosité: 'Il n'y a personne de si à plaindre ni de si digne de compassion que je le suis.' Aussi ne trouve-t-elle pas une protectrice, mais une mère: l'aide financière est toute enveloppée de bons sentiments. De la sœur du curé, qui vient de mourir, elle regrette le bon cœur, et pas du tout les secours qu'elle recevait d'elle (p.151). Ultérieurement, à l'abbesse qui la retient prisonnière, elle explique que ce ne sont 'ni [les] richesses, ni [le] rang [...], mais seulement [la] tendresse' (p.299) qui l'attachent à ses bienfaiteurs.

La mémorialiste ne mentionne les avantages que lui procure son éloquence que parce qu'ils lui font découvrir certains aspects de sa personnalité.[42] Alors que Mme Dutour – l'ignoble – songe à leur valeur marchande, la robe et le linge offerts par Climal retiennent l'attention de Marianne parce qu'ils ont éveillé sa coquetterie. La robe n'est pas considérée comme une garantie contre la pauvreté, mais introduit une analyse morale très générale. Que Marianne veuille la garder un temps est une preuve de sa féminité, mais avoir conservé l'argent aurait

on passe d'une 'morale de l'amour' à une 'morale sociale'.

42. Cette perspective morale est celle de Marivaux qui 'n'arrive pas à triompher du goût qui lui fait juger ridicules les réalités basses' (H. Coulet, p.474). Les objets ont pour seule fonction de 'symboliser la relation de l'individu à la société et à autrui, et leur aspect matériel est presqu'entièrement occulté par leur signification' (p.475).

montré l'emprise des déterminations économiques sur son comportement. Voilà qui aurait été effectivement digne de la 'grisette' que ses ennemis voient en elle.[43]

Jacob, qui vient de profiter de l'amour que Geneviève lui porte et a été à deux doigts de vendre son honneur, s'arrange pour que toute l'affaire devienne le signe de son désintéressement, l'illustration de sa vertu. En Jacob, Mlle Habert peut donc ne voir qu'un cœur d'or: 'Vous avez bien des grâces à rendre à Dieu, de ce cœur droit qu'il vous a donné; c'est un don plus précieux que tout l'or du monde, un bien pour l'éternité' (p.44). Mais, Jacob en fait l'expérience, c'est un bien qui ne fait pas vivre sur cette terre. Adoptant l'idéalisme de sa future épouse, il présente pourtant l'argent qu'il va retirer de leur union comme tout à fait indépendant de ses 'transports', de ses 'sentiments': 'Ce n'est point pour l'amour de toutes ces provisions-là que mon cœur se transporte [...] Je les prendrai pourtant quand ils viendront, mais seulement parce qu'ils seront là' (p.94).

Comme Marianne, Jacob se veut détaché du monde où jouent les causalités économiques: ce qui le détermine, c'est le sentiment. Quand il inscrit au seuil de ses mémoires un serment de fidélité à ses origines de paysan, il n'entend pas par là cet ensemble de tâches, de labeurs, de coutumes, de croyances, de patois qui caractérisent le monde rural de cette époque. On l'a vu, par euphémisme, il dit le plus souvent des siens qu'ils *habitent* la campagne. La relation de Jacob à son passé est réduite à une seule dimension, celle de la famille. Le respect qu'il affiche s'adresse à son père, non au paysan qu'il était. Ceux qui déguisent leur nom sous des titres usurpés insultent non aux droits de la société, mais à ceux de la nature. Appeler son père *monsieur* comme les neveux du parvenu, est une perversion: la 'franchise' de Jacob obéit à une logique purement sentimentale.[44] Comme dans la *Vie de Marianne*, les signes de la réussite, la belle robe de chambre, l'épée, servent de prétexte à une évocation nostalgique des émotions d'autrefois et à une réflexion générale: qu'il s'émousse vite, le plaisir de la possession! Il ne reste plus alors que la mémoire pour saisir ces instants de bonheur.

L'importance que Marivaux accorde au maintien de l'ordre, son conservatisme désenchanté, laissent supposer qu'il met son idéal dans l'existence d'élites éclairées. Mais sa lucidité l'amène à montrer le caractère hautement improbable de la réussite de ses deux héros. Comme la sœur du curé l'explique à Marianne, il y faut le miracle de l'intervention divine; et l'histoire de Tervire, où l'égoïsme et le préjugé triomphent, vient jeter son ombre sur l'optimisme de la comtesse. Mais surtout, ses romans font apparaître l'imposture d'un discours idéaliste en

43. De même, le somptueux appartement que lui donne Mme de Miran ne ravit pas la jeune fille parce qu'il représente une solide assurance contre les dangers de la rue ou les brimades du couvent, mais parce qu'il lui permet d'épancher sa sensibilité auprès de sa 'mère'. L'objet possédé ne figure qu'à titre de métonymie d'une situation affective.

44. Jacob commence ses mémoires en avouant sa naissance. Deux anecdotes viennent lors ridiculiser ceux qui n'observent pas la même franchise: le seigneur de ses parents, qui se fait passer pour noble sans l'être, et ses propres neveux, qui appellent leur père monsieur. Jacob les reprend à l'ordre: 'Le terme de *mon père* est trop ignoble, trop grossier; il n'y a que les petites gens qui s'en servent, mais chez les personnes aussi distinguées que messieurs vos fils, on supprime dans le discours toutes ces qualités triviales que donne la nature' (p.8).

le mettant dans la bouche de marginaux qui s'en servent pour parvenir. La contradiction entre ce que Marianne et Jacob disent et ce qu'ils font, c'est-à-dire leur argumentation purement morale, et les effets économiques et sociaux qu'elle entraîne, est à l'image de la contradiction entre les propos généreux, libéraux, égalitaires de leurs protecteurs, et leur situation de rentiers. Cette attitude, d'une certaine manière, peut faire illusion tant qu'elle reste étroitement réservée à ceux qui partagent les mêmes privilèges: cela va sans dire. Mais il suffit qu'elle soit reprise par un étranger sans fortune et sans naissance pour que la réalité des hiérarchies sociales fasse irruption et apparaisse injustifiée.

En effet, ceux qui suivent la tradition en écartant Marianne et Jacob au nom de leur pauvreté et de l'obscurité de leur naissance, reconnaissent l'arbitraire de la distinction des rangs et renoncent à toute légitimité. Les autres, voulant récompenser l'orpheline et le paysan, font place au mérite individuel, mais par là même condamnent la situation dont ils profitent, puisque leur fortune ne leur vient nullement de leur valeur personnelle. Sous ses deux formes, l'une plus conservatrice, l'autre plus ouverte aux lumières, le discours dominant ne parvient pas à maîtriser le problème de la hiérarchie, des disparités de rang et de fortune, en un mot, du privilège.

C'est peut-être pour échapper à ces contradictions que Marivaux a rêvé d'un pouvoir totalement muet qui n'aurait pas à se justifier. En refusant de rester à la place assignée par la fortune et de se cantonner aux emplois réservés de la parole, celui qui est éloquent commet une véritable transgression qui amorce un processus indéfini de déstabilisation. Le rôle déterminant que joue l'art de parler dans les rapports de Marianne et de Jacob avec leurs protecteurs est à la mesure de l'importance qu'il revêt dans la société toute entière: c'est parce que la rhétorique est un instrument du pouvoir qu'elle peut contribuer à le détourner. C'est à une conclusion similaire qu'aboutit Prévost, mais, comme nous allons le voir, par des voies bien différentes.

b. *Manon Lescaut ou les impostures de la persuasion*

Les héros marivaudiens tentent d'échapper à leur destin en s'intégrant aux classes privilégiées. Ils sont clairement conscients de l'enjeu social de leurs revendications, mais comme le romancier les confronte à des groupes socialement homogènes, à des membres d'une même famille, il doit attribuer les réactions opposées qu'ils suscitent à des différences d'ordre psychologique entre les individus. Le partage qui s'opère entre les égoïstes et les sensibles ne correspond, on l'a vu, à aucune réalité sociologique. Il peut constituer l'amorce d'une crise politique, mais pour Marivaux il résulte simplement de la disparité entre les âmes. Le héros marivaudien pose le problème de son identité sociale, mais la réponse qu'il reçoit est d'ordre psychologique. On trouve la même formule mixte chez Prévost, mais les termes en sont inversés: le héros est déterminé par le sentiment, mais les réactions qu'il suscite obéissent à une logique sociale.

En effet, Des Grieux appartient aux classes dominantes par sa naissance, son éducation, son mode de pensée, et il ne se fait pas faute de le rappeler à ses adversaires. Il n'entre en conflit avec sa famille que par accident, à cause de sa passion insensée pour une fille avec qui le mariage est impossible, et même pour lui presque impensable. Par contre, l'attitude des protagonistes du couple peut toujours être expliquée en termes sociologiques. Si les milieux auxquels appartiennent ces personnages sont clairement caractérisés, il serait pourtant absurde de les assimiler à des *classes sociales*, d'une part parce que tous sont solidaires, comme on sait, d'un même système, et d'autre part, parce que Prévost s'intéresse moins à leur fonction économique qu'à ce qu'on pourrait appeler leur mentalité, c'est-à-dire cet ensemble de valeurs auquel ils adhèrent et par lequel ils justifient leur place dans la société.

L'image que Prévost se fait de la société reflète en effet assez précisément ses conceptions morales. Ses personnages se partagent, et s'opposent, en fonction du choix qu'ils font entre trois systèmes de valeurs différents: celui de la religion, celui de l'honneur, celui du plaisir. Mais au lieu de décrire simplement les déchirements que ces choix entraînent pour la conscience, *Manon Lescaut* montre qu'ils ne se dissocient pas d'une situation sociale déterminée. C'est comme membres de l'Eglise, comme professeurs, comme prêtre, comme administrateur de l'Hôpital que les pères jésuites, Saint-Sulpice, Tiberge, le père de Saint-Lazare rappellent à Des Grieux les exigences de la foi. Le père du héros défend les valeurs traditionnelles d'une famille de notables provinciaux: sens de l'honneur et de la famille. Il trouve un appui dans les représentants de l'Etat, tout comme les membres fortunés de la haute société parisienne qui se distinguent par leurs dépenses ostentatoires et leur recherche du plaisir: raffinement des manières et de la jouissance apparaissent comme les ultimes justifications d'une société sécularisée, sensible à la décadence de l'idéal aristocratique et croyant moins en Dieu qu'en l'argent.[45]

Face aux défenseurs de la religion, aux tenants de l'honneur et aux adeptes du plaisir, le chevalier plaide la cause de l'amour. Mais il lui importe moins de convertir ses adversaires à la loi du sentiment que de se soustraire aux conséquences de ses actions et exactions, d'échapper à sa responsabilité morale, juridique et pénale, c'est-à-dire de dénoncer les principes au nom desquels il est jugé. Des Grieux va moins chercher à imposer de nouvelles valeurs qu'à mettre en cause les conceptions traditionnelles de la morale. Pour cela, il va tendre à ses adversaires une image caricaturale de leurs idées, en dénoncer l'imposture par la parodie. Il reprend en effet chacun des arguments qu'on lui oppose et essaye de montrer que, loin de condamner son amour, ils le justifient. Il adopte le point de vue de l'adversaire, son mode de pensée, son vocabulaire, mais pour le pervertir, pour lui donner un sens exactement contraire: il fait l'apologie de la passion dans les termes qu'on utilise pour la dénoncer.

Les discussions *théologiques* avec Tiberge constituent l'exemple le plus fameux et le plus controversé de ce retournement parodique. L'amant se présente en véritable *prédestiné* de l'amour à qui le Ciel n'accorde pas assez de 'secours' pour qu'il puisse résister avec 'efficace': 'L'action est-elle en mon pouvoir?' (p.93). Prévost prête alors à Tiberge l'une des remarques qui figurent dans l'*Avis*:

---

45. V. Mylne, *Prévost: Manon Lescaut* (London 1972), met sur un plan différent, d'une part les protecteurs de Manon, qui révèlent le rôle de l'argent (pp.48-52), et d'autre part, Tiberge et le père du chevalier, qui représentent deux 'codes moraux' (pp.53-59). Pour attribuer aussi généreusement une morale du plaisir à la haute société parisienne, nous nous sommes fondé sur les références constantes de Prévost à trois systèmes de valeurs, et sur les arguments de Des Grieux.

l'amour terrestre est condamné à l'échec faute de se tourner vers le seul objet qui satisfasse tous les désirs; l'amant se laisse tromper par un 'fantôme' de félicité, signe d'une plus grande béatitude. Des Grieux retourne aussitôt l'argument en traitant de 'chimères' le bonheur que se promet le croyant. La vie se réduit pour lui à un 'tissu de malheurs au travers desquels on tend à la félicité' (p.91). En s'abandonnant aux plaisirs du monde et de la chair, l'homme ne fait que suivre ses penchants naturels, et au moins ne lâche pas la proie pour l'ombre. Pour atténuer le scandale de ce *credo* hédoniste, le chevalier précise qu'il ne veut pas faire de son ami un athée, mais lui montrer que le discours religieux ne possède en lui-même rien de suffisant pour emporter la conviction ou ébranler les cœurs, et qu'avec les mêmes idées de prédestination ou de nature humaine on peut soutenir une thèse exactement opposée. Puisqu'elle ne peut s'imposer avec évidence à l'individu, la notion de loi religieuse perd tout son sens, elle n'est qu'un discours parmi d'autres, dont tout le pouvoir vient de l'extérieur, c'est-à-dire de l'Eglise. Prévost attendra *Cleveland* pour mettre en évidence le rôle que joue l'institution dans la propagation de la foi.

Contre la loi de l'honneur que lui rappelle son père, Des Grieux oppose une double argumentation. D'une part, cette loi n'est qu'un mot, puisqu'elle n'est pas respectée. Le chevalier montre sans peine que son comportement ne diffère pas de celui d'une bonne partie de la haute société, que ni les scrupules de conscience, ni les préoccupations de gloire ne détournent du jeu, des maîtresses, des vols, des mensonges, de la prostitution (pp.163-64). Est-ce à un jeune homme, par nature sensible au plaisir, à endiguer ce torrent de boue? Juste avant la rupture, Des Grieux rappelle à son père l'amour qu'il a pour sa femme: peut-on faire de la famille un idéal en négligeant ce qui en est le fondement, l'affection qui doit lier époux, parents et enfants? Si le père peut en venir à préférer son fils sans vie plutôt que sans honneur, que vaut un modèle qui insulte aux droits de la nature? Encore une fois, Des Grieux ne donne pas sa conduite en exemple, mais montre à son censeur qu'il satisfait autant que lui aux deux principes majeurs dont il se réclame, la respectabilité et le sentiment familial. Que l'on puisse ainsi retourner le sens des mots n'indique-t-il pas qu'ils l'ont déjà perdu?

L'opposition du chevalier aux milieux de la haute finance est moins tranchée, puisqu'il leur reproche de bafouer les valeurs traditionnelles de la noblesse, et qu'en même temps il déclare à son père qu'il a adopté leur comportement. Ces nouveaux riches, en effet, se définissent moins par des références morales que par leur mode de vie, dont ils font un *art*: bijoux, hôtel particulier, soirées au théâtre, soupers fins et parties galantes. Cet idéal de luxe, qui correspond à une réalité historique, trouve son expression contemporaine dans l'éloge de la mondanité et de la dépense que Voltaire a popularisé. Si le raffinement dans la jouissance suffit à montrer sa valeur, Des Grieux et Manon peuvent se targuer des délicatesses de leurs sentiments amoureux. Comme Marianne et Jacob, ils se disent imbattables en fait de bon goût. Ils savent consommer, et mieux que les richards: 'Nous avons reçu de l'esprit, du goût, des sentiments. Hélas! quel triste usage en faisons-nous, tandis que tant d'âmes basses et dignes de notre sort jouissent de toutes les faveurs de la fortune' (p.157). Tout le secret de la supériorité des classes parasitaires, c'est leur revenu. Pour Des Grieux, ce n'est jamais le *goût* qui fait défaut, mais l'argent qui permet de le satisfaire.

Contre ces trois systèmes de valeurs, l'idéal du sentiment auquel se réfère des Grieux reste assez vague. Si la nouvelle Vénus remplace Dieu, si l'amante vaut la mère, et si la fille entretenue devient l'amie de cœur, il serait pour le moins difficile de fonder sur Manon une nouvelle religion, une nouvelle société ou une morale hédoniste. Prévost n'a pas créé Julie, et ne dissimule rien des étranges 'contradictions' de l'amour, pour reprendre le terme de l'*Avis*. Il met dans la bouche du narrateur ce qui semble bien constituer son propre point de vue: la passion qui ballotte l'homme 'd'une résolution' à l'autre, d'un état à son extrême opposé, est une force anarchique qui renverse tous les ordres et n'en saurait fonder aucun.

En montrant l'équivalence profonde de tous les discours, la rhétorique de Des Grieux vise donc tout au plus à obtenir de ses adversaires qu'ils suspendent leurs poursuites, qu'ils s'en tiennent à une sorte de non-lieu. Face à l'impuissance des principes religieux, à l'imposture de l'idéal de l'honneur, à la niaiserie du raffinement somptuaire, il ne reste finalement qu'à se taire. En faisant défendre au chevalier une cause dont il souligne la fragilité, en mettant en évidence les turpitudes qu'il essaie de couvrir de son éloquence, Prévost met son héros sur le même plan que ses adversaires.

En effet, si les discours religieux, aristocratiques et mondains sont des impostures, si l'on peut, en des termes identiques, avec des principes similaires, soutenir des thèses totalement différentes, le personnel ecclésiastique, les nobles et les financiers ne se distinguent plus du couple maudit que par le pouvoir institutionnel et économique dont ils disposent. Les valeurs auxquelles ils se réfèrent publiquement servent tout au plus de justification à la domination qu'ils exercent, et d'une certaine manière, la confortent. En contestant leurs discours de légitimation, Des Grieux dénude le pouvoir de l'Eglise, de la Noblesse, ou de l'Argent. Mais, comme le roman le montre indirectement, ce travail de sape relève d'une rhétorique douteuse, puisqu'elle permet au héros d'échapper à la responsabilité de ses actes, de faire admettre par ses interlocuteurs les comportements les moins acceptables. Des Grieux met son éloquence au service d'une passion aveugle qui conduit au mensonge, au vol, au crime. Par le jeu de sa dynamique interne, le discours peut produire sur les interlocuteurs des effets qui sont en contradiction avec sa signification propre. L'éloquence, qui permet de défendre sa cause, finit par la pervertir: tel est le dilemme rhétorique. Dans le cas de *Manon Lescaut*, la nécessité de s'imposer à un pouvoir sans légitimité pourrait conduire à la dénaturation du sentiment lui-même. Les romans de 1740, et en particulier l'*Histoire d'une Grecque moderne*, approfondissent cette découverte que les contraintes rhétoriques, l'impossibilité d'échapper à l'antagonisme des discours, finissent par rendre l'homme totalement obscur à lui-même. L'éloquence, c'est-à-dire l'art de s'exprimer, condamne paradoxalement à l'imposture toutes les valeurs auxquelles adhère la société, tous les sentiments auxquels croit l'individu.

L'*Avis* de Renoncour, qui offre les réflexions de l'*éditeur* sur le récit de son jeune ami, donne à cet examen du rôle de l'éloquence une forme plus théorique, et en particulier tire des 'aventures' du chevalier une provocante leçon sur l'utilité morale des œuvres littéraires: Prévost fait de son *histoire* une fable qui illustre, en ce domaine comme en tous les autres, la vanité de la rhétorique. Mais ce qui rend la lecture de cet *Avis* particulièrement malaisée, c'est que le romancier, ne serait-ce que pour des raisons de prudence, ne renonce pas au biais de la fiction romanesque: Renoncour appartient au même univers imaginaire que Des Grieux. Comme dans le corps du roman, l'auteur se contente de faire apparaître ironiquement les contradictions internes au discours de l'*homme de qualité*, et laisse au lecteur le soin de les interpréter.[46]

De même que Des Grieux essaye de se disculper, l'éditeur Renoncour justifie la publication de l'histoire de *Manon Lescaut* – qui l'éloigne de sa vocation initiale de mémorialiste – en alléguant l'utilité morale que peut présenter un tel récit: 'On y trouvera peu d'événements qui ne puissent servir à l'instruction des mœurs' (p.5). Cette déclaration péremptoire a suscité la surprise, ou l'indignation, de générations de critiques qui se sont fait un jeu de relever tout ce qui, dans la conduite du couple, contredit la plus élémentaire morale. La relation que Renoncour établit entre l'aventure individuelle du chevalier et le problème que soulève l'exercice de la charité laisse entendre que le 'modèle d'après lequel on peut se former' (p.6) serait bien offert à l'imitation du lecteur.[47] Il est pourtant évident que le chevalier ne peut guère servir de 'modèle', et pas même de contre-modèle de ce qu'il faut éviter, puisque l'auteur lui donne des aspects très positifs. On ne peut tirer de règles de conduite d'un comportement dont l'éditeur souligne lui-même la 'bizarrerie'. Le héros peut 'goûter des idées de bien et de perfection, dont il s'éloigne dans la pratique', savoir quel est son devoir, et mentir, voler, tuer. L'*Avis* ne fait aucun mystère de la contradiction entre le plaidoyer de l'amant et ses actions.

Ainsi, au moment même où il semble se soumettre aux censeurs du roman qui ne veulent y voir qu'un moyen frivole de faire passer un enseignement moral, une *leçon*,[48] Prévost met indirectement en cause cette conception réductrice de l'œuvre d'art en montrant que tout discours moral est toujours de portée très limitée, et le plus souvent complètement inefficace: l'échec du discours moral suffit à montrer l'inanité du carcan pédagogique qu'on veut imposer au roman. De la même manière, Prévost attaque dans ses autres œuvres les exigences des jésuites pour qui la fiction doit être l'illustration d'une justice immanente: dans le *Doyen de Killerine*, le narrateur en appelle à la *Providence* chaque fois que les événements échappent à toute rationalité. Comme les références à l'ordre divin ne font que souligner la folie du monde, l'*Avis* de *Manon Lescaut* érige les aventures de Des Grieux en modèle instructif, tout en montrant l'inutilité de tous les modèles. Cette dénonciation ironique se développe sur trois registres, qui corres-

---

46. De cet *Avis*, on a surtout retenu les contradictions et les confusions (voir V. Mylne, pp.18-19). On l'interprète alors comme un morceau de circonstance auquel Prévost se serait astreint pour des raisons de prudence.

47. R. Picard, 'Le sens allégorique de *Manon Lescaut*', in *Colloque Prévost* (Aix-en-Provence 1965), pp.119-23, a montré que l'une des illustrations du roman en suggérait une interprétation allégorique: Tiberge-Mentor arracherait Des Grieux-Télémaque aux charmes de Manon-Eucharis.

48. Ce qui peut racheter le roman, 'ce sont les beaux sentiments de morale qu'on y trouve, les maximes vertueuses mises en œuvre et appliquées à des exemples, qui, étant representés au naturel, font de plus grandes impressions' (Morvan de Bellegarde, *Modèles de conversations pour les personnes polies*, Paris 1697, p.265). Les *Mémoires de Trévoux*, qui affichent la plus grande hostilité à l'égard du genre romanesque, font quelques exceptions pour les œuvres qui se prêtent à une lecture allégorique.

pondent à trois façons de concevoir et en même temps de transmettre l'enseignement moral.

L'*Avis* se place d'abord dans la perspective rhétorique des prédicateurs et des
professeurs de morale. A quoi bon énoncer les règles du bien si elles doivent
rester sans effet? A quoi peut servir le sermon si l'émotion qu'il éveille ne
débouche sur aucune réforme intérieure? Et si le pécheur est déjà conscient de
ses fautes, et ne cesse pourtant pas de pécher, que peut-on lui *dire* de plus? Si
la connaissance des préceptes, finalement, ne change rien au comportement,
comme le montrent précisément les aventures de Des Grieux, il est parfaitement
vain de demander au romancier de participer à un magistère condamné
d'avance. La fiction en forme de parabole qui récompense la vertu et punit le
vice, ne fait qu'entretenir la bonne conscience du lecteur et lui dissimule, sous
une apparence de rigorisme, la véritable nature de ses passions. Ce type de
roman est, plus que faux, dangereux: il cache le réel et installe le lecteur dans
une paix illusoire.

La démarche de la casuistique est ensuite présentée par Renoncour comme
un moyen d'échapper au dilemme du sermon. Le roman, qui entre dans le détail
des situations, permettrait de comprendre et d'évaluer les comportements avec
beaucoup plus de finesse. Mais l'exemple donné soulève plus de problèmes qu'il
n'en résout, puisqu'il ne correspond pas au cas du chevalier. Ce qui paralyse
l'homme de bien au moment de passer aux 'œuvres', ce n'est pas, comme
pour Des Grieux, la force de la passion ou l'attirance du *mal*, mais la simple
impossibilité de déterminer le sens ou la portée de son action. Un geste inspiré
par la charité peut en effet être dénaturé, soit qu'il reste sans efficacité pratique –
erreur sur l'objet – soit qu'il prête au ridicule – erreur sur le mode – soit qu'il
profite à un méchant – erreur sur le destinataire. L'intention ne suffit donc pas
à rendre un acte charitable. Il faut aussi tenir compte du contexte, des motifs
des deux protagonistes, et des conséquences pratiques. Toute conduite s'insère
dans un réseau complexe de déterminations, conscientes et inconscientes, individuelles et collectives, qui empêchent d'en arrêter jamais la signification exacte.

Cet exemple ne fait donc que renforcer la thèse du héros pour qui tous les
jugements qu'on peut porter sur lui sont inadéquats, faute de prendre en compte
tous les facteurs de son comportement. Comme le sermon se montre incapable
d'inculquer des principes de conduite, la casuistique ne parvient pas à fournir
des instruments d'analyse suffisants pour comprendre et évaluer l'enjeu des
actions. Pour le moraliste, l'individu reste un mystère.

On l'a vu, aux discours traditionnels de la famille, de la religion et de la
jouissance, Des Grieux oppose l'alternative du sentiment. Parallèlement, l'*Avis*
voit dans ses aventures une école de la sensibilité. L'exemple du chevalier
apprendrait au lecteur à opérer des 'mesures' sur son affectivité, à déterminer
la 'force' de ses 'penchants', lui montrerait la voie d'un équilibre rationnel. On
y apprendrait comment être ni trop ni trop peu sensible. Mais, comme dans le
cas du sermon et de la casuistique, l'*Avis* révèle les 'contradictions' inhérentes
à cette morale du sentiment. L'exemple choisi vient lui-même mettre en pleine
lumière l'équivoque dont use et abuse Des Grieux, et en général, la sensiblerie
du dix-huitième siècle. Ce 'cœur' dont le roman apprend à 'mesurer' les
penchants, est-il le même dans l'exercice de la charité et dans la passion

amoureuse? Peut-on assimiler intention vertueuse et pulsion érotique? Prévost rejoint ici Marivaux pour dénoncer cette confusion du moral et du psychologique: peut-on ériger le désir en norme?

Quand bien même on entrerait dans la perspective du héros, c'est-à-dire, pour reprendre les éditeurs du roman, quand on identifierait morale et nature, sentiment et vertu, l'*Avis* rappelle que l'amour est lui aussi la source de continuelles souffrances. Des Grieux 'refuse' d'être heureux, et accepte en toute connaissance de cause ses malheurs, pour atteindre une félicité qui toujours lui échappe. La même bizarrerie qui mine le projet traditionnel du moraliste, ôte toute pertinence à cette école de la sensibilité. L'*Avis* avait d'ailleurs d'emblée associé les deux domaines: ce qu'on perd, faute de savoir mettre en pratique son penchant à la charité, c'est autant un plaisir qu'une vertu.

Cet *Avis* soutient ouvertement l'idée que le roman doit servir à l'instruction des mœurs – soit en illustrant des préceptes, soit en donnant une leçon de casuistique, soit en éduquant la sensibilité – et en même temps, il s'emploie à faire voir l'absurdité de ces trois projets. Si *Manon Lescaut* doit servir de modèle, c'est pour montrer la vanité des modèles. Cette démonstration par l'absurde se développe aux trois niveaux du texte. A celui du récit et des événements racontés: dans ses plaidoyers, Des Grieux n'invoque la valeur des passions que pour satisfaire ses exigences matérielles. A celui de la narration, c'est-à-dire de la confession à Renoncour: le chevalier n'y exalte la pureté de ses intentions et la qualité de ses sentiments que pour en découvrir la constante dégradation. A celui de l'*éditeur*: Renoncour n'assimile son livre à une parabole morale que pour mieux faire sentir l'inanité d'une telle conception de l'œuvre d'art.

S'il n'est de vérité que de l'individuel, il n'est bien de parole que du général: c'est dans cette contradiction que pour Prévost peut s'épanouir le pouvoir de l'éloquence, et se consommer sa ruine. Tout discours obéit à la nécessité de persuader, et par là même se condamne à l'imposture: tout se passe comme si, au fond, la rhétorique était l'infirmité du langage. Ce thème, esquissé dans *Manon Lescaut*, Prévost va l'approfondir dans le reste de son œuvre, auquel nous consacrons la troisième partie de ce chapitre.

iii. La rhétorique du pouvoir

On a fait de la passion le *leitmotiv* des romans de Prévost. Mais l'unité de son œuvre réside aussi dans l'attention qu'il porte au rôle que joue l'éloquence dans la société, et dans la dénonciation de l'imposture qui assure pouvoir et richesse à ceux qui, individus ou institutions, se disent les garants des valeurs de la collectivité. Toute société, pour le romancier, est fondée sur une rhétorique du mensonge.

Mais si on peut considérer Prévost comme un penseur *politique*, il l'est à la manière traditionnelle du philosophe. Négligeant les implications sociologiques des conflits qu'il décrit, il s'intéresse avant tout à la manière dont peuvent s'articuler, dans une communauté quelconque, parole et pouvoir. Ce qu'il veut, ce n'est pas décrire un Etat ou un régime, mais démonter un mécanisme. Pour cela il a constamment recours aux deux procédés déjà mis en œuvre dans *Manon*

Lescaut. D'une part, la contradiction évidente entre les propos tenus et les effets pratiques qu'ils produisent montre comment le discours moral sert d'alibi au pouvoir; d'autre part, l'équivalence des points de vue du dominant et du dominé met en cause la légitimité de tous les ordres établis.

Ce thème unique ne doit pas cacher la diversité des œuvres de Prévost. Nous abordons en premier lieu une série de romans, les *Mémoires d'un homme de qualité*, le *Doyen de Killerine*, la *Jeunesse du Commandeur* et les *Campagnes philosophiques*, dont la thématique est assez proche de *Manon Lescaut*, bien que le narrateur présente le point de vue adverse du conformisme social. Prévost y met à jour l'hypocrisie des morales officielles. Nous faisons ensuite une place à part à l'*Histoire d'une Grecque moderne*, qui confronte deux univers culturels, français et turc, et pose deux problèmes particuliers, celui de la situation de la femme, et celui du despotisme asiatique. Ce n'est que dans *Cleveland*, dont l'étude termine ce chapitre, que Prévost donne une description plus explicitement politique de ce phénomène général présenté de façon encore fragmentaire dans ses autres romans.

a. L'ordre moral

Dans *Manon Lescaut* l'intention ironique du héros est perceptible, puisqu'il cherche à contester les conceptions traditionnelles de la morale en présentant à ses adversaires une image parodique de leurs idées. L'homme de qualité, le doyen, Montcal ou le commandeur, qui ont été rejetés dans les marges de leurs classes par des accidents de fortune, trouvent la voie de la réussite sociale dans leur allégeance à l'ordre établi, à ses valeurs, à ses institutions. Le précepteur et le prêtre font profession de diffuser la bonne parole, et Montcal et le commandeur doivent montrer qu'ils se conforment en tout à l'idéal de l'Armée et de l'Ordre de Malte, s'ils veulent y faire carrière. D'une certaine manière, les quatre personnages ont lié leur sort à une institution dont ils sont chargés de défendre les intérêts. Rien ne vient donc entamer leur bonne conscience. C'est uniquement par le contraste entre leurs références formelles aux valeurs de l'institution et les effets pratiques qu'elles autorisent, que Prévost introduit une distance ironique vis-à-vis de ses quatre narrateurs et de leurs discours de légitimation.

Les quatre romans se présentent en effet comme une entreprise de justification à deux niveaux, puisque le narrateur ne fait que reprendre et amplifier les plaidoyers et les tentatives de persuasion auxquels il a dû recourir dans le cours de ses aventures: l'apologie du mémorialiste vient se superposer aux discours de l'orateur qu'il fut.

Ballotté par les impulsions de l'amour et les accidents de la fortune, le héros s'est souvent engagé dans des affaires douteuses pour trouver un gagne-pain ou conquérir une belle. Le mémorialiste essaye de montrer au lecteur qu'il lui était impossible de prévoir les développements désastreux que prendrait l'affaire, et qu'en tout état de cause, si ses actions prêtent à équivoque ou même à polémique, le fond de son cœur est resté pur comme le jour. Ainsi, lorsque son élève, le marquis, tombe amoureux, Renoncour rend compte des raisons qui le déterminèrent à lui laisser 'une liberté honnête': l'envie de plaire va lui inspirer sagesse et vertu, et puisque ce jeune homme est à l'âge des plaisirs, un amour tendre est préférable à cette grossière débauche qui est pratiquée par la fine fleur de la noblesse. Enfin, le commerce des femmes 'est pour les hommes une école excellente [...] propre [...] à former d'honnêtes gens' (MHQ, p.145). Il suffit au narrateur de reconstituer la démarche de son esprit pour qu'apparaisse en toute clarté la logique de son comportement et la bienveillance de ses intentions: ce qu'il voulait faire importe davantage que ce qu'il en est advenu.

Cette sorte de délibération intérieure prend, dans le *Doyen de Killerine*, la forme plus spécifique de l'examen de conscience, dans lequel on a vu l'une des sources de la littérature autobiographique. Venant juste d'apprendre que Rose et Georges, pour échapper à sa 'tyrannie', s'établissent de leur côté, le doyen décide de retourner à Killerine. Mais après avoir examiné les motifs qui pouvaient le ramener en Irlande, le narrateur énonce toutes les questions qui l'ont finalement amené à prendre le parti contraire: les déréglements des membres de sa famille ne constituent-ils pas une raison supplémentaire de rester sur place pour monter la garde, pour leur indiquer la voie du salut? En entrant dans le détail de ses pensées et de ses scrupules, le doyen montre qu'il s'est toujours inspiré des principes les plus justes, et donne l'impression qu'il a toujours agi pour le bien de sa famille. Les doutes mêmes dont il fait part témoignent de sa bonne foi. Enfin, revenu en Irlande, il se demande si ses 'délicatesses de religion n'avaient pas été portées trop loin et si l'idée qu'[il] se [formait] du monde n'était pas fausse ou du moins exagérée' (p.49). Le doyen reste incertain sur le fond de la question, mais conclut que sa conduite a été la bonne. Si Georges a eu raison, il est préférable qu'il ait gardé la haute main sur son frère Patrice: mais si Georges a eu tort, le doyen n'avait d'autre ressource que de le condamner et de partir, puisqu'il avait perdu tout espoir de le ramener à son devoir (p.50). Les 'scrupules' (p.49) du doyen relèvent souvent d'une véritable casuistique. La femme de Patrice l'a trompé en son absence, mais elle se repent. Le doyen sait qu'il ne peut vaincre la 'nature', c'est-à-dire le penchant de sa belle-sœur au libertinage; mais comme la jeune femme a pris une attitude honnête et vertueuse, il lui importe peu d'en connaître le véritable motif, si c'est 'par goût naturel ou par effort de raison' (p.309). Pour préserver la paix du ménage, il décide même, contrairement aux usages du monde, de cacher toute l'affaire à son frère: 'le crime et sa honte ne tombent aux yeux de Dieu que sur celle qui l'a commis', et ils 'sont effacés par le repentir'.

Les trois narrateurs de 1740 placent leurs exigences un peu moins haut; ils ne se réfèrent plus à la religion mais à ce qu'on peut attendre d'un *honnête homme*. Montcal n'essaye plus, comme le doyen, de montrer qu'il a toujours cherché le bien, mais qu'il n'a jamais voulu le mal qu'il a commis. Les événements, par une sorte d'enchaînement tragique, ont décidé à sa place. Il commence 'd'avance [son] apologie' car il sait que ses actions se sont facilement prêtées aux 'accusations dont la malignité se plut dans la suite à [le] noircir' (CP, p.254). Quand ce soldat passe à l'ennemi et combat sa patrie, il faut, dit-il, observer les degrés par lesquels il fut engagé dans des résolutions fort opposées à ses vues. Chassé de France par un duel, un nouveau duel l'oblige à demander la protection du maréchal de Schomberg qui le contraint à se mettre au service de l'Angleterre.

Ce récidiviste de la trahison, au moment où il oublie son amour pour Mme de Gien et s'abandonne aux 'torrents de délices' dont Mlle Fidert sait l'enivrer, met tout au compte des 'faiblesses de la nature', de la 'tyrannie des sens' et de 'l'impression présente' (CP, p.305). Mais cette maîtresse lui devenant à charge, quand son protecteur Schomberg lui demande de la lui céder, il trouve dans l'aveu même de son libertinage de quoi justifier sa complaisance: une liaison purement sensuelle n'exige aucune fidélité, surtout quand des devoirs plus sérieux sont en jeu, comme sa relation avec Mme de Gien. D'ailleurs, il ne songe pas à s'attacher Schomberg, mais à procurer à son ancienne maîtresse un protecteur puissant qui saura lui être utile.

Ces justifications du narrateur viennent souvent appuyer ou corriger les tentatives faites par le héros pour montrer son innocence, engager les autres à suivre ses conseils ou adopter son point de vue. Le mémorialiste se fait alors l'écho des entreprises rhétoriques d'autrefois, qui avaient déjà valeur de plaidoyer ou d'apologie.

Renoncour par profession, le doyen par vocation, ont mis leur existence au service du *Bien* qu'ils essayent par tous les moyens d'inculquer à ceux qu'ils prennent en charge: élèves, amis, parents. Ils présentent tous les deux leur action comme un combat contre les tendances anarchiques de la nature humaine, c'est-à-dire soit contre les simples penchants au plaisir, soit contre la passion, qui n'en est qu'un avatar, mais échappe presque totalement à l'emprise du moraliste. Celui-ci ne s'oppose pourtant pas à la volupté ou à l'amour, mais veut les rendre conformes aux principes de ce qu'il appelle la raison ou l'honneur, ou plus simplement à ceux de la religion. Bouhours dit ainsi au jeune Renoncour: 'Vous êtes jeune, la nature a ses droits; il en coûte à votre âge pour la combattre; trop souvent même, elle triomphe de la religion et de la raison' (MHQ, p.47).

La morale de l'honneur, qui fait encore la part belle aux préjugés du monde, constitue une étape intermédiaire qui précède la conversion religieuse: il faut que l'instinct se soumette aux 'usages' de l'honnêteté pour que puisse s'amorcer une réflexion sur les limites de l'honneur. Dans une anecdote ajoutée en 1756,[49] Prévost a voulu rendre sensible chez Renoncour cette ascèse progressive qui le conduit des jeux du harem avec Sélima à la retraite pieuse dans une abbaye. Après la mort de sa femme, il se confie à son oncle, qui lui raconte l'histoire d'un ancien consul au Levant. Celui-ci a gardé de son séjour des habitudes orientales; d'un petit sérail qu'il s'était organisé, il ramène en France deux maîtresses. Renoncour intervient, lui fait les plus grands reproches, lui explique qu'en France une telle situation est inacceptable, veut inciter l'une des deux femmes à renoncer à son amant pour qu'il puisse se marier avec l'autre (p.103):

Mes idées de religion n'étaient pas encore assez pures, ni mon zèle assez vif, pour me faire employer des motifs plus puissants que ceux de la raison et de l'honneur; mais après lui avoir fait envisager les obstacles qu'il trouverait tôt ou tard à ce double commerce, je lui parlai de l'honnêteté naturelle, qui me paraissait blessée par l'indifférence qu'il marquait pour le sort de ses enfants.

Dans les deux romans pédagogiques, la famille est l'institution privilégiée qui concile les exigences du cœur, de la société et de la religion, le doyen et

---

49. Voir R. A. Francis, 'The additional tales in the 1756 edition of Prévost's *Mémoires d'un homme de qualité*: technique and function', *French studies* 32 (1978), pp.408-19.

Renoncour se donnant pour tâche de maintenir une harmonie sociale conforme à l'ordre divin.

L'habileté du romancier consiste à introduire, dans cette présentation que le narrateur omniprésent fait de lui-même, des dissonances qui obligent le lecteur à s'interroger sur la légitimité de son action, et plus spécifiquement, sur celle de sa rhétorique. L'écart entre les intentions affichées par le pédagogue et les résultats qu'il obtient donne à tous ses discours un aspect caricatural. Les reproches que Patrice ou Rosemont font à leurs maîtres ne sont pas là pour introduire le point de vue de l'auteur, mais révèlent clairement les limites du projet pédagogique du doyen et de Renoncour, et en suggèrent même l'imposture: ces moralistes, au fond, se préoccupent peu de ce qui se passe dans la conscience de leurs élèves. Ils n'attendent pas d'eux une conversion intérieure, mais une allégeance purement extérieure aux lois du monde, des choix conformes aux usages et propres à assurer leur réussite sociale.

Renoncour veut ainsi marier Nadine, sa nièce de quatorze ans, qui est éprise de Rosemont, son élève, à un voisin de sa fille. Le narrateur commence par déclarer que cette décision, pour malheureuses qu'en aient été les suites, était sage, puisque Nadine ne pouvait en aucun cas épouser son amant. Renoncour rappelle sa discussion avec milady, qui lui reproche de faire le malheur de la jeune fille, puis il rapporte les propos 'captieux' par lesquels il a obtenu le consentement de Nadine. Mais l'amant revient, tue le mari et milady; Nadine finit dans un cloître: cet épisode ne manque pas d'entamer la confiance du lecteur envers le narrateur.

Le doyen fait preuve du même aveuglement lorsqu'à force d'instances pressantes il finit par amener Patrice à se marier avec une femme qu'il ne peut aimer. La fortune de Sara, la reconnaissance envers Dilnick, les problèmes financiers de Georges et Rose, 'l'honneur', tout plaidait en faveur d'un mariage qui se révèle assez désastreux pour que le narrateur ait pris dès l'abord la précaution de se justifier: 'Je me hâte de faire cet aveu, pour attirer l'attention de mes lecteurs sur la justice et la force des raisons qui m'engagèrent insensiblement dans la plus fatale démarche où le Ciel ait jamais permis que la prudence humaine m'ait entraîné' (p.83).

Patrice quitte Sara, rejoint sa maîtresse, fait annuler son mariage, en contracte un second, tandis que l'épouse délaissée est malmenée par les différents protagonistes du drame. Ce ne sont pas seulement les principes religieux qui sont bafoués, mais les lois les plus simples de l'honnêteté et de la raison, pour reprendre le vocabulaire du narrateur, qui semble ne faire référence aux uns et aux autres que pour assurer le succès d'ambitions toutes mondaines. Renoncour et le doyen ne font en effet jamais appel à Dieu ou à l'honneur pour transformer les âmes et les cœurs en profondeur, mais pour imposer à des consciences récalcitrantes des décisions conformes aux seuls intérêts matériels. L'éloquence du pédagogue prétend corriger ceux qui s'abandonnent à la passion, les soumettre à l'ordre de la raison et aux lois de l'Eglise, mais aboutit à un résultat inverse: elle donne à la quête du plaisir un air de respectabilité et, par une allégeance tout extérieure à la religion, assure pouvoir et richesse. Ce que Prévost montre dans ses autres romans, c'est le rôle joué par l'institution dans le dévoiement que la rhétorique fait subir au discours moral. Renoncour et le doyen cherchent à persuader de leur bonne foi, tandis que Montcal, le commandeur, le jésuite de *Cleveland* se contentent de rappeler leur appartenance à l'Armée, à l'Ordre de Malte ou à la Compagnie de Jésus, pour donner une apparence de légitimité à tous les bénéfices qu'ils tirent de leur situation. Le commandeur peut entretenir des maîtresses, s'en débarrasser quand elles commencent à lui peser, Montcal profiter des charmes de Fidert avant de les vendre au plus offrant (Schomberg ou le roi), le jésuite extorquer aux protestants des conversions purement formelles pour mieux satisfaire ses ambitions. Leur personnage public est ainsi en parfaite contradiction avec leur comportement privé: ces libertins font sur leur réputation d'honneur et de vertu de belles carrières dans l'Ordre de Malte ou l'armée d'Irlande. Les constantes références à l'idéal militaire ou religieux, loin d'inspirer leur conduite, donnent au contraire à la débauche les moyens de s'exercer en toute impunité, puisqu'elles assurent en même temps réussite matérielle et respectabilité sociale.

Dans ses deux romans *pédagogiques*, Prévost montre les dangers d'une rhétorique qui essaie par tous les moyens d'imposer un ordre moral à une conscience qui n'a pas été transformée en profondeur: elle aboutit le plus souvent au désastre ou à un simple conformisme. Dans les trois romans de la décennie suivante, il donne à son analyse un tour plus *politique*. L'éloquence, loin de réformer les mœurs, sert simplement à asseoir le pouvoir des institutions qui sont chargées de défendre les valeurs auxquelles adhère la collectivité, et à procurer à ses membres de délicieuses rentes de situation: donnant le change à une opinion crédule, elle assure le maintien de privilèges injustifiés. Dans *Cleveland* le romancier fera la synthèse entre ces deux analyses: dans la mesure où l'institution est fondée sur un mensonge, elle ne peut se maintenir qu'en exerçant sur les consciences une sorte de terreur psychologique.

b. L'Histoire d'une Grecque moderne, *ou le choc de deux cultures*

Nous avons fait une place à part à ce livre, qui se rattache pourtant aux romans de 1740 par la dénonciation du mythe de la passion et celle de l'imposture morale. Mais alors que Prévost s'est contenté jusqu'ici d'opposer des individus qui, pour faire référence à des systèmes de valeurs différents, se situent pourtant dans la même société, et le plus souvent appartiennent à la même classe sociale, dans l'*Histoire d'une Grecque moderne* il a mis en rapport deux univers culturels, celui de la France et celui de la Turquie, et plus particulièrement leurs manières de traiter les femmes.

Le narrateur, ambassadeur à Constantinople, se présente comme parfaitement au fait des coutumes turques, et par là même capable de se faire apprécier. La réserve qu'il observe à l'égard des femmes constitue l'un des éléments de cette politique prudente et habile. Le mémorialiste précise sa vision du monde asiatique dans la première scène du roman, qui va sceller son destin. Il est invité chez un ancien bacha, et la conversation tombe sur 'les usages' des Turcs et des Européens dans leurs rapports avec les femmes: '[Le bacha] tint quelques discours sensés sur la force de l'éducation et de l'habitude, qui rend les plus belles femmes soumises et tranquilles en Turquie, pendant qu'il entendait [...] toutes les autres Nations se plaindre du trouble et du désordre qu'elles causent ailleurs par leur beauté' (p.13).

La réponse de l'ambassadeur ne s'adresse pas directement au bacha, mais à une jeune esclave que son hôte lui a présentée, et dont il a remarqué le 'dévouement': dans les pays chrétiens, les hommes traitent les femmes en reines plus qu'en esclaves, n'épargnent rien pour leur bonheur, et n'attendent en retour que douceur, tendresse et vertu. Malheureusement, 'ils se trouvent presque toujours trompés dans le choix qu'ils font d'une épouse, avec laquelle ils partagent leur nom, leur rang et leur bien' (p.13). L'ambassadeur laisse entendre à l'esclave que, par 'sa complaisance et sa bonté', elle saurait répondre au désir d'un Français.

Bouleversée par cette image de la France, la jeune fille prend conscience de son aliénation et désire recouvrer sa liberté, pour pouvoir cultiver des vertus qui restaurent sa dignité de femme. L'opposition constamment maintenue par le narrateur entre la barbarie asiatique et la civilisation française, donne tout son sens à la décision de la jeune fille: elle s'est convertie au modèle européen, défini à la fois par ses exigences morales et par l'urbanité de ses rapports sociaux. Pris au jeu, l'ambassadeur veut cultiver les bonnes dispositions de sa jeune protégée, et décide d'achever son éducation: le projet pédagogique ne consiste plus, comme dans les autres romans, à soumettre les penchants naturels aux lois de l'honneur et de la religion, mais à annuler les effets d'un modèle culturel par un autre, jugé supérieur.

L'Asie, en effet, est toujours présentée négativement. Elle traite la femme en objet, et non en personne, ne se préoccupe jamais de ce qu'elle pense ou de ce qu'elle désire. Théophé a si bien intériorisé le point de vue de ses maîtres que, se retrouvant libre par hasard, elle n'imagine rien de mieux que de se vendre elle-même au plus offrant (p.24). Assimilée à une chose, elle met tout son bonheur dans des biens purement matériels: la nourriture, le confort, les serviteurs.

L'ambassadeur retrouve les descriptions traditionnelles du despotisme asiatique pour dénoncer les contradictions du système. Les femmes enfermées dans le harem sont condamnées à la ruse et au mensonge. Les 'complaisances, [la] soumission, [les] caresses' leur permettent d'acquérir une sorte 'd'empire' (p.22) sur les hommes, bien entendu limité dans les bornes étroites du sérail. Les intrigues sanglantes qui en bouleversent la paix sont à l'image des crises qui secouent régulièrement le régime politique. Ici et là on tente d'échapper à un despotisme monstrueux par de brusques explosions de violence auxquelles succèdent de pesantes répressions. La dissimulation est la conséquence nécessaire d'un système inhumain. L'ambassadeur est trop souvent trahi pour faire la moindre confiance à tous ceux qu'il côtoie. Comme Théophé par l'intendant (p.26), il est trompé par le maître de langues (p.46), par Synèse, par Bema (p.63), 'formée à l'intrigue par une longue expérience du sérail', et qui essaye de débaucher la jeune Grecque dont elle a la charge. Le despotisme étouffe chez l'Asiatique tout sentiment d'honneur ou d'honnêteté. Subordonnant entièrement sa conduite et sa parole à des calculs politiques, il s'abandonne sans scrupule à toutes les 'humiliations', à tous les excès hyperboliques qui caractérisent traditionnellement le style oriental.[50] Poussant en quelque sorte la préoccupation

50. Le style oriental se distingue par l'abondance des expressions imagées: 'les orientaux qui ont l'imagination chaude et pleine d'images ne parlent que par métaphores et allégories' (B. Lamy, *La Rhétorique*, p.257). Victimes de 'leur imagination trop vive [qui] ne leur a jamais permis d'écrire

rhétorique jusqu'à l'absurde, il en vient à empêcher toute communication: on ne sait jamais ce qui se cache derrière ses propos. Le langage lui-même est contaminé par la perversion du despotisme.

L'ambassadeur se montre en revanche garant des valeurs bafouées par la Turquie, mais honorées par la France: liberté, bonne foi, vertu, honneur. Alors que le sélictar s'étonne qu'on consulte 'les inclinations d'un esclave' (p.17), l'ambassadeur demande à Théophé de suivre son 'penchant': 'Je vous rends tous les droits que j'ai sur vous et sur votre liberté'. Il explique à Bema que les Français suivent des 'règles' contraires aux 'usages' turcs (p.56), et qu'il ne se croit 'aucun droit sur Théophé qui [l]'autorise à lui imposer des lois' (p.54).

Après Théophé, qui sait reconnaître 'dans les manières nobles du comte la différence de notre politesse et de celle des Turcs' (p.101), le sélictar se laisse lui aussi convertir au modèle européen. Comprenant que seuls des sujets libres, dégagés de toute contrainte, peuvent éprouver de l'amour ou de la reconnaissance, il renonce à conquérir Théophé par la force: 'Ayant entendu parler souvent de cette manière fine d'aimer qui consiste dans les sentiments du cœur, et qui est si peu connue de sa nation, il y avait pris assez de goût pour en faire l'essai' (p.57). Aussi se sent-il pris au piège quand il soupçonne l'ambassadeur de manquer à sa parole, puisqu'il ne peut plus recourir à la violence comme il en avait l'habitude: 'Vous m'avez inspiré trop de délicatesse. Vos conversations et vos maximes m'ont transformé en Français. Je n'ai pu me résoudre à contraindre une femme dont j'ai cru le cœur possédé par un autre' (p.90). Devenu méfiant, il veut juger sur pièces: 'Nous verrons si j'ai bien compris vos principes, et quelle est cette différence que vous m'avez vantée entre vos mœurs et les nôtres' (p.85).

En effet, au fur et à mesure que l'histoire avance, l'opposition maintenue par le narrateur entre système asiatique et système européen perd de sa pertinence. Dans les romans étudiés précédemment, la dénonciation du projet pédagogique ou apologétique résultait de la contradiction entre les paroles de l'orateur et ses actions: le discours moral était l'instrument de l'immoralité. L'*Histoire d'une Grecque moderne* en arrive à une conclusion similaire par une voie légèrement différente. C'est Théophé – celle à qui l'ambassadeur s'adresse – qui, dans ses réponses, fait éclater la duplicité du modèle européen. En en reprenant avec la plus grande rigueur tous les éléments pour se soustraire aux entreprises de séduction de son protecteur, elle l'oblige à révéler ce qui sépare ses mots de ses intentions, à avouer quel était le but implicite de son attitude généreuse et de son respect de la dignité féminine. Comme Marianne, Théophé rappelle la signification véritable du discours moral que lui tient l'ambassadeur, et s'oppose à une formule de compromis qui la rétablirait, en fait, dans une position subalterne de courtisane. Dans le mirage de liberté qu'on lui offre, elle découvre une aliénation qui rappelle celle du sérail. Faute de pouvoir s'affranchir matériellement, elle s'en tient à la lettre d'un discours qui, seul, lui assure quelque droit.

Quand Théophé s'enfuit, l'ambassadeur la fait immédiatement rechercher, la retrouve, obtient assez facilement qu'elle retourne avec lui (p.40) et l'emmène

---

avec méthode et sagesse', les orientaux ne méritent aucune confiance (Voltaire, *Connaissance des beautés et des défauts de la poésie et de l'éloquence dans la langue française*, in *Œuvres complètes*, éd. Moland, t.xxiii, 1879, p.407).

dans sa maison de campagne d'Oru qui a déjà abrité 'plus d'une partie d'amour' (p.47). Il trouve dans les aventures passées de sa protégée, c'est-à-dire dans son passé d'esclave, et dans les 'droits' qu'il s'est acquis sur elle, des raisons suffisantes pour passer à l'action sans retard (p.48). Il prend donc explicitement la suite de ses anciens maîtres. Théophé, tout en reconnaissant qu'elle appartient tout entière à son libérateur ('ai-je en mon pouvoir quelque chose qui ne soit pas à vous plus qu'à moi-même?'), justifie son refus en lui rappelant les principes moraux dont il s'est fait l'apôtre (pp.51-52):

Eh! quel est désormais le partage qui me convient? Est-ce de répondre à vos désirs ou à ceux du sélictar, lorsque je trouve dans les lumières que vous m'avez inspirées autant de juges qui les condamnent? [...] Je vous ai regardé comme mon maître dans la vertu, et vous voulez me rentraîner vers le vice [...] ne vous offensez pas de l'effet que vos propres leçons ont produit sur mon cœur.

En répondant à Théophé qu'elle n'a pas de raison de refuser ce qu'elle avait accordé si libéralement au gouverneur de Patras et au bacha, l'ambassadeur reconnaît que, sous d'autres dehors, il n'entend pas la traiter sur un pied fondamentalement différent. Une même scène se répète à la fin de leur séjour en Turquie. A l'ambassadeur qui s'étonne de sa timidité à l'égard d'une femme qu'il a tirée des bras d'un Turc, alors qu'il ne manque pas lui-même d'expérience, la Grecque moderne répond (p.80):

Qu'il ne convenait, ni à elle qui avait à réparer autant de désordres que d'infortunes, de s'engager dans une passion qui n'était propre qu'à les renouveler; ni à [lui], qui avai[t] été son maître dans la vertu, d'abuser du juste empire qu'[il] avai[t] sur elle, et du penchant même qu'elle se sentait à [l']aimer, pour détruire des sentiments qu'elle devait à [ses] conseils autant qu'à ses efforts.

En se voulant plus royaliste que le roi, Théophé amène l'ambassadeur à révéler clairement ses contradictions. Si l'Européen sait garder les formes avec la femme entretenue, il entend exercer sur elle des droits similaires à ceux du sérail. Suffit-il que le libertinage soit 'éclairé' (p.48) pour que la femme en devienne plus libre? Liée par la reconnaissance, sans moyen de subsister, de quelle indépendance Théophé jouit-elle?

La duplicité du discours européen n'est pas réservée à la courtisane. Installée en Europe, fréquentant la bonne société parisienne et partageant ses habitudes, Théophé se voit proposer un idéal convenu de vertu, de modestie, de fidélité, alors même qu'on lui demande de répondre complaisamment aux désirs masculins; elle n'échappe pas à l'ambiguïté du discours sentimental, qui couvre d'une tonalité morale et féministe la recherche d'un plaisir qui, par ailleurs, est censé dégrader la femme.[51] Devant la résistance de sa protégée, l'ambassadeur fait l'apologie de cette formule de compromis, à égale distance de 'l'infamie de l'amour tel qu'on l'exerce en Turquie' et des 'maximes qui ne conviennent qu'au cloître' (p.81). Au lieu des moralistes de Port-Royal, il songe à lui donner 'nos

---

51. Cette contradiction est relevée à la même époque par Mme de Lambert, également appréciée de Marivaux et de Prévost: 'Ce qu'il y a de singulier, c'est qu'en formant [les femmes] pour l'amour, nous leur en défendons l'usage. Il faudrait prendre un parti: si nous ne les destinons qu'à plaire, ne leur défendons pas l'usage de leurs agréments: si vous les voulez raisonnables et spirituelles, ne les abandonnez pas quand elles n'ont que cette sorte de mérite' (*Œuvres morales*, Paris 1843, p.159).

bons romans, nos poésies, nos ouvrages de théâtre, quelques livres même de morale, dont les auteurs ont été de bonne composition avec les désirs du cœur et les usages du monde'. Ils estiment qu''un amour honnête, [...] un commerce réglé [...] est le plus doux de tous les biens et le plus grand avantage qu'une femme puisse tirer de sa beauté'. L'ambassadeur retrouve ici les formules par lesquelles Théophé a décrit la condition de la femme en Turquie: l'esclave doit apprendre à tirer parti de l'attrait sexuel qu'elle exerce sur les hommes.

Quand Théophé finit par se plier aux exigences de la vie parisienne, et semble succomber aux charmes de la galanterie, l'ambassadeur lui rappelle à son tour ses protestations de vertu, et interprète son libertinage comme une résurgence de sa 'nature' grecque dont elle retrouverait spontanément toutes les dissimulations (p.120). Rien ne distinguerait les mœurs de Paris de celles du sérail. Cette neutralisation finale de l'opposition entre l'Europe et l'Asie invalide donc totalement la prétention de l'ambassadeur à convertir Théophé aux bonnes mœurs de la France. La perversité du discours masculin en Europe vient de ce qu'il perpétue sa domination sous couvert de libéralisme, en affichant son respect du droit et de la dignité des femmes.

Prévost n'a gardé de la Turquie que l'image stéréotypée du sérail. Il dénonce précisément l'usage commun que l'on peut faire de l'épouvantail du despotisme asiatique pour montrer la supériorité du système européen. Dans *Cleveland* le romancier analysera le rôle que peut jouer, dans une expansion de type *colonialiste*, l'exploitation rhétorique du *modèle* européen.

c. Les problèmes de l'éloquence politique dans Cleveland

Prévost a situé l'action de *Cleveland* à l'époque de Cromwell et de Louis XIV, mais le roman se rattache aussi au dix-septième siècle par sa forme, qui rappelle les grandes œuvres baroques, et par sa thématique, en particulier par l'attention accordée aux problèmes de l'éloquence politique. Comme M. Fumaroli l'a montré, au cours du seizième siècle et au début du dix-septième siècle, les humanistes ont cru que, dans un contexte différent de l'antiquité, il revenait à l'éloquence d'intervenir sur la scène politique, de diriger les cœurs, d'éclairer les consciences et de maintenir l'harmonie sociale. Pour la génération de 1660, la rhétorique peut encore jouer un rôle politique en participant à l'établissement et au renforcement de l'ordre monarchique. Mais cette ambition ne peut se satisfaire du travail de propagande que Louis XIV exige des artistes, des écrivains, des clercs, et, à partir de 1680 environ, les réflexions sur l'éloquence ou les traités de rhétorique en viennent tous à s'abriter derrière le *Dialogue des orateurs* de Tacite pour constater l'incompatibilité du pouvoir personnel et de l'action oratoire. L'éloquence est mise, au moins provisoirement, au cimetière de l'histoire.

Cleveland, d'une certaine manière, assure le lien entre la tradition du dix-septième siècle et la génération de l'*Encyclopédie*, qui essaye de faire une place nouvelle à l'éloquence dans la vie politique. La manière dont le roman de Prévost pose le problème est, bien sûr, déterminée par le point de vue général de l'œuvre, la recherche par le héros d'une règle de conduite. Dans cette quête morale, le pouvoir politique intervient d'abord comme un obstacle dont le philosophe, d'après Prévost, ne peut faire l'économie. Ordre privé et ordre public interfèrent d'autant plus qu'ils font appel aux mêmes principes. L'autorité du Prince dépend à la fois de l'image qu'il sait donner de lui-même, et des principes d'ordre, de moralité et de religion qu'il inculque à son peuple. Le pouvoir politique étant, pour Prévost, d'essence religieuse, il se fonde sur les mêmes techniques de persuasion que la pédagogie morale à laquelle il a consacré ses deux autres grands romans. Gouvernement de l'Etat et direction de conscience relèvent d'une même problématique, qui est d'ordre rhétorique.

La réflexion de Prévost s'appuie à la fois sur des expériences historiques, l'Angleterre de Cromwell, la France de Louis XIV, et sur des sociétés imaginaires situées hors d'Europe. Elles lui permettent de faire apparaître de manière exemplaire le mécanisme général sur lequel se fondent tous les Etats: il fait donc moins œuvre d'historien que de *philosophe* à la recherche d'un modèle d'intelligibilité.

Les premières pages, qui dépeignent les persécutions de Cromwell, posent d'emblée le problème de l'articulation de la morale privée et du régime politique, sans entrer encore dans le détail de leur fonctionnement. L'illégitimité du régime de Cromwell vient peut-être moins de son origine révolutionnaire que de sa propre incapacité à respecter les principes austères au nom desquels il a pris le pouvoir. Ce 'réformateur de la religion, des mœurs et de l'état' continue de s'abandonner secrètement à ses 'inclinations déréglées' (p.30). Cromwell ne peut se maintenir au pouvoir qu'en entretenant l'illusion qu'il répond aux exigences morales et religieuses de ses sujets. Son autorité s'appuie sur une rhétorique du mensonge qui fait vivre tout son peuple dans l'imaginaire.[52] S'il n'hésite pas à se débarrasser de ses deux fils bâtards, à ajouter au régicide l'infanticide, c'est que rien ne doit laisser soupçonner son hypocrisie: 'Le titre modeste de *Protecteur de la République Anglicane* semblait assurer la durée de son pouvoir, parce que le peuple, qui est toujours la dupe des apparences, s'était laissé persuader qu'un homme si modéré n'avait point d'autre motif que l'amour de la patrie, ni d'autre vue que l'utilité publique' (p.21).

Face à cet impérialisme du faux-semblant, la caverne de Rumney-hole semble offrir un refuge sûr. La mère de Cleveland y met au point un enseignement moral qui doit ouvrir la voie à un bonheur sans mélange et à une parfaite maîtrise de soi. Mais ce système, qui s'adresse à un individu isolé, coupé du monde, c'est-à-dire protégé à la fois des désirs, des passions et des conflits sociaux, ne résistera ni à l'épreuve de l'ennui, ni à celle de l'amour, ni à celle de l'ambition. A peine sorti, Cleveland en mesure toute la fausseté. Une morale qui ne tient pas compte des problèmes concrets que pose son application est vaine et dangereuse, puisqu'elle donne à l'individu une trompeuse sécurité.

Cromwell ne se contente pas d'agir en contradiction avec la morale dont il est le porte-parole, il tyrannise si bien les individus qu'ils ne parviennent pas à trouver leur propre équilibre. Puisqu'il n'est point de remède privé à la perver-

---

52. Dubos considère Cromwell comme un modèle d'éloquence. Olivier, comme Catilina, possédait 'le talent d'être grand comédien', et savait parler à ses hommes 'si pathétiquement qu'il les gagnait' i.40-41). De son côté, Marivaux explique les succès oratoires du tyran par le pouvoir de sa vive imagination et de son enthousiasme, et par le trouble général qui régnait alors dans les esprits (JOD, pp.510-11).

sion de l'Etat, il ne reste d'autre solution au héros que la fuite. Le rôle que joue la rhétorique dans la manipulation politique va apparaître plus explicitement dans l'histoire de l'île de Sainte-Hélène, et dans au moins deux des sociétés imaginaires que les protagonistes découvrent au cours de leurs aventures américaines: les Abaquis et les Nopandes.

Prévost met en scène l'un des *topoï* de la tradition rhétorique qui voit dans l'art de parler le principe de toute sociabilité. L'éloquence, en inculquant les règles de la morale privée et du gouvernement public, fait d'un groupement humain une société structurée. C'est Cleveland qui joue, vis-à-vis des Abaquis, ce rôle de législateur et qui rend compte au lecteur de son travail civilisateur. C'est Mme Eliot qui, dans l'île de Sainte-Hélène, explique aux nouveaux venus sur quelles bases a été fondée leur communauté.

Elle apparaît à Bridge, après les persécutions de Cromwell, comme un *nouveau monde*, un *Eden* retrouvé. La belle opulence qui règne dans l'île profite à tous puisque les richesses y sont également réparties. Le problème de la division du travail est résolu dans le cadre de la famille. Si le travail domestique subsiste, les employés sont mis sur le même plan que les enfants; chaque foyer est conçu comme un organisme vivant, à l'image de la société tout entière, confiée à la sagesse des *anciens*. Cette préséance accordée à l'âge donne sa physionomie particulière à un système vraiment démocratique. Chaque année, quatre gouverneurs élus sont chargés en quelque sorte de l'exécutif (p.109), mais 'c'est uniquement l'assemblée générale de la colonie' (p.125) qui conserve le pouvoir de décision. La parole est donc souveraine. Gelin et ses amis, qui s'estiment lésés, pensent ainsi obtenir plus facilement ce qu'ils désirent par la force de leur éloquence et par la justice de leur cause que par la violence des armes.

Les nouveaux venus, en effet, n'acceptent pas que les épouses qu'on leur destine soient tirées au sort. La colonie souffrant d'un profond déséquilibre entre le nombre des hommes et celui des femmes, le consistoire des anciens et le ministre prétendent qu'ainsi celles qui n'auront pas été désignées par le hasard n'auront aucune raison de se sentir méprisées. Mais ce *bénéfice* est-il de grand poids face aux malheurs que ne manqueront pas de provoquer des mariages mal assortis? D'une certaine manière, cette loterie pousse jusqu'à l'absurde les principes de justice et d'égalité de la communauté; elle nie toute différence entre les individus, elle ignore leurs penchants, leurs goûts, leurs humeurs. Faisant de la spécificité de chacun une simple propriété statistique, elle traite chaque sujet comme une unité abstraite et interchangeable.

C'est au nom des valeurs démocratiques de l'île que la loi engendre la tyrannie, puisqu'elle prétend régir ce qui n'est pas de son ressort, ce qu'on pourrait appeler le domaine des libertés individuelles les plus élémentaires. Pour Gelin et ses amis, rien ne paraît plus aisé que de dénouer cette contradiction en rappelant les habitants de l'île aux 'sentiments de la nature' (p.133). Par un exorde 'simple', mais d'une simplicité 'qui renferme beaucoup d'art' (p.138), Gelin prépare l'assemblée des fidèles à écouter son plaidoyer. Pour défendre sa cause et montrer l'injustice de ses ennemis, il donne sa propre interprétation des événements qui l'ont conduit avec ses compagnons à se choisir des épouses conformes à leur désir. Cette *narration* précède la *péroraison* qui laisse libre cours à toutes les *figures* et à toutes les *passions*. L'orateur obtient la libération de leurs épouses.

Ce magnifique morceau d'éloquence va obliger le *ministre* à se mettre en avant, à fourbir sa propre rhétorique, et à révéler comment il se sert du cadre démocratique et des principes religieux pour manipuler les consciences. Par 'une harangue artificieuse' (p.147),[53] il retourne l'opinion de la communauté, présente la participation des jeunes gens à la loterie comme un engagement solennel, et leurs amours comme des adultères. Par 'son éloquence empoisonnée', il s'est acquis une 'autorité' démesurée sur toute la colonie, tout en y 'affectant la plus parfaite égalité' (p.134). Conformément aux analyses de l'antiquité, le régime démocratique permet à celui qui détient l'art de parler de s'emparer du pouvoir, et d'assouvir ainsi ses ambitions personnelles au nom de l'intérêt général.[54]

Ce que demande le ministre est absurde: quel intérêt à former des unions vouées à l'échec, et en particulier à marier sa propre nièce avec un homme passionnément épris d'une autre femme? 'Ce raisonnement eût été juste si le ministre n'eût agi qu'en oncle tendre et en pasteur vertueux et charitable; mais toutes ses vues étaient celles d'un ennemi cruel et artificieux, qui cherchait à satisfaire son ressentiment contre Mme Eliot, contre sa fille et contre [Gelin]' (p.144). Le ministre, qui, pour conserver sa réputation d'incorruptible, a déjà condamné son neveu à mort, ne sème que le carnage et le sang: la perversion de l'individu qui s'abandonne à ses passions déréglées n'est que le symptôme de la perversion plus profonde du système politique tout entier. La tragédie de Gelin prend une valeur exemplaire parce qu'elle met à jour le mécanisme de caractère rhétorique par lequel tout individu peut détourner à son profit les valeurs de la collectivité. Le propos de Gelin n'est d'ailleurs pas seulement de fléchir ses juges, mais de 'mettre dans la colonie l'ordre qui [leur] conviendra le mieux' (p.133). Il rêve par sa rhétorique d'opérer un nouveau détournement de confiance, que l'enchaînement dramatique des événements l'empêchera de mener à terme.

Dans ses rapports avec les Abaquis, Cleveland prend la figure ambiguë du despote éclairé qui ne diffuse ses 'lumières' que pour mieux imposer son pouvoir. Avec sa femme, Fanny, et son beau-père, lord Axminster, il a été recueilli par une tribu qui s'attache tellement à eux qu'elle ne veut plus les laisser partir. Cette violence révèle les tendances anarchiques d'un peuple qui s'abandonne à ses passions. L'exemple des Rointons – dont l'organisation sociale n'est pas décrite – montre la barbarie à laquelle peut conduire l'absence d'ordre et de

---

53. Selon Girard, *Synonymes français*, i.267, 'la harangue en veut proprement au cœur; elle a pour but de persuader et d'émouvoir; sa beauté consiste à être vive, forte et touchante'. La harangue est un trait typique des *Histoires* de l'antiquité. A la fin du dix-septième siècle, Perrault en tire la conclusion qu'il faut les considérer comme de simples romans (ii.84-96). En utilisant le genre de la harangue, Prévost s'inscrit dans le courant d'une histoire notoirement fantaisiste: son propos serait justement d'aborder dans le roman des questions qui sont normalement du domaine de l'histoire.

54. Rousseau procède à des analyses du même type pour expliquer l'institution de l'inégalité. S'adressant à des hommes 'grossiers, faciles à séduire', les 'riches' n'ont aucun mal à faire admettre que l'intérêt général demande l'établissement de lois qui leur permettront de garantir leurs propres avantages: l'éloquence a fait tomber dans le piège de la propriété ceux qui ne possèdent rien (*Discours sur l'origine et les fondements de l'inégalité parmi les hommes*, in *Œuvres complètes*, t.iii, Paris 1964, pp.176-78).

normes, et par là même la nécessité d'une législation. Mais le projet de Cleveland d'apporter la 'civilisation' aux Abaquis est obéré à l'avance par la nécessité où il se trouve d'échapper à la contrainte qu'ils lui imposent. C'est pour prendre le pouvoir qu'il veut inculquer des principes d'ordre et de religion à des hôtes un peu trop affectueux. Il va 'entrer' dans leurs mœurs et leurs usages, se les 'attacher' (pp.191-93), puis, devenu le principal chef des Abaquis, se mettre en état de rendre service au roi Charles et à son beau-père. Il emploie toutes ses lumières et tous ses soins à l'établissement d''un gouvernement sage qui distinguerait bientôt les Abaquis de tous les autres peuples de l'Amérique' (p.194), dans l'idée de former un corps d'armée qui le serve dans ses expéditions.

Les méthodes auxquelles recourt le philosophe pour éclairer ces 'sauvages' relèvent du machiavélisme. Tirant 'des avantages considérables de leur simplicité et de leur erreur', il met en scène le meurtre d'un des habitants qui se montrait réfractaire à son endoctrinement, de façon à faire croire à une intervention de la justice divine.[55] Il fonde une religion vaguement déiste, établit une discipline stricte dans l'armée, institue une sorte de hiérarchie paternaliste, organise une police des familles capable de contrôler tous les individus, et réalise ainsi son double projet, 'civiliser et [...] gouverner' (p.196).[56]

Ne faut-il pas dire plutôt, civiliser pour gouverner? Cleveland va en effet mettre les forces vives de la nation au service d'une cause qui lui est totalement étrangère et qui la conduit assez rapidement au désastre. A la recherche de Lord Axminster, les Abaquis sont atteints d'une étrange maladie et meurent en masse. Ceux qui n'ont pas été assez 'sauvages' pour retourner par 'caprice' dans leur patrie (p.222) seront massacrés jusqu'au dernier par leurs ennemis héréditaires, les Rointons.

Par une sorte de malentendu tragique, les Abaquis deviennent les victimes d'une entreprise de civilisation qui, à l'image du colonialisme, exporte ses *lumières* pour mieux asservir. Le narrateur, qui prétend inculquer aux *sauvages* des principes d'ordre et de religion assez solides pour se maintenir en son absence, qui confère à la société son identité en la persuadant d'adopter des systèmes de valeurs dans lesquels elle se reconnaisse, s'assure par là d'un pouvoir qui lui permet de transgresser les normes mêmes qu'il impose. Cleveland n'est à cet égard que le double exotique de Cromwell.

L'évocation du monde des Nopandes par Mme Riding suggère ce qu'aurait pu réussir Cleveland s'il n'avait pas détourné à son profit l'autorité prise sur les Abaquis. La transposition matérialiste qui y est faite du culte des saints et de la peur des enfers rappelle en effet les méthodes du philosophe anglais. Tous les moyens sont bons, pourvu qu'ils servent à maintenir l'harmonie sociale, à inculquer le respect de la loi et de l'Etat: abus de confiance, mascarade et terrorisme sont les instruments paradoxaux du bonheur et résolvent à leur

55. Avec le peuple, selon B. Lamy (pp.319-20), il n'est guère besoin d'être délicat sur les méthodes: 'Ce n'est presque jamais la vérité qui le persuade, ce n'est que la vraisemblance qui le détermine.' L'emportera celui qui se montrera le plus hardi, qui criera le plus fort, qui se plaindra le plus aigrement.

56. A l'égard des Abaquis, Cleveland a joué le rôle traditionnel du législateur qui doit recourir à l'éloquence pour 'persuader ceux qu'[il] n'aurai[t] jamais assujettis à [ses] lois par la force ouverte; et cet artifice, faisant les premiers esclaves, leur a si doucement enlevé leur liberté, qu'ils ne s'aperçoivent pas même de l'avoir perdue' (G. Guéret, *Divers traités*, p.109).

manière le problème soulevé dans l'*Avis* de *Manon Lescaut*, comment inculquer efficacement un principe moral ou religieux?

La manière même dont la société des Nopandes est instituée suffit à en expliquer la fragilité'.[57] La confiance aveugle du peuple, dirigée par de bonnes âmes, pourrait tout aussi bien se tourner vers le mal. La croyance, qui, selon Prévost, sert de fondement à l'Etat, est un phénomène purement passionnel, dépourvu de toute rationalité. L'expérience de Mme Riding, qui raconte son séjour chez les Nopandes, symbolise clairement le danger qui les menace. Prête à abuser, comme Cleveland, de l'autorité morale dont elle jouit, elle refuse finalement le pouvoir, et se contente d'utiliser l'amour que le jeune prince porte à Cécile, pour obtenir une escorte et gagner le premier bateau qui passe. Pour un peuple qui ne peut vivre heureux, comme les réfugiés de Rumney-hole, qu'à condition de rester replié sur lui-même, toute présence étrangère est une menace, car elle réveille les désirs et perturbe l'équilibre affectif dont dépend la paix sociale.

Que le pouvoir politique, dans la mesure où il se fonde sur des valeurs morales et religieuses, soit condamné à l'imposture ou à la tyrannie, c'est ce que laisse entendre, avec beaucoup de prudence, l'évocation de la France de Louis XIV, qui occupe toute la deuxième moitié du roman. A la recherche d'une sagesse, le héros entre en contact avec des catholiques, des protestants, des cercles libertins; chacun essaye de le convaincre. Dans cette sorte de lutte idéologique, le jésuite occupe une place à part, parce qu'il dispose des pouvoirs de l'ordre dont il fait partie, et parce qu'il peut s'appuyer sur l'Etat louis-quatorzien.

Que Prévost, devant le scandale suscité par son roman, ait essayé dans le dernier livre de sauver la mise en noircissant le jésuite pour mieux le distinguer d'une congrégation par ailleurs très honorable, ne saurait dissimuler que les méthodes du jésuite, prêt à faire feu de tout bois pour provoquer des conversions, s'inscrivent dans la droite ligne d'une politique générale. Les autorités ecclésiastiques séculières n'hésitent pas à faire enlever Cleveland, à lui arracher ses enfants, à les envoyer d'office au collège Louis-Le-Grand. Madame accueille le jésuite à sa table et l'encourage par l'illustre exemple de Turenne. Les persécutions contre les protestants reprennent vigueur et le roi se prépare à révoquer l'édit de Nantes. D'une certaine manière, le cas individuel du jésuite n'est que la caricature d'une volonté plus générale de résoudre les problèmes de la foi par la force. Ce champion du catholicisme qui, semblable au doyen et à Renoncour, ne se préoccupe pas de la conscience de Cleveland, mais seulement de sa propre carrière, et qui peut dissimuler sous son costume religieux ses plus noires perfidies, se contente de suivre l'exemple de ses maîtres: il utilise la religion comme un moyen de gouverner.

Le destin personnel de Cleveland, le cas des protestants qui ont accueilli Cécile, prouvent assez que le catholicisme ne saurait s'imposer à la conscience par son évidence, pas plus qu'il ne suffit d'énoncer des règles de morale pour réformer les mœurs. Exprimées de façon particulièrement infantile, les idées du

57. Condamné au 'silence', le peuple serait toujours prêt à suivre les mauvais guides. Il appartient à l''habile pédagogie du bienfaiteur' de réveiller le principe d'un 'contrat naturel et implicite' (J. Sgard, 'Le silence du peuple chez Prévost', in *Images du peuple au dix-huitième siècle*, Paris 1973, pp.281-86).

jésuite n'offrent rien de bien convaincant. En ce domaine, toute rhétorique est condamnée à rester problématique.

Le pouvoir politique dont jouit l'Eglise est donc arbitraire en fait, puisqu'il permet à un triste individu comme le jésuite de sévir en toute impunité, et illégitime en droit, puisque la foi qu'elle cherche à transmettre exclut le recours à la force. L'art de persuader a en lui-même une influence pervertissante, puisqu'il confère une autorité capable d'éveiller et flatter le goût du commandement, cette *libido dominandi* inscrite au cœur de tous les hommes. Prévost renoue avec un vieux thème des moralistes chrétiens, mais il l'utilise dans une optique assez différente. Il ne s'agit pas pour lui de guérir le *Prince* ou de faire l'éducation morale des élites, mais d'analyser le caractère religieux du pouvoir, et de démonter le mécanisme qui conduit aux pires aberrations.

Toutes les sociétés décrites par Prévost sont fondées sur une adhésion collective à des valeurs et à des normes. Il appartient à l'éloquence de répondre à ce besoin universel de croyance. Mais dans la mesure où les individus et les institutions qui sont chargés de cette fonction rhétorique se révèlent incapables aussi bien d'agir conformément à ces valeurs que de les imposer aux consciences, leur discours est une perpétuelle imposture, et leur pouvoir une tyrannie sans légitimité où les passions les plus troubles peuvent fleurir.

Marivaux et Prévost ont de l'art de persuader des conceptions qui correspondent à deux traditions opposées. Tandis que Des Grieux ou Renoncour font dépendre leur succès de leur maîtrise de la technique et de la stratégie oratoire, Marianne et Jacob placent leur confiance dans la qualité de l'individu, dans le pouvoir naturel du sentiment.

Prévost voit dans la persuasion la communication de l'état passionné de l'orateur qui, seul, permet de comprendre son point de vue, et qui se marque dans la langue sous la forme de figures. Marivaux considère l'éloquence comme l'art de rendre compte des particularités d'une intention et d'une situation, de choisir entre les différentes 'faces' d'un objet, qui sont représentées dans la langue essentiellement par les synonymes et les tropes. Assez paradoxalement, Prévost, qui dépeint des personnages calculateurs, opte pour l'expression pathétique, et Marivaux, pour qui seul importe le sentiment naturel, se retrouve avec les théoriciens qui veulent construire une langue bien faite.

Les deux romanciers se posent pourtant des questions parfaitement similaires. Puisque dire c'est faire, puisque l'éloquence est un instrument de pouvoir, elle peut servir aussi bien au maintien d'un ordre illégitime, qu'à une libération de l'individu. Marianne et Jacob dénoncent l'arbitraire des hiérarchies et demandent que soit faite au mérite la place qui lui revient, mais Marivaux n'imagine pas les conditions concrètes qui permettraient d'en faire le principe de la société, il se contente de rêver d'une sorte de despotisme éclairé qui pourrait s'appuyer sur la sagesse des élites.

Prévost montre que l'univers politique et les rapports individuels obéissent aux mêmes lois rhétoriques. L'homme se laissant déterminer par la passion et non par la pensée, toutes les relations sociales, personnelles ou collectives, sont fondées sur le même phénomène de croyance: le pouvoir est toujours affaire de persuasion. Si, dans les romans de Marivaux, il faut que le pouvoir soit absolu pour faire preuve d'équité, l'œuvre de Prévost laisse entendre que la *libido dominandi* pousse toujours l'homme à outrepasser ses droits, et que tout pouvoir demande à être inlassablement dénoncé et limité.

L'individu qui, comme l'écrivain, s'attaque aux fables trompeuses sur lesquelles sont fondées toutes les dominations, et oppose, à la tyrannie de l'imposture, les exigences de la rationalité, s'attelle à une entreprise sans fin, puisque, s'il veut se faire entendre, il doit produire de nouvelles croyances, contribuer paradoxalement à la création de nouveaux mythes. Il est impossible d'échapper aux pouvoirs de la rhétorique.

3. Le moi et l'autre: les enjeux psychologiques de la persuasion

PAR rapport au traité de rhétorique, l'œuvre romanesque offre l'avantage de présenter les phénomènes de persuasion en situation, de montrer les liens réciproques établis entre le discours proprement dit et les deux interlocuteurs. Dans le chapitre précédent, nous avons étudié l'image que l'orateur donne de ce rapport. Le héros fait de sa propre éloquence une forme d'action, un instrument de pouvoir: il envisage le plus souvent la relation entre lui-même et ceux qu'il veut persuader dans sa dimension sociale. Dans ce chapitre, nous allons considérer le point de vue complémentaire du destinataire de l'éloquence. Celui-ci se trouve dans une position assez proche de celle du rhéteur: il déchiffre les discours pour apprendre à les interpréter, il les analyse pour en comprendre les mécanismes, il essaye de déterminer ce qui les rend efficaces.[1] Ce changement de perspective explique la coloration nettement négative de cette seconde image que le roman donne de l'éloquence. Le héros tente d'échapper aux tentatives de persuasion dont il est l'objet, d'une part, en en faisant la caricature ou la parodie, et d'autre part, en prenant conscience de l'effet obscur qu'elles produisent en lui. La recherche des motifs de l'orateur et l'analyse des réactions de l'auditeur constituent les deux aspects complémentaires de cette description essentiellement psychologique de l'art de parler. Il restera alors à étudier le rôle que jouent, dans l'éloquence, les relations réciproques entre l'orateur et son interlocuteur, entre le moi et l'autre.

i. Une image caricaturale

L'image que le narrateur donne de l'éloquence des autres est caricaturale à double titre. D'une part, celle-ci atteint rarement son but, puisque le héros en prend conscience pour mieux y échapper; d'autre part, le narrateur grossit volontairement le trait pour montrer que tous ceux qui ne partagent pas son point de vue ne méritent pas la moindre confiance. Il relève donc, dans la rhétorique de ses adversaires, tout ce qui peut la déconsidérer ou la ridiculiser, l'attribue aux plus viles motivations et ne se prive pas d'en faire la parodie.

a. Le détachement

Les personnages de Prévost et de Marivaux, qui font de l'éloquence leur arme préférée, doivent en retour affronter d'incessantes tentatives de persuasion. Forte des leçons de la sœur du curé, Marianne s'oppose à deux reprises à Climal (pp.34-41 et surtout pp.105-23), à Mme Dutour (pp.46-49 et p.125), au père

---

1. La rhétorique veut être, autant qu'un art de parler, un art de lire. Batteux ou Rollin présentent explicitement leurs ouvrages comme des manuels d'explications de textes (voir Rollin, chap.3: 'De la lecture et de l'explication des auteurs').

Saint-Vincent (pp.136-45), à la femme qui l'a enlevée (p.306), à Villot (pp.307-12) et au tribunal de famille (pp.317 ss), à Mlle Varthon (pp.391-93). Jacob résiste à son maître et à Geneviève (pp.20 et 31), au directeur de conscience, Doucin (pp.68-69, et une seconde fois par l'intermédiaire de Mme d'Alain et de sa fille, pp.108-17); il cède à Mme de Ferval (pp.135-40) et aide Mme d'Orville dont la prière ne s'adressait pas directement à lui (p.210). Tervire s'est laissée prendre aux insinuations de la veuve dévote, qui une première fois l'a engagée à se faire religieuse (pp.453-57), et une seconde fois à se marier avec un vieux cacochyme (pp.467-69); dans les deux cas, des incidents de dernière minute éclairent Tervire sur les dangers courus. Enfin, elle est la victime des 'instances' de la famille du jeune Dursan.

On ne peut recenser aussi exhaustivement tous les cas où les héros de Prévost sont confrontés à des tentatives de persuasion. Contentons-nous de deux séries d'exemples. Dans le *Doyen de Killerine*, le narrateur se donne pour tâche de réformer les cœurs et les mœurs des membres de sa famille. C'est en réponse à ce projet pédagogique que Patrice, Georges et Rose développent leurs arguments en faveur de l'amour et de la vie mondaine, élaborent leurs propres plans matrimoniaux et justifient leur conduite. Le doyen doit également répondre à tous les plaidoyers des divers prétendants, amants et amis: des Pesses, Lynch, l'amant de Rose, la maîtresse espagnole de Georges, M. de Sercine, Dilnick, Sara, etc. Dans l'*Histoire d'une Grecque moderne*, le pouvoir de l'ambassadeur, son rôle de protecteur de Théophé, son désir d'écarter d'elle tous les autres prétendants, sa jalousie, ses soupçons, expliquent les déluges d'éloquence auxquels il doit faire face. Théophé, qui a imploré son secours (p.14), plaide ensuite constamment pour sa liberté: elle explique sa fuite par son désir de cacher sa honte (p.38), refuse de faire de son protecteur son amant (pp.51-52), écarte les soupçons par l'aveu de son ignorance (p.59), lui demande d'aider Maria Rezati (pp.72-74), refuse le mariage (p.94), se disculpe des accusations de l'ambassadeur (pp.105-106), de celles de M. de S. (p.115) et de celles de sa gouvernante (p.120). L'ambassadeur est également sollicité par le maître de langues (p.46), par Synèse à plusieurs reprises (pp.57-58, 60; 100), par le sélictar, par Maria et par son amant, par la gouvernante, etc.

La représentation que le mémorialiste fait de l'art oratoire de ses interlocuteurs n'est, le plus souvent, que l'image inversée de sa propre éloquence: elle en est comme le négatif. Tout ce qui chez le héros est l'expression d'une nature généreuse, sert à prouver la mauvaise foi, l'artifice ou la malhonnêteté de l'adversaire. Le roman ne manque pas de suggérer la partialité de ce point de vue du narrateur qui, à une éloquence innocente, oppose une rhétorique perverse, et provoque une interrogation sur les limites, les raisons d'être, et les motifs d'un tel gauchissement. La détermination du statut rhétorique de chaque énoncé est donc finalement laissée au lecteur, dont la démarche herméneutique est guidée par le texte du roman lui-même, et d'une certaine manière en fait partie.

Nous devons examiner dans la partie suivante comment le héros dévalue l'éloquence des autres en en reconstituant la genèse. Voyons d'abord succinctement comment il la repère et nous la décrit. Son regard critique porte essentiellement sur deux aspects complémentaires de la tentative de persuasion, l'action oratoire et le choix des arguments.

Le héros présente la manière dont son adversaire s'exprime de façon à faire douter de sa bonne foi. Dans ces 'ornements extérieurs de la prononciation, tels que le geste, la contenance, le son de la voix, la force ou la tendresse des mouvements',[2] il voit autant d'artifices qui cherchent à l'abuser. A la contagion presque mécanique des sons et des gestes, il oppose le détachement ironique du spectateur. Jacob, qui s'est caché derrière la porte pour espionner l'entrevue des sœurs Habert et du directeur de conscience, occupe à cet égard une position emblématique: il est de l'autre côté de la rampe. Les mimiques, les tons, les gestes de Doucin font partie de la comédie qu'il joue aux deux sœurs pour qu'elles condamnent le paysan et le chassent. En homme d'Eglise, le prêtre sait comment agir directement sur la sensibilité de ses pénitentes. Il utilise 'toutes les ressources de son art', 'ces tons dévots et pathétiques, qui font sentir que c'est un homme de bien qui vous parle' (p.68). Son seul 'regard' transforme la présence de Jacob en cas de conscience. Ses 'yeux [...] rendaient le cas grave et important, et [...] disposaient mes maîtresses à le voir presque traiter de crime' (p.61).

Marianne, dégoûtée de Climal, remarque l''air insinuant et doux' (p.109) du séducteur, comme Tervire 'la façon insinuante' (p.454) de Mme de Sainte-Hermières qui la pousse à se faire religieuse. La caractérisation des gestes et de la voix tombe vite dans le stéréotype. Prévost, lui aussi, dispose d'un registre limité et conventionnel: intonations passionnées, véhémentes, cris, larmes, agenouillements ... L'ambassadeur observe par exemple le ton 'touchant' du chevalier (p.76), les 'pleurs' et les 'humiliations grecques' de Théophé (p.120), ses 'transports', 'l'air de naïveté et d'innocence qu'elle avait su mettre dans sa contenance et dans ses regards' (p.29).

L'action du corps est traitée d'une manière aussi sommaire que dans les livres de rhétorique. Qu'elle se fasse remarquer suffit à signaler une intention de persuader et à la dénoncer. Marianne et Jacob, Des Grieux et Renoncour semblent adopter l'attitude traditionnelle des adversaires de la rhétorique qui lui reprochent d'emporter mécaniquement la conviction, d'aller à l'esprit par le cœur – pire: par les sens.[3] Ils ne procèdent pourtant pas autrement: même jeu des regards, même emphase des gestes, même utilisation des larmes. Leur habileté consiste à faire passer la différence entre leur point de vue et celui de leur interlocuteur pour une différence de nature entre le vrai et le mensonger, le spontané et le théâtral. Faisant de leur corps le lieu de l'authenticité, ils lui demandent d'exprimer leur vérité profonde. Ils innocentent leur style en présentant celui des autres comme une *grimace*, comme une *convulsion* qui les défigure.[4]

Le narrateur fait preuve de la même méfiance à l'égard des arguments de son adversaire. Les procédés auxquels il l'accuse de recourir sont pourtant les mêmes

2. Prévost, *Manuel lexique* (Paris 1755), i.20, article 'Action'.

3. C'est, on s'en souvient, le reproche fait par F. Lamy à la rhétorique: elle se contente d'"aller à l'esprit par le cœur et d'aller au cœur par l'imagination' (*Réponse de l'auteur de la connaissance de soi-même*, in *Réflexions sur l'éloquence*, Paris 1700, p.26).

4. Dans la *Rhétorique de collège*, p.82, F. Lamy traite de 'convulsifs' les mouvements que l'orateur détourne de leur signification naturelle et qu'il veut exprimer sans les ressentir. C. Buffier appelle 'grimaces de l'éloquence' les figures qui ne répondent à aucun sentiment intérieur (*Cours de science*, col.337).

que ceux qu'il dit utiliser. Nous allons donc retrouver sous une forme négative les conceptions que Marivaux et Prévost se font des mécanismes de l'éloquence.

Le héros marivaudien, on l'a vu, se sert des fines différences de sens ou de connotations qui existent entre deux mots, deux expressions ou deux tournures presque similaires pour passer d'un registre à un autre, pour substituer à une image négative un *synonyme* plus favorable. Puisque la persuasion est fondée sur ce système de variations par lequel est défini le trope, le héros va mettre ses adversaires en échec en leur rappelant le sens des mots qu'ils emploient, en dénonçant les glissements sémantiques auxquels ils recourent pour conduire subrepticement d'un sentiment à un autre.

Pour des raisons de vraisemblance et de convenance, Climal ne peut formuler sans détour son désir sexuel. Il utilise donc des formules de compromis et tente de persuader Marianne que leur liaison ne serait pas incompatible avec les principes d'honneur qu'on lui a inculqués. Tout leur dialogue va s'articuler autour de cette notion ou plutôt de ce mot d'*honnêteté* qui recouvre des significations diverses (pp.105-25). Pour Climal, 'on n'en est pas moins honnête homme pour aimer une jolie fille' (p.109). A cet emploi assez vague et général, Marianne oppose les limites qu'il faut assigner au mot pour qu'il ait encore un sens: 'Quand je dis honnête homme […] j'entends un homme de bien, pieux et plein de religion; ce qui, je crois, empêche qu'on ait de l'amour, à moins que ce ne soit pour sa femme' (p.109).

La même opposition surgit un peu plus tard, mais les rôles sont comme inversés. Marianne fait l'éloge de Valville, qu'elle trouve 'fort poli […] fort honnête' (p.110). C'est Climal qui reprend l'expression et reproche à la jeune fille l'emploi qu'elle en a fait. Ce mot ne saurait s'appliquer à ce jeune débauché qu'est son neveu. Mais le noir portrait que Climal trace de Valville indique bien qu'il prend la notion de *valeur* dans un sens économique, et non dans un sens moral. Loin 'd'adoucir les termes', il veut montrer à l'héroïne les dangers d'une liaison 'ruineuse' avec Valville, qui la laisserait 'dans une indigence, dans une misère' dont elle ne pourrait se relever. Cette éventualité 'aussi triste, aussi déplorable' plaide en faveur d'un engagement 'utile et raisonnable' avec un homme rassis qui saura ménager sa réputation, et préserver les apparences: un faux dévot. Climal a fait glisser le mot honnêteté du registre moral au registre pratique (pp.111-12).

Pour toute réponse, Marianne revient au sens initial du mot honnête, à celui que lui donne le père Saint-Vincent, et donc l'opinion, qui tient Climal pour dévot: 'Ce religieux qui m'a menée à vous m'avait dit que vous étiez un si honnête homme' (p.119). Climal essaye une dernière manœuvre en donnant au mot honnêteté le sens inédit de conformité à la loi naturelle. Ce qui est monstrueux, c'est-à-dire contre l'ordre de la nature, ce n'est pas 'ces mouvements involontaires qui peuvent arriver aux plus honnêtes gens' (p.119), mais leur répression, leur condamnation. Preuve de la sensibilité, la sensualité est, dans la logique du discours libertin, érigée en valeur positive. Mais l'âge, les rides, et la laideur du caractère de Climal ôtent tout poids à son argumentation. Dans un ultime retournement, Marianne revient au registre économique pour montrer à son séducteur que ses propositions ne sont guère alléchantes.

Le héros marivaudien joue du glissement sémantique; celui de Prévost de la diversité des situations affectives qui peuvent rendre compte du même événement ou de la même décision: pour en saisir le sens, il faut en connaître la genèse psychologique. L'orateur doit donc restituer son histoire personnelle, faire sentir l'état d'esprit où il se trouve, transmettre les passions qui l'animent. Le narrateur, contrairement à celui de Marivaux, ne décrit pas le travail progressif sur les mots par lequel on cherche à le faire changer de sentiment, mais se contente de souligner combien le point de vue de son interlocuteur diffère du sien. La simple confrontation de deux récits parallèles, de deux interprétations contradictoires, suffit à semer le doute sur le plaidoyer qu'on lui adresse, à le rendre suspect d'artifice ou de partialité.

Par exemple, le doyen apprend que Rose accepte les hommages d'un homme marié. Ce dernier, sommé de s'expliquer, invoque les particularités de sa vie matrimoniale: bientôt libéré par la mort imminente de sa femme, il estime qu'il remplit tous 'les devoirs' et 's'est assujetti à tous les droits' (p.131). Le doyen, sans prendre parti, note 'le tour plausible qu'il avait donné à ses raisons', tout comme 'la vraisemblance' (p.122) des excuses de Georges qui a, par ailleurs, disposé librement de sa sœur et l'a promise en mariage à Lynch. Cette substitution d'un point de vue à un autre prend souvent la forme explicite d'une traduction terme à terme.[5] Ainsi, le sélictar, qui s'est réfugié dans la maison de campagne de l'ambassadeur à son insu, et a été mêlé à une sanglante rixe, retourne les accusations dont il est l'objet: 'Mais dans l'usage que j'ai fait de mon poignard, je n'ai pensé qu'à vous servir [...] et dans la liberté que j'ai prise de me retirer chez vous sans votre participation, vous ne devez voir que l'embarras d'un ami' (p.71).

Mais, alors que Marivaux croit en l'existence d'un point de vue privilégié capable de restituer l'essence vraie des choses, et donc ne laisse planer aucun doute sur la portée des différents glissements sémantiques auxquels recourent ses personnages, le narrateur de Prévost renonce à évaluer avec certitude les divers *sentiments* qui s'opposent, puisqu'il s'avoue incapable de sonder l'intimité profonde des êtres, et même de se connaître lui-même: les divers points de vue se juxtaposent sans parvenir à s'ordonner.

b. L'inversion

La théorie rhétorique montre à l'orateur comment s'adapter à la situation de communication pour produire certains effets. En prenant à l'envers le discours qui lui est adressé, c'est-à-dire en partant de son terme, du but qu'il cherche à atteindre, l'interlocuteur peut donc en reconstituer la *rhétorique*. Alors que le héros dissimule soigneusement les implications économiques ou pratiques de sa propre éloquence, il procède, pour les discours qu'on lui adresse, à l'opération inverse: il envisage les arguments présentés uniquement à la lumière des intérêts en jeu, ceux de l'orateur comme les siens.

5. C'est le principe de la réfutation: 'On réfute tout un sujet, ou en niant que la chose soit, ou en lui donnant un autre nom, ou en la défendant' (Le Gras, *La Rhétorique française*, p.150). Breton, *De la rhétorique*, p.122, donne un exemple de cette technique: 'C'est ainsi qu'il faut que les paroles adoucissent les choses, et colorer un parricide du nom de tentation. C'est ainsi que l'on fait quelquefois passer le luxe pour magnificence, que l'on donne le nom d'économie à l'avarice, et de prudence à la timidité.'

D'une part, le héros analyse le discours pour déterminer les intentions de celui qui l'a formulé, et pour y repérer le jeu des intérêts et des passions, la concupiscence de Climal, la *libido dominandi* de Doucin.[6] Ainsi, dans un premier temps, Marianne remarque ce que la conduite du dévot peut avoir d'aberrant, avant d'y reconnaître finalement un désir sexuel: la narratrice définit précisément le sentiment par sa capacité à distinguer des signes dont la réflexion dégage ensuite le sens. De même, Jacob montre que la conduite du confesseur obéit à un calcul, avant de donner la clef de son comportement, l'appétit de pouvoir: 'Ne conserver que l'aînée, c'était perdre beaucoup [...] Et on aime à gouverner les gens. Il y a bien de la douceur à les voir obéissants et attachés, à être leur roi, pour ainsi dire ...' (pp.66-67).

L'interlocuteur qui considère le discours uniquement comme un symptôme du désir de celui qui l'énonce en fausse dangereusement la perspective. A mettre la fin à l'origine, à voir dans ce qu'il produira sa seule motivation, cette interprétation donne au projet de persuasion l'allure machiavélique d'une manipulation ou d'une imposture. La relative étrangeté de *Manon Lescaut* vient de ce que le narrateur porte sur ses succès d'éloquence le regard qu'on réserve habituellement aux discours des autres pour les dévaluer: il met à nu ses calculs. Il se justifie et en même temps relève l'indignité relative de ses propos. Cette contradiction, qui pour l'*Avis* est une marque de la passion, peut expliquer l'embarras des critiques et la prolifération de commentaires souvent moralisateurs.

D'autre part, l'interlocuteur mesure le discours qu'on lui adresse à l'aune de ses propres intérêts: que lui arrivera-t-il s'il se laisse persuader? Il reproche généralement à l'orateur de ne pas présenter honnêtement les enjeux du marché qu'il cherche en fait à réaliser. Climal avait allégué, comme dernier argument, la conformité de son désir à la loi naturelle. En guise de conclusion, Marianne revient au registre économique sur lequel l'hypocrite s'était placé auparavant: alors qu'il vient de traduire un marché en termes de morale naturelle, la jeune fille, pour toute réponse, évalue cette morale en termes de marché. Puisqu'elle 'ne possède rien que [sa] sagesse' (p.121), elle va, conformément aux conseils de la sœur du curé, essayer de concilier les exigences de la morale et de l'économie autrement qu'en sacrifiant son innocence à un vieux qui la dégoûte.

On ne parle à Jacob que de cadeaux, de bienfaits, d'amour. Mais le paysan comprend à quoi on veut l'engager: le maître compte acheter les faveurs de Geneviève en lui accordant Jacob pour époux. Il se refuse à être la dupe de ce 'traité impur' (p.19): 'Vous savez mieux que moi les tenants et les aboutissants de cette affaire' (p.28), réplique-t-il à son maître. Et à Geneviève, il explique que l'argent qu'elle va tirer de ses complaisances n'est que de 'la fausse monnaie' (p.17).

Celui qui cherche à persuader tendrait donc à dissimuler, ou du moins à déformer ce qu'il veut obtenir, et ce que son interlocuteur doit lui accorder. Tervire a bien failli se laisser prendre par trois fois aux discours captieux de Mme de Sainte-Hermières. Seule une expérience cruellement acquise lui a

---

6. Si l'orateur 'paraît avoir ses intérêts en vue, tout ce qu'il dira en deviendra suspect' (Crousaz, ii.43). En bonne logique rhétorique, le héros doit donc, de son côté, paraître désintéressé.

permis de mesurer *in extremis* les dangers courus. Dans le premier cas, elle reproche à l'amie qui l'engage à se faire religieuse de ne pas s'être préoccupée de sa vocation, de ce qu'elle deviendrait au couvent, c'est-à-dire des 'conséquen-ces' des vœux qu'elle allait prononcer, bien plus, d'avoir tout fait pour les lui cacher. La veuve désirait seulement aider la mère de Tervire à se débarrasser de sa fille, et consolider sa propre réputation de femme pieuse. Sa protégée 'ne lui aurait pas fait peu d'honneur de s'aller jeter dans un couvent au sortir de ses mains' (p.453). La jeune fille prend conscience de tous ces calculs quand une religieuse prête à s'enfuir lui ouvre les yeux sur les réalités de la vie cloîtrée. La balance n'est pas égale entre la gloire qui doit rejaillir sur la fausse dévote et les souffrances qui attendent Tervire: elle rompt ce marché de dupes.

Mme de Sainte-Hermières provoque une réconciliation et présente à la jeune fille un projet de mariage dont les avantages semblent plus équitablement partagés. La veuve verrait son pouvoir honorablement confirmé, et Tervire pourrait compter sur la mort imminente d'un mari déjà au bord de la tombe.

Dans le troisième projet de Mme de Sainte-Hermières, il n'y a plus décalage ou divergence entre les propos tenus et les effets pratiques qu'ils produiraient, mais contradiction totale. Tous les témoignages d'affection, toutes les attentions de la veuve et de son entourage entrent dans une mise en scène qui fait passer Tervire pour libertine et lui enlève toute chance d'établissement honnête. Ici, l'éloquence est mise au service de la dissimulation et du mal. Tervire se laisse bien persuader par le jeune abbé et sa dévote maîtresse, mais tout ce qu'ils disent est faux.

Cet art de bien mentir relève-t-il encore de la rhétorique? Il en constitue indéniablement une des limites, dont l'autre se trouve à l'extrême opposé dans le principe d'une éloquence spontanée. D'un côté, l'art fait l'économie de toute vérité; de l'autre, le vrai se passe de tout art. Le séducteur et l'hypocrite sont, dans la littérature romanesque du dix-huitième siècle, des figures emblématiques de cette perversion de l'éloquence, qui fournit l'un des ressorts les plus tradition-nels de l'action, à la fois une motivation psychologique et un procédé narratif: le méchant aime à tromper l'innocence. Le développement d'une éloquence sensible et naturelle finit par cantonner la rhétorique dans ce type d'emplois pervers: Mme de Tourvel appelle Mme de Merteuil.

Pour échapper à cette rhétorique du mal, il suffit à sa victime de repérer les intentions criminelles du perfide. Le mécanisme de ce retournement apparaît clairement dans les épisodes de *Cleveland* qui concernent Cromwell.[7] La mère du héros, qui 'connaissait de longue main' (p.21) le véritable caractère de son ancien amant, n'est pas, comme le peuple, la dupe de son hypocrisie. Elle compte justement tirer parti de cette image publique de sage que le tyran s'est créée, et l'obliger à se montrer un père généreux, même s'il ne l'est pas vraiment: 'Il n'était pas croyable qu'il pût traiter ses enfants avec dureté tandis qu'il

---

7. La recherche des motivations secrètes est l'un des poncifs du roman historique: 'On se fera un plaisir de tirer les plus grands effets, les plus éclatants, d'un principe presque insensible, soit par sa petitesse, soit par son éloignement. On montrera des liaisons imperceptibles, on ouvrira des souterrains' (Batteux, *Principes de la littérature*, iv.279). D'une certaine manière, le roman historique se bâtit sur les ruines de l'éloquence politique: il démonte le mécanisme d'une parole secrète et trompeuse.

affectait tant d'indulgence et d'affection à l'égard du public' (p.21).

Lors d'une première entrevue, Cromwell refuse d'accéder à la demande de son ancienne maîtresse, qu'il accuse d'imposture: accuser l'autre de nourrir de noirs desseins est toujours de bonne guerre, mais ne suffit pas à prouver votre innocence. Cependant, Fairfax, le collaborateur du tyran, s'interpose et, 'soit par compassion, soit par quelque vue politique' (p.22), promet de plaider leur cause auprès de son maître. Il vient ensuite leur déclarer qu'il a su le convaincre: Cromwell leur accorde une seconde entrevue, et offre finalement de les aider. Fairfax surenchérit: il 'entreprit de persuader à ma mère que cette proposition était une faveur extrême de Mylord Protecteur' (p.23). Madame Cleveland se retire, laissant son ancien amant 'persuadé [...] qu'elle donnait dans toutes ses vues'. Cleveland, qui a tout pris pour argent comptant, est stupéfait d'apprendre de sa mère que son 'témoignage de reconnaissance' n'était qu'une promesse 'équivoque' pour se soustraire au 'dessein artificieux' de Cromwell. La jeunesse de Cleveland l'a empêché de démêler ce que 'l'offre' de Cromwell signifiait, mais sa mère est assez expérimentée pour découvrir, derrière les mots, les intentions véritables: 'Elle me fit apercevoir dans la proposition de mon père tout ce qu'elle y avait découvert elle-même, c'est-à-dire son indifférence pour nous et le dessein qu'il avait de se défaire d'elle et de moi' (p.23).

Dans les exemples analysés chez Marivaux, à l'exception du complot dirigé contre Tervire, l'enjeu de la persuasion était évalué différemment par les deux interlocuteurs. Ici, sous le prétexte d'aider Cleveland, Cromwell voudrait en fait s'en débarrasser à jamais. Il faudra ensuite l'exemple de Bridge pour prouver que telle était véritablement l'intention du régicide.[8] Il est en effet impossible de savoir dans quelle mesure chacun des effets ultérieurs de la persuasion répond à un calcul préalable de l'orateur. Le narrateur ne lui prête de mauvaises intentions que parce qu'il a posé par avance qu'il ne peut vouloir que le mal. Cromwell est par nature, et comme son rôle de vilain l'exige, mal intentionné.

De même, la 'harangue' du ministre de Sainte-Hélène est 'artificieuse' (p.147), parce que ses 'vues' sont celles d'un 'ennemi cruel [...] qui cherchait à satisfaire son ressentiment' (p.144). Tous ses reproches relèvent donc par principe d'une 'éloquence empoisonnée' (p.147). Bridge, selon le ministre, aurait tenté de dissimuler son adultère en entraînant ses compagnons dans le libertinage, et aurait ainsi dégagé sa responsabilité en généralisant le crime. Il aurait su faire passer son intérêt particulier pour l'intérêt de tous: 'J'avais eu l'adresse de persuader à mes compagnons que leur intérêt demandait d'eux ce que je ne les engageais à faire que pour le mien' (p.147).

L'éloquence dont Bridge fait ensuite preuve devant ses juges ne serait que le redoublement de celle par laquelle il a trompé ou du moins abusé ses compagnons. Dans les motifs secrets d'une première rhétorique, le ministre prétend

---

8. Le personnage de Prévost entre parfaitement dans la catégorie des mauvais orateurs que décrit G. Guéret (*Divers traités*, pp.53-54): 'Je ne parle point de ces orateurs dont l'esprit artificieux et mauvais ne se sert de l'éloquence que pour favoriser le mensonge; de ces gens qui font de leur parole l'instrument de la tyrannie, qui ne travaillent qu'à rendre les peuples ministres de leurs passions injustes, qui donnent du crédit aux mauvaises lois, et qui renversent les plus saintes; qui, sous le prétexte spécieux de religion, apprennent à violer les choses sacrées, et qui se plaisent à troubler les affaires d'une République.'

voir la vérité de la seconde. Aussi Bridge a-t-il soin de retourner contre son accusateur sa propre argumentation, et la stigmatise comme l'invention d'une perfidie absolue:[9] 'En un mot, tout ce qu'un ennemi violent et artificieux peut mettre en usage pour verser son poison dans le cœur des autres et y allumer la haine, le ministre l'employa dans cette occasion' (p.147).

C'est la gérontocratie toute puissante de l'île qui serait en fait coupable du crime dont elle a chargé le malheureux Bridge. Elle se servirait des lois de la communauté pour assouvir ses passions particulières, couvrirait d'un voile de justice ses dérèglements séniles.

En les traitant simplement comme le symptôme d'une perversion cachée, le narrateur se dispense d'examiner les propos qu'on lui tient, de contester les arguments qu'on lui oppose. Quand son adversaire utilise la même méthode expéditive, il ne peut se défendre de cette accusation d'imposture qu'en la présentant comme la ruse ultime d'une *rhétorique empoisonnée*. Cette dénonciation des mauvaises intentions de l'orateur étant réversible à l'infini, les critiques ont pu s'appuyer sur le texte du narrateur pour mettre en doute l'honorabilité de sa rhétorique, pour rechercher ses motivations secrètes. Dans quelle mesure ne peut-on pas retourner contre lui les accusations d'aveuglement, d'égoïsme ou de mauvaise foi qu'il porte contre ses adversaires?

Prévost a généralement su tirer un admirable parti de l'ambiguïté de la narration à la première personne. Cleveland accuse son père d'avoir voulu sa mort en l'envoyant aux colonies. Les *Mémoires d'un homme de qualité* comportent un épisode similaire, mais présenté dans une toute autre perspective. Le prince de Portugal raconte ses malheurs à Renoncour. Il a envoyé son heureux rival au Brésil, espérant que la passion des deux amants souffrirait de l'éloignement de l'élu. Malheureusement, arrivé au Brésil, ce dernier succombe à la maladie, non sans avoir fait part de ses soupçons à sa maîtresse: 'Il se persuada qu'une mort si désespérante ne pouvait être naturelle; et se souvenant de la passion que j'avais toujours conservée pour son amante, il crut trouver dans ma jalousie, et la cause de son éloignement de Portugal, et celle de sa mort' (p.209).

Le prince rejette alors toutes ces accusations en les attribuant au délire d'un esprit malade. La même action, l'envoi aux colonies, est donc présentée, dans *Cleveland* et les *Mémoires d'un homme de qualité*, des deux points de vue contradictoires du puissant et de son obligé. Les deux interprétations qu'en donne chacun des deux narrateurs sont parfaitement réversibles. Et si Cromwell était sincère? et le prince perfide?

Le plus souvent, le lecteur peut se dispenser de ce type de rapprochements,[10] puisque le romancier fait lui-même clairement sentir la partialité de son narrateur. Au début du quatrième livre de *Cleveland*, le héros est en route vers l'Amérique, à la poursuite de Fanny et de Lord Axminster. Bridge, son demi-frère, est de son côté à la recherche de la mystérieuse île de Sainte-Hélène où ses amis et lui ont dû abandonner leurs épouses. Chacun cherche à inciter l'autre

---

9. L'une des ressources de l'accusateur est de 'donner un mauvais sens aux choses qui peuvent recevoir diverses explications' (Bary, *La Rhétorique française*, Paris 1659, p.190). Bary se réfère alors à Aristote pour conseiller à l'accusé de 'combattre le calomniateur par des calomnies' (p.193).

10. F. Piva a analysé l'épisode du prince de Portugal pour illustrer le parti que Prévost sait tirer de la narration à la première personne (*Sulla genesi di Manon Lescaut*, Milano 1977, pp.74ss.).

à renoncer provisoirement à sa quête, et à l'aider dans la sienne. Cleveland, qui raconte l'épisode, traite la proposition de Bridge et de ses compagnons de 'spécieuse', et leur représentant 'vivement' la différence de leurs situations, il les 'enflamme' et les engage 'à tourner leurs voiles sur le champ vers l'Amérique' (p.165). Mais il ne les a gagnés que provisoirement à sa cause. L'expédition connaissant de nombreux déboires, Gelin vient trouver Cleveland et lui explique qu'ils ne peuvent continuer à l'accompagner. L'amour et le devoir les appellent à Sainte-Hélène. Cleveland tente de les faire renoncer à leur projet, multiplie interrogations pressantes et exclamations pathétiques. Mais en vain; Gelin lui oppose une série de solides arguments. Ils se séparent.

Le romancier suggère habilement que le compte rendu de l'épisode par Cleveland est entaché de parti pris. En effet, Cleveland et ses compagnons de rencontre sont dans des situations exactement similaires et n'ont aucun droit les uns sur les autres. Cleveland, qui a su d'abord se montrer plus persuasif, leur fait ensuite grief de recourir à leur tour à l'éloquence, et de ne plus céder à la sienne. Il minimise l'aide qu'ils lui apportent: 'Il était vrai dans le fond qu'ils ne pouvaient prendre de parti plus avantageux, à ne consulter même que leurs seuls intérêts' (p.165). Il présente leur décision de revenir à leur projet initial comme une marque d''inconstance' qui contrevient à toutes 'les lois' et à toutes 'les promesses' (p.170). Le narrateur multiplie les insinuations malveillantes à l'égard de Gelin qu'il considère comme le meneur du groupe. Celui-ci se perd en 'civilités françaises' (p.168), c'est-à-dire particulièrement 'cérémonieuses, fatigantes et inutiles',[11] et fait trop confiance à son 'éloquence' pour ne pas devenir 'disert' (p.169), en d'autres termes, 'faible et sans feu'.[12] Cleveland le dépeint comme un beau parleur à qui on ne peut faire confiance, et conçoit 'contre lui une aversion qu'il [lui] a été ensuite impossible de surmonter' (p.169); et comme il ne saurait la justifier, il fait allusion à la conduite ultérieure de Gelin devenu le vilain du roman.

Cette infirmité qui fait tout ramener à soi apparaît aussi clairement dans les jugements contradictoires émis par Des Grieux. Selon qu'ils servent ou entravent ses projets, le chevalier présente tout différemment deux comportements identiques. Il s'indigne ainsi que son père et le vieux G. M. usent de leur influence auprès du lieutenant général de police pour se débarrasser de Manon, mais accepte que son affaire avec Synnelet soit enterrée par des voies similaires. A la Nouvelle-Orléans, que le gouverneur dispose librement des déportées et les marie à sa guise n'appelle aucune remarque; mais si Manon doit subir le même sort, voilà le gouverneur mué en un 'tigre féroce'.[13]

De leur côté, Marianne et Jacob ne s'intéressent guère davantage à la manière dont leurs protecteurs ont vécu leur ascension, aux problèmes pratiques, sociaux

---

11. Le terme de 'français' ne fait qu'accentuer la nuance péjorative du mot 'civilités' que Beauzée (Girard, *Synonymes français*, ii.162) oppose à la politesse: 'la civilité trop cérémonieuse est également fatigante et inutile; l'affectation la rend suspecte de fausseté, et les gens éclairés l'ont entièrement bannie'.

12. Contrairement au discours éloquent qui 'émeut [...] élève l'âme [...] la maîtrise', le discours disert est 'faible et sans feu' (ii.259). Pour Rollin, c'est un discours qui ne s'adresse qu'à la raison (ii.113).

13. Ces deux exemples sont empruntés à J. Monty, 'Narrative ambiguity in *Manon Lescaut*', in *Enlightenment studies in honour of Lester G. Crocker* (Oxford 1979), pp.151-61.

ou familiaux qu'elle a pu entraîner, et encore moins aux questions de conscience qu'a pu poser leur (relative) remise en cause des valeurs. La famille de Mme de Miran n'est-elle pas désunie, tout comme est brisé le foyer Habert, la réputation de Valville menacée, sa situation sociale ébranlée? Marianne se déclare certes, à plusieurs reprises, prête à renoncer à lui. Selon H. Coulet,[14] elle aurait 'horreur de devenir un objet de contestation et de scandale'. En tout état de cause, il lui est impossible de ne pas en être un, comme le montrent l'histoire du père de Tervire, celle de son demi-frère, et celle du fils de Mme Dursan. Le passage analysé par H. Coulet pour étayer sa démonstration n'est d'ailleurs pas dépourvu d'ambiguïté. Selon lui, Marianne 'n'allègue tous les obstacles sociaux à un mariage dont Valville ne veut plus que pour ne pas mettre le fils en conflit avec la mère'. Mais si Valville ne l'aime plus, Marianne, en renonçant au mariage, ne fait preuve d'aucune générosité particulière. Elle ne peut qu'augmenter l'affection de sa seule protectrice, Mme de Miran.

Le romancier a placé son héroïne dans des conditions telles que sa conduite est condamnée à l'équivoque. C'est son dénuement économique et social qui rend scandaleux son adoption par Mme de Miran et son mariage avec Valville. Mais Marianne, qui dit ne pas vouloir retourner à son *néant*, c'est-à-dire à la rue et à la mendicité, ne peut pourtant pas dissimuler qu'elle en vient, sans encourir à juste titre des reproches d'arrivisme, d'hypocrisie ou d'ingratitude. Si elle veut préserver son honneur, elle doit montrer qu'elle s'intéresse aux problèmes de ses protecteurs, mais elle ne renonce jamais effectivement à leurs bienfaits. Au risque de passer pour une aventurière, elle doit sans cesse rappeler les faits qui rendent si choquantes ses relations avec Valville et Mme de Miran: elle ne peut échapper au scandale.

Faut-il donc interpréter les plaidoyers des narrateurs de Marivaux et de Prévost comme de pures et simples impostures? Contrairement à ce qu'ils prétendent, ils ne procéderaient pas différemment de leurs ennemis, et se serviraient de leur éloquence uniquement pour arriver à des fins inavouables, pour satisfaire de coupables désirs. Cette interprétation assez malveillante peut s'autoriser des contraintes de la persuasion qui oblige le mémorialiste à donner de lui une image trop flatteuse pour être vraie, à cacher son jeu, à masquer ses intérêts. En outre, on pourrait d'autant moins lui faire confiance que, d'une part, il présente la motivation individuelle comme le critère le plus sûr pour interpréter tous les discours, et que, d'autre part, il se garde l'exclusive de la sincérité et de l'innocence face aux intentions diaboliques de ceux qui ne cherchent à le persuader que pour mieux l'égarer. Ce terrorisme du tout ou rien enferme le lecteur dans un dilemme: si les avantages matériels que les héros tirent de la persuasion – la fortune de Jacob, l'ascension de Marianne, la respectabilité du doyen, la liberté érotique du chevalier – sont entrés dans leur motivation, il faut les accuser de mensonge et d'imposture, et à l'image de parfaite innocence qu'ils se créent, substituer celle de perversion hypocrite dont ils affublent leurs adversaires. Voilà Jacob et Marianne transformés en aventuriers, le doyen en arriviste, Des Grieux en libertin.

La situation de dépendance où se trouve le héros, les avantages matériels

14. *Marivaux romancier*, p.222.

qu'il tire de son éloquence, rendent ses discours constamment ambigus: leur vérité réside-t-elle dans ce qu'il dit ou dans ce qu'il fait? En s'interdisant de conclure, Marivaux et Prévost ont su préserver cette double dimension qui, selon les théories rhétoriques, caractérise la persuasion: ce n'est pas le critère de vérité qui est pertinent pour définir l'éloquence, mais le fait qu'elle emporte ou non la conviction. C'est affaire de croyance, non de savoir.

c. La parodie

L'une des formes privilégiées dont use le héros pour ridiculiser et mettre en échec la rhétorique de ses adversaires, c'est la parodie. Le destinataire s'amuse de voir dans les *armes* de la persuasion des accessoires de théâtre, dans les *mouvements* de la passion des figures de ballet. Selon B. Lamy, c'est ce qui attend les mauvais orateurs: 'Ils figurent leurs discours, mais de ces figures qui sont au regard des figures fortes et persuasives, ce que sont les postures que l'on fait dans un ballet au regard de celles qui se font dans un combat [...] Ce sont des armes pour la montre, qui ne sont pas d'assez bonne trempe pour le combat.'[15]

Ce détournement par la parodie peut se faire de deux manières différentes. Dans le premier cas, la réponse du héros, ou plus souvent les commentaires du narrateur, dévoilent ce que le locuteur voulait tenir caché, ses calculs, ses désirs coupables. Par exemple, Tervire donne rétrospectivement la clef qui permet d'interpréter correctement les tentatives de persuasion de la veuve, tout comme Cleveland quand il rapporte les exhortations de son grand-père, ou Bridge la *harangue* du ministre de Sainte-Hélène.

Dans le deuxième cas, un discours second reprend le discours initialement prononcé en y mêlant des éléments nouveaux qui dévoilent sans ambiguïté sa signification, ses intentions secrètes, ses artifices.[16] Le discours parodique est donc un discours hétérogène qui déchire partiellement l'hypocrisie du discours initial, laisse apparaître ce qu'il dissimulait; il dénonce par son excès et sa violence un déguisement qui ne s'avouait pas comme tel. Ce qui, dans le premier cas, reste à l'extérieur du discours et prend la forme de remarques ironiques, vient, dans le second cas, le miner de l'intérieur. Marivaux recourt volontiers à cette espèce de contamination. On trouve chez Prévost une forme mixte: on l'a vu, il procède par juxtaposition, non du discours et de sa clef, mais de deux discours qui proposent deux versions d'un même fait. Le second se démarque du premier en dénonçant sa partialité, ses artifices, sa mauvaise foi. Mais comme le narrateur ne parvient pas toujours à dégager la vérité, les différents points de vue qui se font concurrence offrent le même degré de vraisemblance: également im/probables, ils suscitent un égal soupçon. Cette incertitude explique l'allure

15. B. Lamy, *La Rhétorique*, pp.148-49. Le mauvais usage des figures pose un problème moral et pratique. Un orateur qui ment ne peut tromper son auditoire à plusieurs reprises. Un orateur sans talent, que Lamy compare aussi à un 'enfant qui se fâche sans sujet' (p.148), emploie des figures qui ne sont pas proportionnées à l'émotion que son discours peut, en toute vraisemblance, susciter: c'est pourquoi il fait rire.

16. 'Parodie signifie à la lettre un chant composé à l'imitation d'un autre, et par extension on donne le nom de parodie à un ouvrage en vers, dans lequel on détourne, dans un sens railleur, des vers qu'un autre a faits dans une vue différente [...] On doit conserver autant de mots qu'il est nécessaire pour rappeler le souvenir de l'original dont on emprunte les paroles' (Dumarsais, *Des tropes*, p.233).

un peu trouble, parfois à la limite du grotesque, de l'univers romanesque de Prévost: on a l'impression d'une parodie généralisée.

Le héros peut aussi être averti des intentions réelles de son interlocuteur par l'intermédiaire d'un récit intercalé qui, en confrontant un autre personnage à une tentative de persuasion exactement similaire, montre à quelles conséquences fâcheuses s'expose celui qui se laisse convaincre. Ce redoublement de l'histoire principale en dit parodiquement la vérité et permet au héros d'échapper au sort qui l'attendait. Ainsi, Cleveland et sa mère ont à peine quitté Cromwell qu'ils sont informés d'une aventure qui ressemble furieusement à la leur. Deux doubles de nos héros, une autre maîtresse de Cromwell et un autre de ses bâtards, Bridge, sont tombés dans le piège que leur tendait l'éloquence du protecteur: leurs malheurs jettent une lumière brutale sur les véritables intentions du tyran.

Eux aussi sont venus à lui avec le désir de le persuader, de 'réveiller' les sentiments paternels par 'la grâce' d'une 'innocente parure'. Ce père ne peut 'sans être le plus barbare de tous les hommes, refuser son affection à un fils si aimable' (p.24). Mais Cromwell, qui contrefait la tendresse, est assez 'dénaturé' pour faire enlever Bridge et persécuter sa mère qui se suicide (p.28). Adolescent, Bridge va faire preuve une seconde fois du même aveuglement: 'persuadé' que son père va 'se rendre aux mouvements de la nature' (p.31), il croit pouvoir obtenir de lui un 'emploi' intéressant. Cette illusion tragique le conduit en prison, et peut-être au tombeau.

En écoutant ce récit, Cleveland et sa mère apprennent à se méfier à la fois des artifices de Cromwell et de leurs propres faiblesses: le tyran a su tirer parti de la malheureuse 'ambition' de son fils (p.31). Comme nous le verrons, on ne peut se protéger de la rhétorique des autres qu'en prenant conscience des passions qu'elle tente d'éveiller.[17]

Ce sont les romans de Marivaux qui fournissent le plus large éventail de reprises parodiques de la tentative de persuasion. Elles sont confiées tantôt à l'interlocuteur lui-même, tantôt à un troisième personnage qui sert de relais à celui qui veut persuader, soit qu'il reprenne son discours d'une façon si maladroite qu'il en laisse voir toutes les ficelles, soit qu'il s'affirme convaincu et montre les conséquences pratiques des arguments présentés. Dans les trois cas, le travestissement est fondé sur la modification d'un ou de plusieurs éléments de la communication: le discours initial est repris par un autre locuteur, ce qui en déforme la perspective et entraîne souvent une transformation du registre stylistique.

Premier type: Dans sa réponse, l'interlocuteur donne du discours qu'on lui a adressé une image volontairement caricaturale qui en fait ressortir l'artifice ou l'intention.[18] Climal joue du mot *honnêteté*, on l'a vu, pour passer du registre

---

17. Nous ne revenons pas sur les exemples de *Manon Lescaut*. Par la parodie, Des Grieux tente d'échapper aux conséquences sociales de ses actes, sans pour autant se révolter contre la société, ce qui l'obligerait à renoncer aux privilèges que sa naissance lui procure: la parodie est une forme d'expression qui lui permet de concilier les contraires.

18. Ce type de parodie s'apparente à la raillerie. Selon Le Gras (*La Rhétorique française*, pp.79-83), elle peut se faire 'par les mots équivoques et à double sens' (p.82), par simulation, 'lorsque nous feignons croire une chose, ou avoir une pensée que nous n'avons pas', ou par dissimulation, 'lorsque nous feignons entendre ce qu'on nous dit autrement qu'on ne le dit' (p.83). Il s'agit alors d'une réponse figurée, 'qui semble se rapporter au dessein de celui qui interroge, [et qui] se rapporte

moral au registre pratique. Marianne fait apparaître l'artifice du procédé en lui faisant jouer un rôle exactement inverse: elle opère le mouvement contraire du moral au religieux, feignant de croire que Climal veut l'inciter à la piété, conformément à son rôle de dévot, et non au libertinage, conformément à ses désirs: 'Oui, parlez, je me fais un devoir de suivre en tout les conseils d'un homme aussi pieux que vous' (p.113).

Jacob, qui a laissé parler Mlle Habert l'aînée devant le président, résume ainsi ses arguments: 'Bref, à son compte, je suis un misérable, un gredin; sa sœur une folle, une pauvre vieille égarée [...]' (p.130). En donnant aux critiques dont il est l'objet une forme trop violente pour ne pas paraître calomnieuse, Jacob détourne habilement sur son accusatrice les soupçons que pourrait éveiller la grande différence d'âge et de fortune entre les deux conjoints. La manœuvre est couronnée de succès, puisque le président libère Jacob et reproche à la vieille fille la bassesse de ses motifs: 'De quelque façon qu'elle s'y prenne, ses mauvaises intentions n'aboutiraient à rien [...]' (p.134).

Jacob fait subir aux arguments de Doucin des transformations du même ordre. Le directeur de conscience, après avoir sermonné les deux sœurs, avait fait comprendre au héros qu'il n'amenait que la discorde, et, comptant sur sa sagesse et ses bonnes mœurs, lui avait demandé de partir. 'Peu touché de son exhortation' (p.69), Jacob répond à Doucin en reprenant les termes que ce dernier avait utilisés peu de temps auparavant pour mettre en garde les deux sœurs contre un fripon prêt à voler et à séduire les innocentes. En substituant aux 'conseils bien intentionnés' de Doucin les propos qui visaient ouvertement à son élimination, la réplique de Jacob en dévoile l'imposture. C'est son accusateur qui parle un double langage et vient semer la zizanie chez ses pénitentes. Jacob fait subir au discours du directeur deux autres modifications: en lui imprimant son propre style narquois, il en ridiculise l'onction ecclésiastique; et il révèle les motivations secrètes du prêtre qui n'agirait que par goût du pouvoir: 'Il faut qu'elle n'ait de l'amitié qu'envers son directeur, pour le salut de sa conscience, et pour le contentement de la vôtre' (p.70).

La parodie raffinée de Jacob est donc fondée sur trois déplacements: ils concernent la situation de communication, le style, et l'argumentation (Jacob formule explicitement l'intention implicite de Doucin).

Deuxième type: Les caractéristiques de la tentative de persuasion peuvent être accusées, souvent jusqu'à la caricature, par un personnage qui la reprend, sous une forme dégradée et sur un registre différent.

Climal tente de convertir Marianne à une morale de compromis. La narratrice reconnaît qu'elle avait décidé de tirer parti de la conduite équivoque de son protecteur. Mme Dutour vient apporter son appui à Climal, et suggère à sa pensionnaire de garder les cadeaux du faux dévot sans céder à ses désirs, d''accommoder' ainsi ses intérêts avec son honneur. Plaidant en faveur de l'*accommodement*, les propos de la Dutour en révèlent involontairement les dangers à la jeune orpheline. Elle devra en effet payer Climal de promesses, d'apparences, et donc compromettra sa réputation, et finalement son honneur, puisqu'il dépend essentiellement de l'opinion publique. On ne saurait agir bien en paraissant agir

ailleurs, et quelquefois lui est contraire' (p.201).

mal, comme le conclut la narratrice: 'Dans le fond, ce n'est plus avoir de l'honneur que de laisser espérer aux gens qu'on en manquera' (p.48).

Marianne s'était laissée prendre aux discours insinuants de Climal, croyait pouvoir profiter de son double langage, et reprendre sa mise au dernier moment, mais Mme Dutour, pour en avoir démonté presque arithmétiquement le mécanisme, a laissé apparaître la vérité du compromis, et en a détourné la jeune fille qui ne supporte pas de voir les sophismes dont elle s'était bercée involontairement parodiés par une lingère.

Troisième type: La reprise du discours par celui qu'il a persuadé met à jour l'écart entre le propos explicite du locuteur et l'effet qu'il cherche implicitement à obtenir. Le père Saint-Vincent, à qui Marianne vient dénoncer les entreprises de séduction du faux dévot, refuse de la croire. Il justifie tout ce que Climal a fait et lui prête les intentions les plus pures: il s'est laissé prendre à l'éloquence de son paroissien, qui s'était vanté de savoir donner aux événements une 'tournure' favorable (pp.136ss.). Climal voulait convaincre Marianne que l'*honnêteté* autorise l'amour, que les deux rôles de l'homme de bien et du libertin sont compatibles. L'interprétation que le père fait de ce discours volontairement ambigu, dans la mesure où elle en développe jusqu'à la caricature les implications dévotes, les rend totalement incompatibles avec ses sous-entendus érotiques. Exacerbant des contradictions que la rhétorique de Climal cherchait à résoudre, le père joue sur un mode involontairement burlesque le rôle tenu par Marianne face au séducteur.

La jeune fille a soigneusement réuni les indices du désir de Climal. Les éloges qu'il fait du corps de Marianne, les cadeaux galants, les attouchements, à tout cela le père donne un sens conforme à l'image de dévot que Climal s'est créée. Le baiser n'est qu''effleurement' dû au chaos de la voiture, les 'façons' de Climal, des distractions, ses gestes, des 'habitudes'. Le père formule de façon explicite les raisonnements intérieurs par lesquels la jeune fille avait endormi sa conscience.

Excédée, Marianne montre que les deux interprétations qu'ils font des événements s'excluent, et oblige le père à choisir. Si Climal est vertueux, Marianne est perverse, ou bien c'est l'inverse. Le père se range finalement à l'avis de la jeune fille, mais va ensuite la prendre à son propre piège. Puisque l'orpheline refuse que les problèmes d'argent et de subsistance interfèrent dans les questions de morale, il la prend au mot, et l'abandonne à l'univers où son discours se situe, celui des grands sentiments et des belles âmes, reconnaissant par là qu'il n'en fait pas partie: il lui demande de se taire et la renvoie en la recommandant à Dieu. Cette dernière réplique peut donc être interprétée comme une parodie de la rhétorique de Marianne, qui fait comme si la réalité économique n'avait pas de prise sur elle.

Formes complexes: Le plus souvent, ces trois types de parodie se mêlent. Le personnage-relais, persuadé par le discours initial, tente de transmettre ses nouvelles convictions au héros, qui accuse souvent, par sa réponse ironique, la valeur involontairement parodique de ces déplacements.

Le premier exemple est tiré du *Paysan parvenu* (pp.19-20). Entre Jacob et son maître s'interpose la servante, Geneviève, qui reprend l'argumentation grâce à laquelle le maître l'a persuadée. Elle cherche à justifier sa politique: elle prend des cadeaux sans rien donner en échange. La 'manière honnête' du maître l'en dispense. Pour preuve, elle cite certains de ses propos: 'Prends ce que je te donne, cela ne t'engagera à rien.' Geneviève enchaîne avec un raisonnement qui s'inscrit dans la logique de la citation qui précède: 'Amitié ou amour, c'est la même chose', rien ne permet de distinguer un cadeau qui vient du maître de celui que pourrait faire la maîtresse. L'énorme disproportion des rangs et la différence des sexes n'ont donc aucun effet sur les relations entre le maître et Geneviève: voilà ce qu'a insinué l'éloquence de l'un, voilà ce dont l'autre essaye de persuader Jacob. Mais Geneviève s'adresse à la fois au valet et à l'éventuel mari. Jacob représente concrètement ce qu'elle tente éloquemment d'effacer, les enjeux économiques et sexuels des propositions du maître et des siennes. Ce refoulement de la réalité devant la réalité même prend une dimension bouffonne, que l'ironie de Jacob vient encore accuser: 'Dès que monsieur ressemble à une maîtresse, que son amour n'est que de l'amitié [...]'. Mais Geneviève prend au sérieux ce que Jacob lui a répondu, et se félicite de l'avoir convaincu: 'Je suis charmée, me dit-elle en me quittant, que tu sois de mon sentiment.' Cultivant l'ambiguïté, le jeune paysan sait en effet exploiter l'aveuglement de la servante, comme il le reconnaît: 'Car enfin, j'entretenais cette fille dans l'idée que je l'aimais et je la trompais' (p.22). Le maître, quand Jacob allègue son honneur pour refuser le marché proposé, peut donc lui reprocher sa duplicité: il a accepté les cadeaux de Geneviève tout en connaissant leurs implications: 'Vous avez déjà pris de son argent sur le pied d'un homme qui devait l'épouser' (p.30). L'attitude parodique de Jacob à l'égard de Geneviève se trouve ainsi à son tour soumise à une interprétation ironique, le romancier ménageant des aperçus sur la relative indignité de son narrateur.

L'enchaînement des déplacements successifs est encore plus complexe dans le passage de la *Vie de Marianne* qui met aux prises Varthon et Marianne, deux amies devenues rivales (pp.391-93). Varthon essaye d'expliquer l'infidélité de Valville par tous les propos qu'on a tenus dans le monde au sujet de Marianne, qu'il devait épouser. Par un procédé similaire à la prétérition, elle peut ainsi formuler, à l'égard de l'orpheline, de graves accusations d'arrivisme et d'hypocrisie, et les attribuer à la malveillance des autres: elle ne répète ces racontars que pour consoler son amie: 'Ce sont des avanies sans fin [...] Quoi! une fille qui n'a rien! dit-on; quoi! une fille qui ne sait qui elle est! [...] Elle a de la vertu? Eh! n'y a-t-il que les filles de ce genre-là qui en ont? [...] Elle vous aime? [...] que savez-vous si la nécessité où elle était ne lui a pas tenu lieu de penchant pour vous [...]?' (pp.391-92)

Ces reproches de duplicité ouvrent sur la vie de Marianne une perspective inédite. La jeune fille va se défendre en dénonçant, dans l'intervention de Varthon, l'influence de Valville: c'est lui qui aurait rapporté à sa nouvelle amie toutes les médisances dont on accable Marianne, qui aurait tenté de se 'disculper' de son inconstance en en rejetant la responsabilité sur celle qu'il a abandonnée. Dans sa réponse, Marianne reprend le discours de Varthon, mais en accentue à plaisir la malveillance, de façon à faire apparaître l'intention secrète de Valville: 'Oui, je ne suis plus rien; la moindre des créatures est plus que moi [...] Je suis assez avilie, assez convaincue que Valville a dû m'abandonner, et qu'il a pu le faire sans en être moins honnête homme; mais vous me menacez de sa haine [...] Ah! c'en est trop, vous dis-je, et Dieu me vengera [...]' (p.393).

Varthon évoquait le problème que pose la situation sociale de Marianne; celle-ci envisage la conduite de Valville dans une perspective morale et même religieuse. Elle se refuse à examiner les commentaires de la société sur son ascension, et y voit le prétexte dont Valville s'est servi pour cacher sa malhonnêteté, et dont Varthon s'est alors emparée. Elle en donne pour preuve le trouble de sa rivale à se voir 'devinée'. Mais Varthon dénonce à son tour cette réduction en recourant elle aussi à la parodie. Elle reprend la réponse de Marianne pour en dégager l'intention injurieuse, et donc pour en contester la légitimité: 'Je vous écrase, je vous déchire, et Dieu me punira [...]'. Chacune des deux rivales maintenant son *sentiment*, il ne leur reste plus qu'à se séparer.

La fonction polémique de la parodie apparaît peu après dans la prière que Marianne adresse à sa protectrice. La jeune fille fait sien le discours que Varthon lui a tenu pour excuser l'infidélité de son amant;[19] mais en le rapportant à Mme de Miran, elle se pose en victime généreuse, prête à s'effacer et, en revanche, fait sentir la médiocrité d'un Valville incapable de résister aux préjugés et aux médisances. Retrouvant 'une supériorité plus attendrissante que fâcheuse, plus aimable que superbe', elle parvient, une nouvelle fois, à retourner la situation en sa faveur.

Un passage dont le sens et la construction sont parfaitement similaires figure dans le *Paysan parvenu*. Mlle Habert et Jacob, métamorphosé en M. de la Vallée, ont confié à leur logeuse, Mme d'Alain, le soin de trouver un prêtre pour les marier. Pour leur plus grand malheur, elle leur amène le directeur de conscience des deux sœurs, M. Doucin. Il demande aussitôt un entretien particulier à Mme d'Alain. Quand celle-ci revient, elle rapporte, dans le style décousu et pittoresque qui est le sien, ce que le prêtre lui a confié sous le sceau du secret. Elle reproduit tous les détails qui donnent à l'union de la vieille fille et du jeune paysan rencontré par hasard sa coloration scandaleuse: 'Un mari sur le Pont-Neuf! Vous qui êtes si pieuse, si raisonnable, qui êtes de famille, qui êtes riche [...] M. de la Vallée [...] aujourd'hui serviteur, demain maître; il y en a bien d'autres que lui qui ont été aux gages des gens, et puis qui ont eu des gens à leurs gages' (p.108).

Mlle Habert se charge de répondre. Elle transforme les arguments de Doucin en injures personnelles: 'Me faire passer pour une folle, pour une fille sans cœur, sans conduite [...]'; et surtout elle met en cause les motivations du directeur: ses préoccupations ne sont pas d'un chrétien, mais d'un homme qui aime à persécuter. Mme d'Alain se laisse si bien convaincre qu'elle surenchérit sur Mlle Habert, et attribue le zèle de Doucin à la plus vile des cupidités: 'On ne va pas s'imaginer qu'il a ses petites raisons pour être si scandalisé' (p.116). Le scandale provoqué par le mariage est totalement oublié: il sert désormais à prouver la mauvaise foi du prêtre.

---

19. VM, pp.410-11: Marianne dit qu'elle ne veut pas que Valville soit malheureux 'pour avoir épousé une fille que personne ne connaît, une fille que vous avez tirée du néant, et qui n'a pour tout bien que vos charités! [...] Et je vous parle d'après tous les discours qu'on tient à M. de Valville, d'après les persécutions et les railleries qu'il essuie [...] partout [...] Comment serais-je heureuse, s'il ne l'était pas lui-même, si je m'en voyais méprisée, si je m'en voyais haïe, comme on le menace que cela arriverait?'

Comme à Des Grieux, la parodie permet à Jacob et à Marianne de concilier la contestation et le conformisme. Les trois héros remettent en cause la légitimité des accusations que la société porte contre eux et prétendent répondre d'une manière idéale aux exigences de cette même société. La principale différence vient de ce que Des Grieux peut, pour ainsi dire, s'arrêter à la parodie, puisque la dignité sociale lui est donnée de naissance, alors que Jacob et Marianne doivent en outre faire la démonstration de cette dignité qui leur fait défaut. Les valeurs qu'ils critiquent leur servent aussi de référence, ce qui explique leur pratique du *distinguo*: il y a noblesse et *noblesse*, ascension et *ascension*, naissance et *naissance*.

ii. La persuasion intérieure

a. Le théâtre des passions

Cromwell parvient à abuser son fils en flattant son ambition; Marianne a suffisamment envie des cadeaux de Climal pour faire semblant de croire à ses promesses; Valville écoute les discours malveillants de la société à l'égard de Marianne parce qu'il est inconstant. Pour rendre compte du caractère rhétorique d'un discours, du succès de son éloquence, il faut mesurer ses effets psychologiques, repérer les voies intérieures qu'il a empruntées pour changer le point de vue du récepteur. Le discours persuade parce qu'il éveille dans le cœur de son auditeur des *voix*, des *passions*: il tire profit des penchants qui habitent l'individu.

Conformément à une tradition à la fois antique et chrétienne, les deux romanciers s'accordent pour décrire le *cœur*, c'est-à-dire le sujet psychologique, comme un champ de forces conflictuelles, 'une espèce de théâtre, où toutes les passions représentent tour à tour' (MHQ, p.130).[20] Il n'est pas d'homme 'qui, en vertu de ces principaux penchants [...] ne soit plus ou moins susceptible d'une infinité de sensibilités qui en dérivent' (JOD, p.484).[21] Si tous les hommes ont une même 'possibilité, une disposition universelle d'être remués par tous les penchants qu'on voit dans les autres hommes', ces penchants prennent des directions différentes selon le 'tourbillon de dépendances et de circonstances où notre condition d'homme nous jette ici-bas, et [...] tantôt ils sont nos moyens légitimes de conservation personnelle, et tantôt les liens de commerce inévitables que nous contractons les uns avec les autres'.

Ces mouvements intérieurs dont l'origine est naturelle, instinctive, sont toujours tournés vers le monde extérieur, soit vers un 'objet' désirable, soit vers un modèle de conduite, donc une règle morale à laquelle le sujet tente de se conformer. Tout penchant affectif prend une direction qui appelle un jugement de valeur: '[Notre cœur] ne demeure jamais indifférent entre le bien et le mal, parce qu'il est de sa nature de former toujours des désirs; il est sollicité

---

20. Ces réflexions suivent le récit d'une étrange conversion qu'on vient de faire à Renoncour et Rosemont. Le héros de cette aventure, interprétant les coups mortels dont il vient d'être frappé comme un avertissement du Ciel, pardonne brusquement à celui qu'il poursuivait de sa haine.

21. Dans ces *Réflexions sur l'esprit humain*, Marivaux formule tardivement des conceptions psychologiques qu'il avait d'abord illustrées dans ses romans.

différemment selon la différence des objets, et il aime à se laisser entraîner par ce qui le flatte plus' (MHQ, p.130).

Les termes traditionnels de gloire, amour-propre, honneur, ambition, concupiscence, etc. recouvrent une réalité à la fois morale et psychologique:[22] en fonction des *objets* vers lesquels ils tendent, les divers *penchants* prennent une valeur spécifique. Chacun peut en effet désigner, d'une part, ce qui est inscrit au cœur du sujet, sa motivation affective, et d'autre part, ce qui le sollicite à l'extérieur de lui, soit le bien qu'il veut obtenir, soit le modèle qui lui sert de norme.

Le romancier trouve dans la situation rhétorique un moyen privilégié pour faire apparaître cette interaction entre le cœur et le monde, les mouvements intérieurs et les objets extérieurs. Dans la mesure où chaque discours est l'expression directe du *principe* auquel il fait appel chez son récepteur, le conflit interne au moi, le 'théâtre des passions',[23] trouve un équivalent dans l'opposition des différents discours qui sollicitent successivement le sujet. Le discours de persuasion, qui met le héros à l'épreuve et l'oblige à se choisir, à se déterminer, permet de substituer à une analyse statique des caractères la représentation dynamique d'un personnage en devenir.

Les deux romanciers utilisent deux méthodes différentes pour montrer comment le héros intériorise ce que le discours prononcé lui propose, comment le modèle de conduite ou d'évaluation agit comme une motivation psychologique. Par l'introspection, le héros marivaudien peut analyser ses réactions, prendre conscience de ses motivations, opposer aux discours qui lui sont adressés les normes intérieures auxquelles il se réfère. L'introspection joue en ce domaine un rôle mineur chez Prévost. C'est le pédagogue qui essaye par son éloquence de mettre en ordre le *théâtre des passions* de son élève. Si le héros de Marivaux parvient à maîtriser son propre développement, le personnage de Prévost, déchiré entre plusieurs principes contradictoires, le subit de l'extérieur comme une fatalité.

b. L'introspection

L'introspection, souvent engagée par le héros et achevée par la narration, découvre les réactions du moi au discours qu'on lui adresse, les mouvements et les principes sur lesquels la rhétorique de l'autre fait fond, et ceux qui s'y opposent. De manière presque mécaniste, le narrateur attribue le succès de la persuasion aux passions qu'elle a su éveiller. Mme de Ferval révèle à Jacob 'l'amour-propre' (p.140); la 'vanité de plaire' dicte au paysan toutes ses complaisances (p.136). De même, Tervire explique l'efficacité des propos qui l'incitent à se faire religieuse par cette sensibilité 'au plaisir d'être honoré' qui caractérise de 'si bonne heure' le *moi* (p.454): 'Aussi la veuve espérait-elle bien par là me mener tout doucement à ses fins.'

22. A son origine la passion est neutre: c'est 'un mouvement intérieur qui nous porte à quelque chose. Les passions ne sont pas des vices en elles-mêmes. C'est leur objet qui leur fait prendre la qualité de vices ou de vertus' (*Manuel lexique*, ii.207).

23. Marivaux parle de son côté de la 'police intérieure qui doit se trouver entre les penchants de notre âme' (JOD, p.485).

Ce qui motive le recours à l'introspection, c'est souvent un objet symbolique qui est présenté au terme du discours et en résume le propos général d'une manière concrète et frappante. Le monologue intérieur permet au héros d'en traduire verbalement l'obscure et muette éloquence, de prendre conscience de ce qui, n'étant pas de l'ordre du langage, joue un rôle d'autant plus déterminant dans la persuasion. Ainsi, Tervire analyse les effets que pouvaient produire sur 'une âme neuve et un peu vive' (p.455) ses visites fréquentes au couvent voisin. Là, une relation privilégiée avec une sœur qui met son 'adresse monacale' au service d'un 'zèle mal entendu', l'habit et la physionomie des religieuses, l'air de paix et le silence répandus dans les bâtiments lui font entrevoir 'un asile doux et tranquille'. Tervire explique rétrospectivement comment sa tendre imagination s'est laissée prendre au séduisant spectacle arrangé par le cercle dévot, dont elle a intériorisé le point de vue: elle était prête à se jeter dans ce couvent dont tout paraissait faire un lieu de délices.

Lors de la première entrevue de Climal et de sa protégée, le passage entre le discours tenu et la réflexion qui le prolonge se fait par l'intermédiaire du miroir où le faux dévot invite Marianne à se contempler. Climal tente de profiter de l'aspiration de Marianne à la noblesse en la transposant sur un registre matériel: s'il faut à une âme si raffinée tous les raffinements du luxe, un si beau visage ne saurait se passer de dentelles. Climal persuade Marianne d'accepter ses présents, l'engage dans une dangereuse liaison, en éveillant ce principe à la fois inné et acquis, la coquetterie. Par le miroir, Marianne fait sienne l'image que les autres ont d'elle, découvre la considération sociale dont on va l'entourer et l'attrait érotique qu'elle va exercer. Cette double séduction sur laquelle joue Climal va être amplifiée dans un monologue attribué au moi, ou du moins à l'une de ses composantes. La narratrice dénonce rétrospectivement ce mécanisme d'autopersuasion, la 'souplesse admirable' dont on fait preuve pour 'être innocent d'une sottise qu'on a envie de faire' (p.40), présente les arguments qui l'ont conduite à accepter le linge: elle s'est à dessein embarrassé l'esprit pour rendre son 'indétermination [...] plus excusable' (p.39), elle se cache les plaisirs qu'elle prend à de si belles *hardes*, et décide de profiter des termes 'équivoques' (p.40) de Climal, qui lui permettent de sauver les apparences. Quand il s'agit, après la rupture, de rendre la robe, 'l'art imperceptible [des] petits raisonnements' (p.133) de Marianne prend le relais, non plus des insinuations de Climal, mais des conseils de sa logeuse, la Dutour: 'N'est-ce pas une aumône qu'il vous a faite? Et ce qu'on a remis, savez-vous bien qu'on ne l'a plus, ma fille?' (p.128). Prenant prétexte de ce qu'elles servent à prouver les mauvaises intentions de Climal, Marianne se résout à garder ces 'vilaines hardes', non sans reconnaître en même temps qu'elle ne les appelle 'vilaines' que pour se faire accroire qu'elle ne les aime pas (p.133).

Le petit rouleau d'argent, qui symbolise toutes les promesses dont le maître flatte Jacob, donne lieu à un monologue intérieur présenté parodiquement sous la forme d'un véritable duel oratoire: 'Cet honneur plaidait sa cause dans mon âme embarrassée, pendant que ma cupidité y plaidait la sienne (pp.26-27). Et si l'honneur tient un discours plus long, c'est qu'il a 'plus de peine à persuader que les passions' (p.27). Ce dont se moque Marivaux, c'est moins du principe de la persuasion intérieure, dont son œuvre montre trop d'exemples, que d'une formulation allégorique pour le moins désuète.[24]

Traduisant l'impression produite en lui par ces objets symboliques, la réflexion du héros rend compte du succès (provisoire) de la persuasion. Mais le monologue intérieur peut aussi s'opposer au discours prononcé, et indiquer le *principe*, la norme, le modèle auquel le *moi* se réfère. Il résiste à ce qu'on lui propose en faisant siens les propos, les leçons, plus généralement le point de vue d'autres personnages. A une rhétorique extérieure, il oppose une *rhétorique intérieure*: le conflit psychologique s'exprime dans le choc de deux modes d'interprétation ou d'évaluation.

Ainsi, alors que Marianne est prête à accepter le beau linge offert par Climal, sa 'chère amie, la sœur du curé, [lui revient] dans l'esprit' (p.39). L'héroïne prend conscience de la tentation du libertinage à la lumière des *principes* que sa mère adoptive lui a inculqués dans son enfance et solennellement répétés sur son lit de mort: 'Il me semblait que mon aventure violait d'une manière cruelle le respect que je devais à sa tendre amitié; il me semblait que son cœur en soupirait dans le mien' (p.40). Le principe intérieur auquel se heurte le projet du faux dévot se présente d'abord sous la forme d'une réminiscence obscure. Le sentiment se définit, encore une fois, par la capacité de repérer des signes, ici un trouble provoqué par une lutte entre plusieurs *mouvements*, mais il appartient à la finesse de la réflexion d'en donner le sens. Lors de la seconde entrevue, Marianne, qui a compris l'enjeu du conflit, fait son choix, et peut opposer à Climal son éducation: 'Vous savez que je sors d'entre les mains d'une fille vertueuse qui ne m'a pas élevée pour entendre de pareils discours' (p.116). L'exhortation prononcée par la sœur du curé sur son lit de mort, devenue motivation intérieure, est finalement utilisée comme argument rhétorique: l'assimilation de la persuasion initiale est achevée.

Ce qui décide de la rupture entre Marianne et Climal, c'est le regard de Valville qui les surprend dans une position équivoque. L'héroïne n'oppose plus au séducteur le tendre souvenir d'une leçon bien apprise, mais le jugement porté sur la scène par le jeune homme, c'est-à-dire un autre point de vue. Elle se voit telle que les autres vont la voir: coupable. Encore une fois, un élément concret, ici un regard entrevu, provoque la prise de conscience de l'héroïne. Elle refuse l'un par amour pour l'autre, certes, mais aussi parce qu'elle préfère adopter la conduite que Valville attend d'elle plutôt que celle que Climal lui propose. L'un essaye de la séduire en faisant appel à sa vanité, en flattant son corps, auquel il la réduit, et qu'il menace d'une dévaluation rapide; l'autre exalte sa noblesse. En laissant parler en elle l'amour de la vertu et de l'honneur, Marianne acquiert, à ses propres yeux et aux yeux du monde, une valeur que lui dénie Climal.

c. Le conflit pédagogique

Ces épisodes constituent des épreuves qui contraignent le héros marivaudien à

24. Des œuvres aussi variées que le *Bilboquet* (OJ, pp.685-711), que l'éditeur F. Deloffre définit 'une psychomachie sans doute assez proche des spectacles de collège' (p.1232), et le *Chemin de la Fortune* (JOD, pp.355-71), attestent du goût de Marivaux pour l'allégorie. Sorel (*La Bibliothèque française*, pp.168-70), Perrault (pp.138-39) et Dubos (i.182ss.), manifestent la même réticence à l'égard de l'allégorie.

prendre parti et à se mieux connaître; mais ils ne donnent lieu à aucun conflit véritable. C'est dans la préhistoire du roman, la vie de Jacob à la campagne, la jeunesse de Marianne auprès du curé et de sa sœur, que les deux héros acquièrent des principes d'honneur et de vertu dont ils ne s'éloignent jamais vraiment, et qui leur font rejeter facilement les tentations qui se présentent: les mauvais instituteurs n'ont jamais beaucoup de chance de l'emporter. L'éducation de Marianne et de Jacob est par avance terminée: ils apprennent seulement à en tirer le meilleur parti possible dans des situations inédites.

Les personnages de Prévost sont rarement conduits à l'introspection par la situation rhétorique, qui fait plutôt découvrir à la conscience sa propre obscurité. Cleveland constitue à cet égard une exception, mais il est davantage à la recherche de son identité métaphysique que de son être psychologique. Même si l'éloquence des autres suscite souvent sa méfiance, le héros analyse peu les mécanismes affectifs par lesquels il se laisse persuader. L'amant de Théophé ne parvient pas à une claire vision de lui-même parce qu'il ne sait pas mesurer l'effet que les discours des autres produisent en lui. Il ne peut, ni se mettre à la place des autres, sentir leurs intérêts, épouser leurs intentions, ni se faire une idée objective des *principes* intérieurs qui le déterminent.

Moralisateurs ou amoureux, les narrateurs se laissent rarement détourner de leurs projets: les discours des autres glissent sur eux sans les entamer. Prévost multiplie, autour d'une situation ou d'une conduite, les interprétations et les évaluations divergentes ou contradictoires, mais contrairement à Marivaux, laisse rarement ses personnages prendre conscience de cette complexité. Les références sociales, morales et culturelles font bien apparaître l'ambiguïté du comportement de Des Grieux, mais c'est à peine si le héros note à deux reprises les échos qu'ont éveillés en lui les principes défendus par Tiberge. Ramené de force dans sa famille, il se laisse séduire par le 'repos' que l'éloquence de son ami sait lui peindre: 'Il me flatta si adroitement, [...] qu'il me fit naître dès cette première visite, une forte envie de renoncer comme lui à tous les plaisirs du siècle [...]' (p.40). Les remontrances de Tiberge lui donnent une nouvelle fois la nostalgie de ce modèle de vie. Portant sur lui le regard des autres, Des Grieux prend conscience de 'la honte et [de] l'indignité de [ses] chaînes' (p.61). Ces timides amorces anticipent le retour du héros à la société et à la religion qui marque le succès définitif de la rhétorique de Tiberge.

C'est principalement par l'intermédiaire d'une relation pédagogique que Prévost fait apparaître les principes qui agissent et combattent à l'intérieur du moi. Le regard du pédagogue débusque les effets qu'ont sur ses élèves les différentes tentatives de persuasion qui les sollicitent, et il cherche à les contrecarrer par sa propre rhétorique, qui présente la situation dans une autre perspective et veut susciter d'autres sentiments. Le conflit pédagogique ne confronte pas seulement les leçons du maître au comportement de l'élève; il place l'élève au centre de plusieurs discours faisant chacun appel à des modèles d'interprétation ou de conduite déterminés: ces *principes* se disputent le cœur de Georges, Rose, Patrice, Théophé, Rosemont, Maria Rèzati, Cleveland. Cette *psychomachie* apparaît dans le heurt des différents points de vue exprimés, le *sentiment* finalement suivi indique le côté où le personnage se place, l'issue du conflit intérieur.

Lorsque l'élève justifie lui-même son *sentiment*, le conflit pédagogique se ramène à la forme simple du duel oratoire, où chacun se fait l'avocat d'un principe. Cette formule prédomine dans le premier grand roman de Prévost, les *Mémoires d'un homme de qualité*. Le vieux Renoncour parcourt l'Europe en champion du devoir; il ne rencontre, sous des noms variés, qu'un seul ennemi: l'amour.[25] Contrairement au doyen, il a éprouvé en son temps la force des passions, et peut se mettre à la place de son élève, comprendre ses motivations avant d'en triompher. Examinons par exemple[26] comment il conduit son oncle amoureux au sublime de l'abnégation. Ce qui est donné comme allant de soi dans ces romans héroïques dont Marivaux s'est d'abord inspiré, puis moqué, est présenté dramatiquement comme un succès du pédagogue qui parvient à étouffer la concupiscence, à exalter les plus nobles vertus.[27]

Renoncour apprend de son oncle que celui-ci est épris d'une femme mariée qui s'est réfugiée dans un couvent. Il tente en vain de raisonner l'amoureux, qui s'indigne de se voir traiter en *criminel*. Quelque temps après, Renoncour reçoit la visite du mari qui souhaite laisser le champ libre aux amants en se retirant dans une abbaye. Renoncour l'en dissuade, puisque rien ne peut rompre les liens sacrés du mariage, et lui conseille plutôt de se réconcilier avec son épouse. Lui-même promet au mari de 'mettre [le comte] dans une disposition qui ne [lui] laisse rien à craindre pour [son] repos' (p.222): 'Un cœur honnête est quelquefois faible [...] mais [...] il se réveille facilement à la voix de l'honneur et du devoir. Je vous réponds de mon oncle, lorsqu'il l'entendra par la mienne.' Le discours de Renoncour se présente comme la simple traduction de ce que l'honneur et le devoir dictent à la conscience: il offre l'image du *mouvement intérieur* qui doit transformer son oncle.

C'est celui-ci qui engage la conversation pour écarter les soupçons provoqués par une lettre qu'il avait envoyée à son amante. Elle laissait entendre qu'il avait 'violé la clôture du couvent' (p.222) et incité celle qu'il aime à trahir tous ses devoirs. Il affirme au contraire ne s'être rien proposé que d''innocent', et met toute la faute sur le compte du mari: 'J'ai vu ce que j'aime; j'en suis plus heureux, plus fort contre tous les tourments de l'absence. Vous m'allez parler de ceux d'un vieux mari. Ils ne me touchent guère. N'est-ce pas lui qui cause tous les miens?' (p.223).

A la logique du droit, l'oncle oppose celle du bonheur. Pour inciter Renoncour à se placer dans la même perspective, il fait ressurgir du passé les souvenirs de l'amour et de ses plaisirs: 'Votre piété ne vous laisse plus de goût pour les tendresses de l'amour: mais vous les avez ressenties. Souvenez-vous de cette chère Sélima [...]'. Le lecteur se trouve ramené, comme le narrateur, à la

25. J. Rousset, *Narcisse romancier* (Paris 1973), p.132, définit ainsi cette 'relation Mentor-Télémaque': 'Prévost travaille sur une distribution à l'origine assez simple: deux personnages principaux, [...] le premier c'est le "philosophe" qui se veut le maître de la vie affective, le second c'est le cœur sensible passivement en proie à l'émotion.'

26. Cet épisode a été ajouté dans l'édition de 1756 (MHQ, pp.218ss.). Selon R. A. Francis il permet d'établir, chez Renoncour, 'une transition entre le rôle de tuteur indulgent et celui de père répressif' (p.414).

27. Rendant compte du roman de Vignacourt, *Lidéric, premier comte de Flandres* (Paris 1737), Prévost donne justement un extrait où le précepteur incite son élève à renoncer à l'amour, et réussit à lui faire adopter des projets guerriers de vengeance conformes à sa haute naissance (PC, x.235-40, déc.1736).

première partie des *Mémoires*, presque entièrement dictée par la nostalgie de l'aimée. Renoncour reconnaît son émotion: 'J'admirai ces transports de jeunesse qui me firent gémir intérieurement, en me rappelant en effet toutes mes faiblesses au même âge.' Parce que le narrateur combine exceptionnellement les deux figures de l'*amant* et du *pédagogue*, il peut vivre à l'avance le combat intérieur qui arrachera l'oncle à l'amour. Le récit pouvait ici bifurquer et prendre le parti de la passion, mais Renoncour se ressaisit; il rapporte à son oncle son entrevue avec le vieux mari. La peinture vive de sa générosité et de sa douleur suffit pour exciter chez l'oncle une égale pitié et une égale générosité.

Dans cette scène, chaque discours fonctionne comme l'expression d'un *sentiment* et comme un moyen pour éveiller chez l'interlocuteur un *sentiment* similaire. L'identité relative des expériences de l'oncle et du neveu fait que l'opposition des deux discours reflète le conflit des principes correspondants dans le cœur des deux personnages à la fois. Le débat extérieur se double d'un débat intérieur qui l'anime et le conclut.

Des *Mémoires d'un homme de qualité* Prévost retient que le meilleur moyen de présenter la motivation d'un personnage est d'en faire un principe de persuasion: pour convaincre Renoncour, son oncle tente de lui faire sentir la force des passions. Le *Doyen de Killerine* innove en faisant des trois *élèves*, Rose, Georges et Patrice, le point de convergence de plusieurs projets de persuasion développés tout au long du roman.[28] Chaque personnage se trouve dans une situation rhétorique double: d'une part, il essaye de justifier ou d'imposer aux autres le système de valeurs auquel il croit, et d'autre part, il doit répondre aux propositions qui le sollicitent. Chacun se détermine intérieurement par rapport à l'ensemble des points de vue qui figurent dans le roman.

L'événement perturbateur qui engage l'intrigue du roman est un discours de Des Pesses, qui trace 'de charmantes images du pays de sa naissance', et invite toute la famille à quitter l'Irlande pour la France (pp.21-22). Le doyen analyse 'l'impression profonde' qu'il a faite sur ses frères et sur sa sœur, c'est-à-dire les mécanismes de la persuasion intérieure (p.23):

Rose s'est montrée 'flattée' à l'idée des hommages dont elle allait être entourée. 'Georges était ébloui du tableau brillant qu'on lui faisait de Paris et de la cour, et surtout de la facilité qu'il y avait avec un peu d'industrie à trouver les moyens de s'enrichir et de s'élever aux honneurs [...] Pour Patrice, il suffisait de lui proposer quelque chose sous un tour nouveau pour lui en inspirer le désir.'

Le drame naît du projet rhétorique du doyen qui veut éveiller, par d'autres *images*, les principes opposés de l'honneur, de la vertu, de la piété. Une fois arrivé à Paris, il tente de détourner Rose des sorties mondaines en grossissant à ses yeux son imprudence et sa faute, en affectant de 'donner un tour odieux aux circonstances mêmes les plus légères', et de les présenter comme 'les plus affreuses images du vice et de la honte' (p.30). Effrayée, Rose semble se ranger

28. Nous avons simplifié la situation. 'Patrice et Rose figurent les âmes sensibles [...], ils sont l'objet du débat [...]. Le doyen et Georges sont les principes actifs de cette histoire exemplaire: ils dirigent les deux autres, les conseillent et se les disputent. Georges représente la morale du siècle dans ce qu'elle a de plus relâché, le doyen exprime le catholicisme le plus intransigeant' (J. Sgard, pp.323-24). En même temps, la structure narrative et l'évolution de l'intrigue isolent le doyen face aux autres membres de sa famille qu'il essaye également de corriger.

à l'avis du doyen. Mais un récit de Patrice révèle ensuite *a posteriori* par quels discours tout opposés elle s'est laissée entraîner. En lui faisant valoir les services qu'il lui a rendus, Georges a en effet obtenu de Patrice qu'il l'aide à 'délivrer' Rose des mains du doyen (p.60). Il lui demande de faire 'goûter' son 'projet' à sa sœur. Rose va donc se trouver doublement sollicitée: d'un côté, par Patrice qui, lui peignant ses transports amoureux, note le tendre intérêt qu'elle prend à ses récits, et conclut qu'elle ne restera pas toujours 'sans goût pour les mêmes plaisirs' (p.65). Rose dira ultérieurement quel pouvoir de contagion ont eu les propos de Patrice: c'est en voyant l'amour de son frère qu'elle a senti tout ce qui manquait à son bonheur (p.109). Rose doit d'autre part écouter Georges, qui 'employa tout son esprit pour donner un tour insinuant à ses offres et ses prières' (p.65). Ebranlée par ces brillantes peintures de la vie parisienne, Rose quitte le doyen.

Dans la mesure où le narrateur n'éprouve aucune passion, et ne sait pas prévoir le comportement de ses frères et de sa sœur, il considère les différents discours de persuasion qui leur sont adressés comme des explications possibles de leur conduite. Quand Georges explique au doyen qu'il trouve légitime que son frère abandonne une épouse détestée pour rejoindre une maîtresse adorée, que la nature et la société autorisent une telle conduite, la logique des caractères exclut qu'il puisse convaincre le prêtre. Mais puisque cette morale a primitive-ment été exposée au tendre Patrice, il est possible qu'elle l'ait déterminé à quitter le foyer conjugal. Le personnage n'étant vu qu'à travers des discours rhétoriques de ce type, le lecteur doit, comme le narrateur, se contenter d'hypothèses. Prévost donnera toute son extension au procédé dans l'*Histoire d'une Grecque moderne*.

iii. Une double aliénation

En prenant conscience des mécanismes affectifs que le discours de son adversaire provoque, on peut préserver sa liberté. Nous allons maintenant voir comment l'éloquence du personnage, soumise à des contraintes d'ordre sociologique ou idéologique, obéit également à une surdétermination d'ordre psychologique. Pour Marivaux et Prévost, on ne peut agir sur l'autre et le convaincre qu'en s'identifiant à lui. Cet obscur phénomène d'aliénation s'explique par la double conception que les deux romanciers, suivant en cela les moralistes de leur temps, se font des relations sociales et de la nature profonde du moi.

L'orateur ne peut orienter le désir de son interlocuteur qu'à condition d'accep-ter tous ses préjugés, de répondre à ses attentes, de se plier à l'image qu'il a de lui. Mais, dans la mesure où chaque individu intériorise les conventions sur lesquelles s'accorde l'ensemble de la société, l'orateur finit par se prendre lui-même au piège du conformisme. Il n'en a plus conscience, pas plus qu'il ne se rend compte qu'il est joué par ses propres instincts, par le désir qu'il a de l'autre, ou de ce qu'il peut en obtenir. L'orateur subirait une sorte de séduction comparable à celle qu'il exerce sur son auditeur. En dernier ressort, l'un et l'autre seraient également floués, puisqu'également soumis au code qui régit la société, et aux instincts qui gouvernent le cœur humain. L'éloquence serait le lieu où ces deux inconscients, là collectif, ici individuel, viendraient se combiner.

Nous allons le voir, Marivaux s'est davantage attaché à montrer comment ses héros, adaptant leur conduite et leurs discours à ce qu'ils imaginent des autres et de leurs désirs, subissent le pouvoir de la convention et des stéréotypes. Dans l'*Histoire d'une Grecque moderne*, Prévost a peint un personnage qui ne parvient pas à saisir les motivations profondes de ses discours, et ignore à quel désir répond son éloquence; désespéré, il ne peut que repérer dans sa rhétorique les traces des passions qui l'ont gouverné et le gouvernent encore à son insu.

a. Marivaux et le pouvoir des fables

Marivaux ne rejette pas le principe fondamental de la théorie rhétorique selon lequel il faut adapter ses propos à la situation, aux préjugés, aux passions de son interlocuteur. Les *Journaux* offrent quelques exemples de cet art des *convenances*, dont relève également la réconciliation de la famille Dursan par l'entremise de Tervire.[29] Ce qui pour le romancier fait le danger de l'éloquence, c'est que le moi ne peut rester en dehors de ce mécanisme de la persuasion, qu'il finit par se prendre au jeu, qu'il devient ce qu'il veut paraître. En se servant des armes de l'autre, c'est-à-dire en profitant de ses faiblesses, de ses penchants, on risque de se soumettre à ses désirs, de s'identifier à l'image qu'il se fait de vous, d'autant plus qu'elle tend à se confondre avec l'un des stéréotypes de la société tout entière. Pour se conformer à l'autre, on entre dans une des fables de la collectivité.

La supériorité du héros mémorialiste vient de ce qu'il est le plus souvent conscient de ce mécanisme d'identification du moi à l'autre, de l'individuel au collectif, qui est à la base de la persuasion, et de ce qu'il parvient plus ou moins à le diriger, tandis que ses protagonistes le subissent passivement. La deuxième partie de la *Vie de Marianne* offre un exemple célèbre de la manière dont l'héroïne, par ses attitudes et ses discours, façonne sa propre image en fonction de ce qu'elle devine des désirs ou des attentes de Valville. Une première scène, qui se déroule dans l'église, pose les deux extrêmes entre lesquels vont osciller les relations qui s'instaurent entre les deux jeunes gens, l'aliénation et l'authenticité. Etonnée de l'attention qu'elle éveille dans l'assemblée des fidèles, l'héroïne découvre le plaisir de plaire, et réduit tout son être à la recherche de l'effet qu'elle peut produire sur les hommes: 'Car, avec une extrême envie d'être de leur goût, on a la clef de tout ce qu'ils font pour être du nôtre, et il n'y aura jamais d'autre mérite à tout cela que d'être vaine et coquette' (p.60). Mais dès que Marianne a repéré Valville, la coquetterie la quitte, et le regard se fait l'interprète du 'muet entretien' de leurs cœurs. Le hasard réunit ensuite les deux jeunes gens: cette seconde scène décrit le jeu qui s'établit entre le mouvement spontané du sentiment et la recherche purement rhétorique de l'effet. Elle

---

29. Le détour rhétorique relève du principe général selon lequel la fin justifie les moyens: il s'agit donc de 'ménager' des passions qu'on veut combattre (JOD, p.168), ou de les flatter pour obtenir ce qu'on désire. Le *Spectateur français* explique à plusieurs reprises comment se jouer d'un orgueilleux: 'Quel inconvénient y aura-t-il à flatter sa faiblesse? Tout aussi peu qu'il y en a à apaiser un enfant qui crie' (JOD, pp.198-99); et p.252: 'On fait de l'homme tout ce qu'on veut par le moyen de son orgueil, il n'y a que manière de s'en servir.'

montre comment le moi va progressivement prendre forme sous le regard de l'autre.[30]

Marianne, blessée, doit découvrir son pied. Elle hésite, puis consent, persuadée de conserver 'le mérite de la modestie' tout en tirant de son action un 'profit immodeste'. En se conformant aux bienséances extérieures, Marianne satisfait à la fois Valville et sa conscience. Le jeune homme va lui conserver son estime, tout en se laissant attendrir par le spectacle du pied dénudé.

La narratrice compare alors son attitude à celle des faux dévots. Avec leur 'cérémonie', ils font plus que tromper leur monde, ils endorment leur conscience qui a intériorisé les exigences morales de la société. Mais cette analyse vaut pour Valville davantage que pour elle-même. Comme le faux dévot, le jeune homme croit s'intéresser au joli pied de la jeune fille par un pur effet de sa charité, tandis que Marianne sait qu'elle se contente dans l'affaire d'une simple apparence de vertu. Elle fait alors comme si elle n'avait pas percé le jeune homme à jour, et prend une attitude qui ne contredise pas l'idée fausse qu'il a de lui. Elle ajuste en quelque sorte sa rhétorique explicite sur la conviction du jeune homme, ne veut pas détruire l'image positive qu'il désire donner de lui: 'Je me doutais [de cela] [...] mais je ne devais pas paraître m'en douter' (p.69).

Au moment de prendre congé, Marianne passe en revue les impressions que laisserait à Valville chacune des attitudes qu'elle peut prendre:
- Elle ne sera digne d'estime qui si elle paraît bien surveillée, redevable de son temps. Elle ne peut rester davantage.
- Une totale liberté fera au contraire douter de ses mœurs.
- Si jamais elle avoue sa situation de fille de boutique, elle n'a plus droit 'aux honneurs de ce monde' et risque de passer pour une intrigante.
- Enfin, son habit, son visage, son accident la parent d'un charme romanesque: son mystère fait sa valeur, elle ne doit pas l'éventer.

Pour se mettre à la place de Valville, Marianne procède à la manière de l'écrivain. En partant de ce qu'elle devine de son état sentimental et social, elle imagine la conduite qu'il tiendra selon toute vraisemblance dans chacune des éventualités. Elle ne peut garder son estime et son affection qu'en se soumettant à son désir, en s'insérant dans son univers idéologique et psychologique. Elle doit devancer son attente, se faire ce qu'il veut qu'elle soit.

La valeur réelle de l'individu dépend donc largement de la qualité des images auxquelles il s'identifie, du mérite de ceux auxquels il tente de plaire. Quand Marianne laisse échapper par inadvertance le nom dangereux de sa logeuse, Mme Dutour, ce qui va révéler sa condition sociale, Valville ne devine pas la vérité, mais croit que la jeune fille donne seulement l'adresse d'une intermédiaire qui préviendra ensuite sa famille. Il a laissé 'les chimères de l'amour [...] travailler' sur l'apparence énigmatique de Marianne. Dans la mesure où il se fait d'elle cette image si délicate, Marianne, en s'aliénant à son désir, ne perd rien. Elle va se montrer digne du respect du jeune homme, de sa générosité, de la noblesse de ses manières et de ses sentiments.

30. La parodie que Crébillon a faite de cette scène dans *Tanzaï et Néadarné* (éd. E. Sturm, Paris 1976, pp.189-206, et plus particulièrement pp.195-97) rompt l'équilibre que Marivaux a maintenu entre la ruse et la spontanéité, et ne retient que ce que la conduite des deux personnages comporte de calcul, d'hypocrisie et de libertinage: il tire Marivaux au noir.

La fin de la scène est marquée par plusieurs rebondissements. Arrive Climal qui ne peut regarder la jeune fille sans jalousie. Sa réaction physique témoigne de la manière dont il interprète l'alanguissement du couple. Marianne craint de passer pour coupable auprès de Climal, et auprès de Valville, qui ne peut prendre qu'en mauvaise part ses rapports louches avec l'hypocrite. La dame qui accompagne ce dernier, quand elle apprend la pauvreté de l'héroïne, risque de son côté de considérer sa relation avec Climal comme une *friponnerie*. La jeune fille est alors bouleversée par ce regard que les autres portent sur elle, et surtout par l'image scandaleuse qu'elle va laisser. La narratrice remarque *a posteriori* le soin que les hommes prennent à passer pour honorables, souvent aux dépens du véritable honneur.

De retour chez sa logeuse, Marianne prend conscience une nouvelle fois de sa situation contradictoire, entre une misère à laquelle elle refuse de se voir réduite, et une noblesse encore hypothétique. Mme Dutour, qui l'aperçoit dans le luxueux équipage qu'on lui a prêté, ne la reconnaît pas. Cette erreur anticipe sur le destin glorieux qui se dessine à l'horizon de l'éloquence de Marianne. Mais en attendant, un valet de Valville qui l'a suivie, va tout raconter à son maître, non sans y ajouter cette 'tournure insultante' (p.92) qu'il faut attendre de la malveillance d'un domestique. Pour entrer dans le cercle de Mme de Miran, pour être regardée et estimée de Valville et de sa famille, Marianne va devoir effacer les conséquences des impressions qu'elle a produites et de ce rapport désobligeant du valet, et se montrer sous un jour plus favorable: c'est la raison d'être du billet quelque peu mystificateur qu'elle envoie à Valville.

Le héros marivaudien se laisse séduire par l'image qu'il veut donner de lui-même. S'il ne ment pas, il ne parvient à l'imposer aux autres que parce qu'elle s'est d'abord imposée à lui. Puisque la vie en société oblige chacun à jouer un rôle, l'individu peut recouvrer une forme de liberté en choisissant consciemment ce à quoi il s'identifie: c'est ce que fait Marianne. Mais cette adaptation au désir de l'autre débouche le plus souvent sur une tragique aliénation, dans la mesure où elle passe par un langage totalement impersonnel, par la pratique d'une rhétorique qui est le bien commun de la société, ou du moins du groupe dans lequel on évolue. La collectivité, en effet, s'accorde sur un ensemble de codes, de stéréotypes, de rôles. Elle fait confiance à l'apparence, au *masque*, et non à la réalité qu'elle ignore. Il suffit donc de savoir manier les signes des diverses qualités morales ou sociales pour qu'elles soient automatiquement inscrites à votre crédit. En adoptant la pose convenue de la modestie, on en acquiert la réputation: voilà la vanité satisfaite. Le comble de la coquetterie sera de voiler ses charmes pour les mettre en valeur. L'orgueilleux prend une figure d'humilité pour être célébré. La politesse, rendue nécessaire par la vie en société, ouvre la voie à l'imposture et à l'hypocrisie. En répondant par l'apparence aux attentes de la communauté, l'individu peut assouvir secrètement ses passions. Cette distinction de deux niveaux de signification ne vaut pas seulement pour le langage, mais intéresse l'ensemble de la vie sociale. Les moralistes considèrent tous les comportements de l'individu, ses discours, mais aussi ses gestes, ses vêtements, le type de ses activités, le choix de ses amis ou de son logement, comme des *messages* qui sont conçus en fonction de l'interprétation qu'en donne le groupe social.

Le narrateur prend le relais du moraliste des *Journaux*[31] pour dénoncer ce double langage. Marianne remarque qu'on cherche plus facilement à être loué, qu'à être louable (p.169), à être honoré qu'à être honorable (p.87), à passer pour modeste qu'à l'être, considère l'absence de coquetterie la forme la plus retorse de coquetterie (p.216). Dans le *Paysan parvenu*, Jacob voit Agathe réglant sa conduite d'après 'ce qu'on dirait d'elle' sans se préoccuper de ce qu'elle 'serait dans le fond', ne cherchant qu'à 'couvrir' ou à 'excuser' des fautes qu'elle est toute prête à commettre (p.88). Marivaux caractérise par opposition le vrai mérite par le refus de toute compromission, de tout souci rhétorique. Si l'homme politique ordinaire songe d'abord à faire parler de lui, un ministre exceptionnel se contente de bien agir. La supériorité de Mme de Miran vient également de sa totale indifférence à l'égard de l'opinion publique.

Ce sont là des exceptions, qui offrent au moraliste le recul nécessaire pour dénoncer l'aveuglement de l'immense majorité des hommes. En effet, le signe, l'image, le stéréotype possèdent un tel pouvoir de suggestion[32] qu'ils finissent par prendre au piège ceux qui croyaient pouvoir abuser les autres. La contradiction entre la valeur que la collectivité donne à un *message* et le bénéfice secret qu'en tire celui qui le formule, se retrouve à l'intérieur même du *moi*. Alors que la conscience, le principe du jugement, se satisfait d'une apparence de respectabilité, les passions en engrangent secrètement les bénéfices. Le cœur a fait de l'esprit sa dupe.[33] Le couple de l'émetteur et du récepteur aurait donc un équivalent dans un moi divisé en éléments différenciés. Tandis que le *cœur* corrompu mène la danse, l'*esprit* jouerait le rôle de la collectivité: comme elle, il croit à certaines valeurs, mais se contente de leur expression stéréotypée.[34]

Cette forme d'aliénation passe donc par le lieu commun. Chaque *rôle* n'est que la résultante d'un ensemble d'habitudes lexicales, d'expressions toutes faites, de figures attendues. Il n'existe le plus souvent que par le langage, par l'adoption d'un registre stylistique et d'une certaine manière de se raconter. Le pouvoir du code, pour Marivaux, est indissociable de la pratique et de la consommation littéraire. Les fables auxquelles adhère la collectivité sont analogues aux inventions de l'écrivain.

31. De nombreuses pages des *Journaux*, qui rappellent F. Lamy, Morvan de Bellegarde ou Trublet, sont fondées sur cette opposition entre la valeur authentique et son imitation spectaculaire (voir par exemple p.314 ou p.380). Ces analyses donnaient facilement lieu à l'une des espèces de 'pensées brillantes' distinguées par Rollin (ii.176-78).

32. L'homme ne serait pas conscient de toutes les idées accessoires qui accompagnent chaque idée principale. C'est pourquoi il existe 'un grand nombre de [pensées] confuses et [...] indistinctes, et qui font sur le cœur des impressions très réelles, sans qu'il s'en aperçoive, faute de réflexion; et c'est pour cela que je les appelle sombres et clandestines' (F. Lamy, *De la connaissance de soi-même*, iii.375). C'est par elles que l'homme se laisserait manipuler, à la manière d'une machine: 'Quelle illusion n'est-ce pas de croire se remuer soi-même, pendant qu'on est effectivement remué par cent ressorts inconnus?' (iii.383).

33. 'L'esprit est toujours la dupe du cœur', La Rochefoucauld, *Maxime 102*. Marivaux s'est servi de cette maxime pour illustrer ses conceptions du style, et s'en est inspiré à plusieurs reprises. Par exemple, il dépeint une femme vieillissante, victime de la 'méprise funeste qu'un cœur corrompu fait faire à l'esprit' (JOD, p.223): elle s'imagine qu'elle peut dissimuler les outrages du temps. Le comble de la mauvaise foi est atteint quand l'esprit parvient à se tromper lui-même (JOD, p.144).

34. Marivaux décrit en effet cette aliénation psychologique sur le modèle d'un effet de persuasion. Le discours intérieur que se tient le sujet ne diffère pas de celui qu'il adresse aux autres: c'est par les mêmes procédés rhétoriques qu'on s'aveugle sur soi-même, et qu'on abuse les autres (voir JOD pp.152-53 ou 295ss.).

La coquetterie est l'exemple le plus connu, dans l'œuvre de Marivaux, de cette mystification par le signe, mais elle nous retiendra peu dans la mesure où son mode d'expression n'est pas linguistique. Pour Marivaux, la femme est *naturellement* coquette, du moins dans les conditions actuelles de la société. Puisqu'à ses propres yeux, comme aux yeux des autres, elle n'a de valeur qu'autant qu'elle plaît, elle doit consacrer toute son énergie à exciter les désirs des hommes. Son comportement, ses gestes, sa parure, tendront à cette fin unique. Le corps, qu'on prendrait pour le refuge de la nature, subit toutes les transformations que permettent les *machines* de l'opéra. Mais pour séduire, cette mise en scène du corps doit faire croire à une authenticité absolue, faire disparaître toute trace d'artifice. Comme ses admirateurs, la femme finit par ne plus savoir ce qui, en elle, revient à la nature et ce qui revient à l'art. Elle porte désormais sur elle le regard des autres. Ainsi la maîtresse de Jacob ne passe pas pour coquette, et ne sait pas qu'elle l'est: 'Elle vit dans sa coquetterie comme on vivrait dans l'état le plus décent et le plus ordinaire' (p.10).

C'est dans le *Paysan parvenu* que Marivaux a mené la plus vigoureuse dénonciation du lieu commun, et il s'est servi à cet effet de la technique traditionnelle du récit intercalé. Faisant implicitement référence à un modèle narratif spécifique, ces digressions[35] soulignent à quelles conséquences peut conduire la confusion entre la réalité et la littérature, l'être et le code. Ainsi, le récit de l'assassin avec lequel on a confondu Jacob, semble tiré d'un volume d'*histoires tragiques*: même paroxysme des passions, mêmes clichés, même vocabulaire hyperbolique. De son côté, Mme d'Orville s'est laissée séduire par la bravoure chevaleresque du prétendant qui l'a sauvée des loups, et se retrouve dans la plus noire misère. Il faut réserver l'*héroïsme* au *roman*, conclut M. Bono à qui elle est venue raconter ses malheurs.

Deux de ces digressions montrent plus précisément comment on peut devenir la victime de ces conventions et de ces stéréotypes, auxquels le paysan, de son côté, sait si habilement recourir pour plaire à ses protecteurs. L'histoire racontée lors du voyage à Versailles forme ainsi une parfaite antithèse avec les aventures de Jacob. L'officier qui en est le héros ressemble au vieux Dupuis de Challe: sans qu'il puisse comprendre comment, il se retrouve marié avec une femme dont il n'est pas vraiment épris. Egaré par une sorte de cécité intérieure, il va devenir la victime de son épouse qui, au nom de la religion, se réserve les meilleurs plats, chasse ses amis, veut lui imposer sa loi et transforme son union en enfer. L'officier ne parvient pas à entamer le délire de la fausse dévotion, dans lequel Jacob n'hésite pas à entrer pour parvenir à ses fins. Le langage dévot est en effet facile à pratiquer parce qu'entièrement convenu: il crée un univers de faux semblants qui en impose à la fois à la société et à la conscience.

Ainsi, les sœurs Habert n'emportent leur livre de prières que pour avoir l'occasion de le 'manier', et ne vont à l'église que pour prendre 'une posture de méditatifs' (p.47). Elles font de leur dévotion un spectacle, mais finissent par croire qu'elles ont 'l'âme bien distinguée'. Ces gourmandes proclament qu'elles

---

35. L'attitude indépendante et le style original de Jacob ne font qu'accentuer le caractère conventionnel de ces digressions, qu'on pourrait interpréter comme des sortes de citations narratives. Sur le rapport entre l'intrigue principale et ces histoires parallèles voir S. Dunn, 'Les digressions dans le *Paysan parvenu* de Marivaux', *Romance notes* 18 (1977), pp.205-13.

mangent peu, et à ce peu trouvent de pieuses justifications, multipliant 'les airs de dégoût' et 'les apparences de dédain'. Jacob avoue s'être laissé prendre lui aussi 'à cette poudre aux yeux' (p.52). Mais les sœurs elles-mêmes 'se persuadaient être sobres': 'Elles s'imaginaient elles-mêmes être de très petites et de très sobres mangeuses' (p.53).[36] Ayant rétabli le sens véritable du discours dévot, Jacob l'attribue à une composante cachée du moi. C'est 'la vanité', c'est 'le diable' qui tirent toutes les ficelles. Le narrateur traduit parodiquement en termes physiques cette division du moi: les deux sœurs ne prennent pas conscience de 'la sourde activité de leurs dents' (p.53).

L'ironie de Marivaux culmine à la fin de la première partie du roman. Au retour de l'office, les deux sœurs s'étonnent que les sermons ne fassent pas plus d'effet, n'incitent pas les pécheurs à repentance. Estimant avoir accueilli la parole de Dieu en véritables chrétiennes, elles en profitent pour déchirer le prochain et médire de ses moindres fautes. Cet aveuglement dénonce l'imposture de l'éloquence de la chaire: c'est la même rhétorique, ici verbalisée, là intériorisée, qui conforte la bonne conscience du prêtre et des fidèles, tout en leur cachant leurs fautes. Une formule de la *Vie de Marianne* – qu'on pourrait croire tirée des *Journaux* – met cette perversion en évidence: 'Ce fut avec la vanité de prêcher élégamment qu'on nous prêcha la vanité des choses de ce monde' (p.204).[37]

Le discours libertin joue un rôle similaire à celui du discours dévot. D'une part, le héros qui apprend vite à le maîtriser lui doit une partie de sa réussite, et d'autre part, il le voit dénoncé ou pratiqué dans des épisodes marginaux où lui-même reste à l'écart. La critique que, dans le même voyage à Versailles, l'officier fait de *Tanzaï et Néadarné* de Crébillon, indique à quelle littérature fait précisément allusion la fameuse scène qui met Mme de Ferval aux prises avec le chevalier. Comme le faux dévot se sert du discours religieux pour se dissimuler sa propre corruption, le libertin utilise le langage traditionnel de la passion pour donner une apparence de respectabilité à son avidité sexuelle.[38] Ainsi, le chevalier, ayant assimilé *sensualité* et *sensibilité*, y voit la preuve 'qu'on a l'âme généreuse, et par conséquent estimable' (p.235). Et pour atténuer la brutalité de ses propositions amoureuses, il les présente comme la conclusion d'une adoration vieille de quatre mois, mais rendue muette par le respect: 'Quatre mois! Les bienséances ne sont-elles pas satisfaites?' (p.240).

Le regard de voyeur que Jacob porte sur le couple libertin joue un peu le même rôle que les didascalies de *La Nuit et le moment*, de Crébillon; la description des mouvements des corps y définit l'enjeu réel d'une discussion purement sentimentale en apparence. Mme de Ferval, découverte avec Jacob, n'est pas

---

36. Jacob joue consciemment la même comédie lors du dîner de mariage interrompu par l'arrivée de Doucin: il ne peut manger qu'en gardant les apparences d'un manque d'appétit conforme aux circonstances: 'On ne doit pas avoir faim quand on est affligé' (PP, p.118).

37. Marivaux a également abordé ce thème de l'éloquence de la chaire dans ses *Journaux* (pp.194-95 et 352-53). A propos de l'*Avis de Manon Lescaut*, on a vu que l'inefficacité du sermon sert traditionnellement d'argument en faveur du roman, capable de dépeindre la réalité avec plus de précision et plus de justesse. Voir par exemple Furetière, *Le Roman comique*, éd. A. Adam, in *Romanciers du dix-septième siècle* (Paris 1958), p.900.

38. Marivaux est revenu à plusieurs reprises sur cette rhétorique du libertinage dans ses *Journaux* (voir pp.30, 206, 403-404). Le faux dévot et le libertin ne tiennent pas compte du sens des mots, mais espèrent tirer profit de leurs connotations: les expressions religieuses ou sentimentales auxquelles ils recourent doivent les valoriser à leurs propres yeux et aux yeux du monde.

en position de résister aux attaques du chevalier, qui venait de son côté rejoindre sa maîtresse dans la maison trop accueillante de Mme Rémy. Le rapport de force entre les deux protagonistes ôte par avance toute signification aux protestations du chevalier et à tous ses serments d'amour.

En présentant cette réalité au conditionnel comme une hypothèse dont il ne faut pas tenir compte, le chevalier ne fait, au fond, qu'énoncer par prétérition la vérité de sa relation avec Mme de Ferval. Ainsi déclare-t-il qu'un homme moins honnête que lui chercherait à faire payer à Mme de Ferval son *silence* sur cette affaire: 'Je me déshonorerais si je parlais. Quoi! vous croyez qu'il faut que vous achetiez mon silence! En vérité vous me faites injure; non, madame [...]' (p.234).

De même, le chevalier considère que sa rencontre inopinée avec Mme de Ferval les met 'tout d'un coup en état de se parler avec franchise'. Mais cette *franchise* ouvre-t-elle la voie, comme il le dit, à la parole amoureuse, ou comme il le sous-entend, à ses exigences sexuelles? Mme de Ferval lui répond que la situation où ils se trouvent l'empêche d'accorder la moindre foi à ce qu'il lui dit: 'Que ne me dites vous cela ailleurs? répondit-elle. Cette circonstance-ci me décourage; je m'imagine toujours que vous en profitez, et je voudrais que vous n'eussiez ici pour vous que mes dispositions' (p.237).

Au chevalier qui lui demande d'oublier la *circonstance* qui les a réunis, elle réplique qu'il était venu porter ses hommages à une autre femme qu'elle. Le chevalier essaye alors de montrer la différence entre cette *fade liaison*, et la profondeur des sentiments qu'il éprouve pour Mme de Ferval. Mais, pour exprimer le mépris dans lequel il tient sa maîtresse en titre, il emploie des termes qui, en fait, s'appliquent beaucoup mieux à la fausse dévote: ne s'engage-t-il pas avec elle 'par oisiveté, par caprice, par vanité, par étourderie, par un goût passager'? Comme chez Crébillon, on ne sait si l'ironie de la conclusion est le fait de l'auteur ou du personnage, qui ferait sentir son pouvoir en humiliant sa partenaire: 'Distinguons les choses, je vous prie, ne confondons point un simple amusement avec une inclination sérieuse, et laissons-là cette chicane' (p.239).[39]

Mme de Ferval se retrouve ici la victime impuissante d'une rhétorique libertine qu'elle pratique habituellement pour son propre compte. Son rôle public de dévote lui permet de dégager sa responsabilité dans ses intrigues amoureuses. Elle fait partie de ces femmes dont 'vous sentez qu'elles voudraient jouir furtivement du plaisir de vous aimer et d'être aimées, sans que vous y prissiez garde, ou qu'elles voudraient du moins vous persuader que, dans tout ce qui se passe, elle sont vos dupes et non pas vos complices' (p.245). Dans le portrait où il la présente (pp.141-45), le narrateur montre, non pas à propos du libertinage mais de la médisance, que Mme de Ferval finit par croire à ses propres impostures. Elle a su garder une réputation de bonhomie tout en excitant sans cesse la malignité des autres et se considère 'innocente' des crimes qu'elle fait commettre. Son dialogue avec le chevalier ferait ainsi apparaître au grand

---

39. Le chevalier joue de l'opposition entre une affaire, c'est-à-dire 'un commerce réglé et un attachement d'une longue suite, et [...] un goût, [c'est-à-dire], une simple inclination et un amusement passager qui ne détruit point une véritable passion' (F. de Callières, *Des mots à la mode*, pp.15-16). Mme de Ferval ne peut être dupe: le chevalier ne saurait éprouver pour elle autre chose que du 'goût'.

jour la comédie intérieure qu'elle se joue à elle-même: 'Le fond de son cœur lui échappait, son adresse la trompait, elle s'y attrapait elle-même, et parce qu'elle feignait d'être bonne, elle croyait l'être en effet' (p.143).

Pour le narrateur, cette scène dit sur un mode parodique la vérité générale de l'amour: c'est le plus souvent un pur effet de langage, la création d'une rhétorique prise en mauvaise part comme l'art trompeur d'orner le réel. Le cœur y serait le plus souvent la dupe des sens: 'C'est nous le plus souvent qui nous rendons tendres, pour orner nos passions, mais c'est la nature qui nous rend amoureux; nous tenons d'elle l'utile que nous enjolivons de l'honnête; j'appelle ainsi le sentiment; on n'enjolive pourtant plus guère; la mode en est passée [...]' (p.230). Marivaux a placé une idée similaire, mais sous une forme un peu moins corrosive, dans la *Vie de Marianne*: 'l'amant le plus délicat [...] désire à sa manière, [...] les sentiments du cœur se mêlent avec les sens; tout cela se fond ensemble, ce qui fait un amour tendre, et non pas vicieux, quoiqu'à la vérité capable du vice' (p.41). La passion n'apparaît pas dans le *Paysan parvenu*, elle joue dans la *Vie de Marianne* un rôle secondaire et connaît l'échec. Il semble que Marivaux ne soit pas revenu, dans les romans de sa maturité, sur la contestation du discours amoureux qu'il avait entreprise dans ses œuvres parodiques.

Nous avons vu dans le chapitre précédent la dénonciation du *mythe* aristocratique. Les valeurs de la collectivité – le sentiment religieux – et celles de l'individu – le sentiment amoureux – ne sont le plus souvent que des mirages auxquels se laisse prendre une conscience aveugle. Jacob et Marianne échappent-ils à cette mystification générale? Peuvent-ils prétendre sans imposture à l'authenticité? On a souvent relevé les analyses que fait le narrateur de sa mauvaise foi d'autrefois. Par exemple, Jacob puise dans l'or que lui remet Mlle Habert des trésors d'éloquence et de reconnaissance. Et il ouvre un livre uniquement pour se donner une contenance distinguée, trait que Marivaux avait déjà utilisé dans le *Spectateur français*.[40] Parmi les 'sophismes inspirés par la vanité, mystifications de soi-même, et les cécités volontaires' que dénonce Marianne, H. Coulet remarque en particulier comment la jeune fille dit s'être laissée persuader qu'elle devait garder, et porter, la robe que lui a offerte Climal.[41]

Mais dans la mesure où Jacob et Marianne se conforment au désir de l'autre et parlent une langue qui est partiellement d'emprunt, ils peuvent s'y tromper et croire qu'elle correspond à leur véritable sentiment. Ils envisagent eux-mêmes à une ou deux reprises cette possibilité. Laissant planer un doute sur leur véritable motivation, ils émettent l'hypothèse d'une duplicité involontaire sans arriver à aucune conclusion. Le romancier crée ainsi une impression de profondeur en suggérant l'existence d'une réalité qui échapperait à toute analyse: l'inconscient se présente sous la figure d'un symbole dont on ne peut déterminer le sens.

Pour séduire Mlle Habert, Jacob fait une démonstration de sa sensibilité. Il

40. JOD, p.138: Marivaux se moque de ceux qui, au nom de la hiérarchie des genres, méprisent ses minces feuilles périodiques, et leur préfèrent les gros *in-folio*, c'est-à-dire les ouvrages traditionnels. Alors que les premières se laissent lire avec plaisir, les seconds sont si ennuyeux qu'on se contente d'en faire parade.

41. H. Coulet, *Marivaux romancier*, p.231. Les exemples correspondants qui concernent le *Paysan parvenu* se trouvent pp.199-200.

se donne un air touchant: 'J'avoue pourtant que je tâchai d'avoir l'air et le ton touchant, le ton d'un homme qui pleure, et que je voulus orner un peu la vérité' (p.92). Quand H. Coulet écarte l'hypothèse de l'hypocrisie de Jacob, en constatant que, pour Marivaux, conformément à Malebranche, 'l'effort loyal de la volonté [...] met l'âme en état d'éprouver et faire exprimer au corps le sentiment désiré' (p.311), il déplace le problème sur le désir qui lui a fait choisir précisément ce sentiment. Pourquoi Jacob veut-il *paraître* touchant? Quelle est cette *volonté*, envie de séduire ou ambition de parvenir? Cette conscience obscure d'une duplicité se dissipe vite, car l'émotion de Mlle Habert entraîne Jacob: 'J'en fus la dupe moi-même [...] Le sentiment me menait ainsi, et il me menait bien.' Lorsque Marianne se peint en illustre malheureuse (p.356), Marivaux reprendra exactement la même formule. Ici, ce comédien pris à son rôle de séducteur en est devenu la 'dupe'. Le 'bien' où le sentiment le mène ne lève pas l'ambiguïté puisqu'il peut être pris au sens moral ou au sens d'efficacité rhétorique. A peine formulée, l'hypothèse de la mauvaise foi est écartée: en s'intériorisant, le mécanisme de la persuasion est devenu totalement obscur.

S'interrogeant sur la motivation véritable d'une des confessions par lesquelles elle a assuré son ascension sociale, Marianne en arrive au même constat d'obscurité. On est venu enquêter dans son couvent; va-t-elle raconter l'épisode à sa protectrice? La narratrice imagine alors l'une des objections que sa lectrice pourrait lui faire: Marianne, qui a toujours été 'récompensée' de sa franchise, ne cherche-t-elle pas, une nouvelle fois, à provoquer l'admiration de Mme de Miran? 'J'en conviens, et peut-être ce motif faisait-il beaucoup dans mon cœur; mais c'était du moins sans que je m'en aperçusse [...], et je croyais là-dessus ne suivre que les purs mouvements de ma reconnaissance' (p.290).

Tous les récits autobiographiques de Marianne s'apparentent à des aveux: par quels *mouvements* ont-ils été inspirés? La narration invite le lecteur à se poser la question mais se refuse à y répondre. Comme H. Coulet et R. Démoris l'ont fait remarquer,[42] les deux romans de Marivaux s'arrêtent au moment où le héros va perdre sa plasticité, où il doit s'engager définitivement pour parvenir à la situation sociale et morale qui est celle du mémorialiste. L'inachèvement des trois récits de Marianne, Tervire et Jacob, peut s'interpréter en termes aussi bien sociologiques que psychologiques: en refusant de montrer les compromis auxquels ils ont dû se soumettre, Marivaux a soustrait ses héros au monde de la nécessité.

b. L'Histoire d'une Grecque moderne: *Je est un autre*

Prévost utilise le plus souvent la situation rhétorique pour éclairer les profondeurs psychologiques du personnage à qui le discours s'adresse. Par exemple, le philosophe anglais se trouve confronté à des situations, des arguments religieux ou philosophiques qui lui dévoilent l'étendue et la diversité de ses aspirations

42. H. Coulet, p.245: 'Les Mémoires s'interrompent quand au *moi* naissant et en devenir succède le *moi* engagé et fixé dans sa définition sociale'; et R. Démoris, p.407: 'Lorsque Marivaux abandonne ses personnages [...] la figure qu'ils auront, assez précisément déterminée par les règles acceptées du jeu social, est clairement dessinée. Ils sont devenus des personnages, et à ce titre, ils cessent d'être intéressants.'

intellectuelles et affectives. De même, les projets des pédagogues révèlent les tendances contradictoires de leurs élèves. L'*Histoire d'une Grecque moderne* constitue à cet égard une exception dans l'œuvre de Prévost, puisqu'elle utilise les particularités du discours rhétorique pour faire apparaître la complexité psychologique du personnage qui l'énonce autant que de celui à qui il s'adresse.[43]

Cette mise en évidence de l'ordre caché du cœur se fait par l'entremise d'une construction narrative spécifique, et en particulier par un habile agencement des discours et des situations rhétoriques. Parmi les romans de Prévost, l'*Histoire d'une Grecque moderne* offre l'originalité de donner à la narration elle-même un statut rhétorique: c'est une délibération intérieure. Le récit lui aussi est composé essentiellement de tentatives de persuasion qui présentent la particularité de ne pas aboutir. Une même incertitude porte donc sur l'écriture du mémorialiste et sur les discours qu'il rapporte: après avoir examiné le dispositif narratif de l'œuvre, nous analyserons dans une deuxième section l'organisation et la signification de cet ensemble de manifestations d'éloquence.

Une rhétorique détournée

Un impératif de lecture. Le problème de la confiance que le lecteur peut accorder à un récit écrit à la première personne se poserait d'une manière particulièrement aiguë dans l'*Histoire d'une Grecque moderne*, puisque son narrateur y reconnaît dès la deuxième phrase qu'il est 'l'amant de la belle Grecque dont [il] entreprend l'histoire'. Dans une série de cinq questions placées inégalement de part et d'autre de cette 'déclaration', le narrateur se met à la place du lecteur et s'interroge sur l'effet que va produire cet aveu (p.11).[44]

Ne me rendrai-je point suspect par l'aveu que va faire mon exorde? [...] Qui me croira sincère dans le récit de mes plaisirs ou de mes peines? Qui ne se défiera point de mes descriptions et de mes éloges? Une passion violente ne fera-t-elle point changer de nature à tout ce qui va passer par mes yeux ou par mes mains? En un mot, quelle fidélité attendra-t-on d'une plume conduite par l'amour?

La forme interrogative de ces propositions, comme la modalisation du verbe par l'intermédiaire du futur, indiquent que ces soupçons du lecteur ne sont qu'une hypothèse, que le narrateur va immédiatement réfuter. Il dit ensuite avoir ainsi déclaré les raisons qui peuvent mettre le lecteur en garde, car il était par avance sûr d''en effacer l'effet par un autre aveu': cet amour s'est soldé par un tel échec que l'on ne peut guère accuser l'ambassadeur de succomber à ses 'illusions', de se complaire à 'des louanges trop flatteuses' ou de s'égarer dans des 'exagérations de sentiments'.

'S'il est éclairé', le lecteur jugera bien que le premier aveu n'a pu être fait que dans la certitude de corriger immédiatement la mauvaise impression qu'il produirait. Le lecteur qualifié se définit donc par sa capacité à faire de l'aveu une interprétation conforme à la description qu'en donne la théorie rhétorique.

---

43. La construction narrative permet au romancier de suggérer certaines motivations dont le personnage narrateur ne serait pas conscient; il en serait ainsi, selon R. Démoris (pp.432-35), de la pulsion incestueuse de Cleveland et de l'ambition du doyen. L'originalité de l'*Histoire d'une Grecque moderne* vient de ce que le mémorialiste lui-même prend la mesure de ses contradictions.

44. Aveu cité et analysé par J. Sgard (p.433) et J. Rousset (p.148).

Pour H. Lausberg,[45] 'la *concessio* revient à avouer que l'adversaire a raison sur un point ou un autre. Mais cet aveu est compensé principalement par des arguments plus importants du locuteur.' B. Lamy[46] relie dans une même formule ces deux étapes du processus qui figurent dans le roman de Prévost: 'On prévient ce que les adversaires pourraient objecter', puis on répond 'à ces objections que l'on a prévenues'. Ce qu'il appelle la *confession* fournit une interprétation psychologique du procédé. Dans la pensée de Lamy, elle seule mériterait de porter le nom de *figure*, puisqu'on peut l'attribuer à une passion: 'Cette figure est un aveu de ses fautes qui engage celui à qui on le fait de pardonner la faute que l'espérance de sa douceur donne la hardiesse d'avouer' (p.133).

Le fonctionnement reste le même: l'aveu se fait dans l'intention d'échapper aux conséquences de ce qui est avoué. On peut donc considérer cette première page du roman comme un test de lecture: pour bien interpréter une confession, et cette histoire dit en être une, il faut savoir dans quel dessein elle a été faite, se mettre à la place de son auteur, comprendre sa motivation. A quelle intention obéit donc ce deuxième aveu, de quoi le narrateur veut-il convaincre son lecteur? Il se présente comme une sorte d'avocat qui fournirait au public un dossier pour qu'il juge de sa conduite, de la légitimité de son amour, et donc de la valeur de Théophé. La toute dernière phrase du livre formule d'une manière très explicite ce projet: 'J'ai formé le dessein [...] de mettre le public en état de juger si j'avais mal placé mon estime et ma tendresse' (p.121). L'ambassadeur présente toutes les pièces du procès et laisse au lecteur le soin du verdict:[47] ce roman s'apparente-rait à ces *Causes célèbres* mises à la mode par Gayot de Pitaval.[48]

Mais, *in cauda venenum*, un troisième aveu, subrepticement glissé dans cette première page, est venu en déranger la belle ordonnance. 'J'ai longtemps aimé, je le confesse encore, et peut-être ne suis-je pas aussi libre de ce fatal poison que j'ai réussi à me le persuader.' L'image du poison qui donne toute sa résonance à l'expression 'amertumes' qui vient ensuite, et la forme dubitative à laquelle font écho les interrogations de la fin du paragraphe, laissent entendre que la passion amoureuse continue peut-être d'obscurcir la conscience du narrateur et d'aliéner sa volonté. Cette liberté d'esprit, si nécessaire à qui se veut *historien exact*, le narrateur cherche seulement à se persuader qu'il l'a enfin trouvée. La *délibération* soumise au lecteur se double donc d'un *exercice de persuasion intérieure*: elle porte moins sur les faits et leur évaluation, que sur les motivations mêmes

---

45. H. Lausberg, *Elemente der literarischen Rhetorik* (München 1963), p.144, §437. Mais 'cet aveu est le plus souvent simulé et sert pour s'attirer la sympathie' (§436). Les mémoires de Jacob et Marianne relèvent de cette rhétorique de la *concessio*: les aveux qu'ils font de leurs faiblesses morales ou de leurs fautes sont toujours assez limités, et très largement compensées par des démonstrations de leur honnêteté.

46. B. Lamy donne à ces deux figures les noms techniques de prolepse et d'upobole (p.132).

47. Le roman relèverait donc du genre délibératif dans lequel l'orateur demande à l'assistance de choisir entre plusieurs hypothèses. Mais cette délibération prend des allures de plaidoyer dans la mesure où l'ambassadeur, comme tous les narrateurs de Prévost, cherche à se justifier d'une conduite qui prête à équivoque.

48. Le roman – qui s'inspirait d'une aventure célèbre entre le marquis de Ferriol et une jeune circassienne, Mlle Aïssé – connut un succès de scandale (voir J. Sgard, pp.429-33, et Y. Breuil, 'Une lettre inédite relative à l'*Histoire d'une Grecque moderne*', *RSH* 33 (1968). Le *Mercure de France* annonce régulièrement les livraisons successives des *Causes célèbres* étudiées par J. Sgard, 'La littérature des causes célèbres', in *Approches des Lumières, mélanges offerts à Jean Fabre* (Paris 1974), pp.459-70.

de celui que les rapporte. Cette histoire est un effort pour échapper à ce qui fait encore souffrir, au tourment éternel d'une vie, un exercice de libération dont rien n'indique l'issue. L'ambassadeur reste peut-être atteint, malgré qu'il en ait, par le poison de l'amour ou de la jalousie. L'*Histoire d'une Grecque moderne* est une *confession dont le sens échappe à son auteur*.

Entre ces trois aveux s'établit donc un jeu subtil. Les deux premiers fournissent un modèle, presque un impératif de lecture: pour les déchiffrer correctement, il faut trouver la fonction qu'ils remplissent, deviner dans quelle intention ils ont été faits. Dans le troisième aveu, le narrateur révèle sa propre incertitude, soumet au lecteur plusieurs hypothèses sur sa propre motivation. Ce qui 'ruine par avance la relation de confiance qu'un lecteur entretient normalement avec le roman qu'il lit'[49] n'est pas qu'une passion prenne la parole, ce qui fournirait une grille de lecture assez simple, comme par exemple dans les *Lettres de la religieuse portugaise*, mais qu'il y ait hésitation entre plusieurs motivations: l'amour a-t-il fait place à son contraire, une sorte de dégoût amer? Cette souffrance est-elle un autre visage de l'amour? Ces deux pôles, entre lesquels le narrateur dit osciller, s'enrichissent rapidement au cours de la rédaction. On peut considérer que le besoin de se justifier face au public est une résurgence du principe de l'honneur que l'amour avait anéanti, et donc une forme positive de l'indifférence. Au contraire, l'amour se présente rapidement sous la forme dégradée de la jalousie: dans le dernier tiers du livre, le narrateur en fait l'aveu d'une manière très proche de cet *exorde*.[50] Offert comme une preuve de franchise, cet aveu laisse en même temps planer un doute définitif sur la lucidité de l'ambassadeur et augmente l'incertitude du lecteur. Sont donc assez rapidement posées les causes psychologiques qui rendent ambiguë la confession de l'amant de la belle Grecque: chacun de ses sentiments est susceptible de se métamorphoser en son contraire (amour/amertume) et de se présenter tour à tour sous des formes nobles (indifférence/sentiment de l'honneur) ou sous des formes dégradées (amour/jalousie).

Incapable d'arriver au terme de sa délibération, le narrateur confie au lecteur le soin de déterminer de quoi il veut se persuader, ce qui lui inspire cette volonté de tout dire. Mais le récit de ses relations avec Théophé ne fournit aucune information particulière qui permettrait de répondre aux questions qu'il n'a pas cessé de se poser.[51] Cette délibération intérieure vise moins à solliciter une réponse qu'à définir un mode de lecture: le lecteur est invité à découvrir dans le passé de l'ambassadeur ce qui motive et explique sa rhétorique présente.

Un récit circulaire. S'il tourne son attention vers les événements du récit, le lecteur se trouve vite pris au piège, puisque le romancier non seulement ne donne pas

---

49. J. Rousset, p.148.

50. HGM, p.95: 'n'ai-je point à craindre que ce ne soit de mon témoignage qu'on se défie, et qu'on n'aime mieux me soupçonner de quelque noir sentiment de jalousie qui aurait été capable d'altérer mes propres dispositions, que de s'imaginer qu'une fille si confirmée dans la vertu ait pu perdre quelque chose de cette sagesse que j'ai pris plaisir jusqu'à maintenant à faire admirer?'

51. Le Gras, *La Rhétorique française*, p.199, appelle figurée une question qui porte sur une chose si évidente que la réponse va sans dire. On pourrait considérer la question de l'ambassadeur comme figurée pour une raison exactement inverse: ceux à qui il s'adresse ne disposent d'aucun élément pour y répondre.

de conclusion à son histoire, mais la rend ambiguë en suggérant plusieurs hypothèses plausibles. L'herméneutique à laquelle le narrateur convie le lecteur est en effet alimentée par un dispositif narratif particulier, qui, à la fois, fait apparaître plusieurs explications possibles de la conduite et des discours des personnages, et interdit de décider laquelle est déterminante, de reconstituer la logique de l'ensemble.

Le roman décrit une relation amoureuse qui en reste au stade du désir: les deux protagonistes ne manifestent leurs divers sentiments qu'à travers des discours de séduction qui demeurent sans réponse. Dans la mesure où leurs deux désirs sont opposés, ils sont engagés dans une épreuve de force où chacun tente de se soustraire à la demande de l'autre. Par cette rhétorique de refus, ils amènent l'autre à donner à son désir une nouvelle expression, une nouvelle direction. L'ambassadeur, qui s'adapte aux images successives qu'il se fait de Théophé, laisse libre cours à ses divers penchants: les refus de Théophé servent de révélateur à ses propres contradictions. Ce mouvement de spirale ne s'arrête que lorsque toutes les virtualités de l'amour, les différents rôles à l'intérieur du couple, ont été passés en revue.

Ce qui plonge le narrateur dans l'incertitude, c'est qu'aucun élément extérieur, aucun événement ne lui permet de décider lequel de ses rôles successifs correspond à son être profond, lequel des désirs que l'attitude de sa partenaire a éveillés est authentiquement le sien. L'inachèvement du récit, son étonnante paralysie maintiennent l'ambiguïté du discours et des conduites.

Beaucoup d'obscurités subsistent, qui empêchent le narrateur de porter des jugements sûrs à l'égard des principaux protagonistes. Qui est le père de Théophé? Synèse est-il son frère? Pourquoi Théophé s'est-elle enfuie? Est-elle complice de Maria et du chevalier? Reçoit-elle des amants la nuit dans sa chambre? etc. La modalisation constante du récit traduit l'hésitation de l'ambassadeur: emploi du conditionnel ('Sa joie m'aurait peut-être été suspecte', p.54), de la forme interrogative ('et qui me répondait qu'on n'abuserait point de mon absence?', p.66), du verbe paraître ('il ne me parut pas impossible que Théophé n'eût été cette enfant de deux ans', p.32) ou de verbes de même sens ('je me figurai [...] je m'imaginai [...] je crus entendre [...]', p.65; 'les moindres désordres que je crus remarquer dans sa chambre me parurent autant de traces de son amant', p.118, etc.).

Plus fondamentalement, le récit ne connaît pas un développement linéaire cohérent, mais tourne en rond. L'histoire, arrivée en son milieu, s'arrête, et revient au point de départ, annulant les acquis et les certitudes. Théophé a abandonné ses mœurs et sa mentalité d'esclave turque, prête à se vendre au plus offrant et à exploiter au mieux ses charmes, et semble s'être convertie à la morale européenne la plus austère. De son côté, l'ambassadeur s'est départi de son indifférence libertine, et voue à Théophé un amour de plus en plus fort: Prévost a soigneusement distingué les étapes successives de cette passion. Mais à partir du moment où Théophé refuse, contre toute attente, le mariage que le narrateur s'est finalement décidé à lui proposer, et où le couple regagne l'Europe, tout se gâte: l'ambassadeur passe par des crises de jalousie et de dégoût qui le détachent progressivement de sa protégée. Théophé, liée par l'intérêt et la reconnaissance à son protecteur, n'accède pas à une véritable liberté et, abandonnant son idéal de vertu, semble revenir à son libertinage initial. L'univers du harem, dont la Grecque s'est affranchie grâce à son protecteur, semble s'être reconstitué sous une autre forme dans l'appartement parisien qui réunit ce tyran impotent et cette esclave condamnée à l'hypocrisie.

Cette incertitude à la fois psychologique et morale relance, à la fin de son aventure, les doutes du narrateur sur ses intentions et celles de Théophé. Dans la mesure où l'histoire se défait, chacun des éléments de leur personnalité peut fonctionner comme une explication possible de leur conduite et de leurs discours. Leur agencement syntagmatique mis en défaut, tous les paradigmes prennent valeur d'hypothèse.

L'intérieur et l'extérieur. L'originalité de ces divers paradigmes est leur forme rhétorique: les personnages apparaissent uniquement à travers des tentatives de persuasion. Prévost a su exploiter au maximum la propriété qu'a le discours rhétorique de se prêter à plusieurs interprétations, d'être réversible: chaque projet de persuasion peut être attribué à au moins deux intentions opposées. L'originalité du roman vient de ce que cette ambiguïté concerne les motivations de Théophé autant que celles de son interprète: la même équivoque plane sur l'image que la jeune femme donne d'elle et sur ce que désire son amant.

L'ambassadeur attribue son indécision, les revirements de sa conduite, au comportement incohérent et trouble de Théophé. Dix ans après la Manon peinte par Des Grieux, elle serait une nouvelle preuve du caractère incompréhensible des femmes. Pour l'ambassadeur, Théophé porte un masque: tout ce qu'elle dit est sujet à caution et demande à être vérifié. Analysant le portrait qu'elle a tracé de sa première jeunesse, il estime qu'il y aurait de la crédulité à se livrer à 'l'air de naïveté et d'innocence' qu'elle a mis dans sa contenance et ses regards (p.29). Le soupçon est éveillé par l'apparence même de la simplicité: 'Plus je lui avais reconnu d'esprit, plus je lui soupçonnais d'adresse; et le soin qu'elle avait eu de me faire remarquer plusieurs fois sa simplicité, était précisément ce qui me la rendait suspecte.'

L'ambassadeur décide de ne garder du récit de l'ancienne esclave que ce qui lui paraît le plus *vraisemblable*.[52] Il procède à de véritables explications de texte, en se fondant, pour déterminer la vraisemblance des propos de la Grecque, sur l'examen des *circonstances*:[53] d'après la théorie rhétorique, ce sont elles qui décident de l'interprétation d'un événement ou d'une conduite, et l'orateur doit apprendre à en tirer tout le parti possible.

'Un détail de circonstances' suffit ainsi à forcer les doutes du héros qui fait confiance à ce que la gouvernante de Théophé lui dit. Inversement, l'idée que

52. Dans le genre délibératif, chacune des hypothèses est étayée par des lieux communs; voir H. Lausberg, p.130. C'est autour de la notion de vraisemblance que s'articulent les deux systèmes de la rhétorique et de la poétique (voir Curtius, *La Littérature européenne et le Moyen Age latin*, Paris 1956, pp.99-130).

53. La notion de circonstances se trouve également à l'intersection de la rhétorique et de la poétique. D'une part, on peut 'embellir [son] récit pas des circonstances intéressantes' (MHQ, p.170). D'autre part, les circonstances jouent un rôle déterminant dans le genre judiciaire: 'ne savez-vous pas que les crimes croissent ou diminuent par les circonstances, que c'est ce qui les rend légers ou atroces, et que l'image qu'elles en forment dans l'esprit du juge, fait naître dans son cœur toutes ces passions qui l'émeuvent' (G. Guéret, *Entretiens*, Paris 1666, pp.57-58).

la jeune femme est la complice du perfide Synèse le plonge dans un 'accablement de chagrin' (p.59), car 'toutes les circonstances étaient propres à [les] fortifier'. Parfois, le narrateur propose deux interprétations du même discours. Après son entrevue orageuse avec Théophé qui s'est refusée à lui et ne veut voir en lui que son père spirituel, l'ambassadeur examine toutes ses justifications à la lumière des 'circonstances' de la soirée. Le ressentiment fait vite place à des idées plus flatteuses, mais il continue à se demander s'il n'y a pas de l'affectation dans le tour *philosophique* qu'elle donne à ses pensées. Le mémorialiste manifeste parfois plus de méfiance encore que par le passé. Alors qu'il avait été convaincu par le ton 'si naturel' de Théophé, il se demande rétrospectivement s'il n'aurait pas dû faire davantage 'attention [...] aux circonstances' (p.68). L'essentiel pour l'ambassadeur est de reconstituer, sur ces indices de vraisemblance, l'intention véritable de sa partenaire: 'Il me semblait que si j'eusse pu m'assurer de ses intentions et me persuader qu'elle voulait prendre sérieusement le parti d'une vie sage et retirée, j'aurais moins pensé à combattre son dessein qu'à le seconder' (p.38).

Le héros change en fonction de ce qu'il imagine, de ce dont il se persuade lui-même que la jeune Grecque aurait voulu lui dire. L'explication qu'elle lui a donnée de sa fuite le convainc qu'elle est digne de devenir sa maîtresse. Quand elle refuse cette relation, 'le dépit et la confusion' amènent l'ambassadeur à la conclusion qu'il a été le jouet d'une 'coquette' qui voulait faire de lui 'sa dupe'. Puis un nouvel examen des propositions de Théophé le conduit à adopter une attitude inverse: 'Plus je m'attachai à ces réflexions, plus je sentis que cette manière de considérer mon aventure était flatteuse pour moi' (p.50), et cette flatteuse idée l'incite à parfaire l'éducation de sa protégée. Tout ce que lui dit Théophé subit donc le processus d'une reconstruction hypothétique que la réalité vient rarement infirmer ou confirmer. Rien ne permet de savoir si le narrateur se laisse mener par l'éloquence de Théophé ou par ses phantasmes. Le mouvement de persuasion qui décide de sa conduite peut résulter aussi bien de la rhétorique (extérieure) de sa protégée, que de celle (intérieure) de son désir. Le moi est menacé par les deux aliénations à la fois: le pouvoir de Théophé se confond tout au long du livre avec le pouvoir que prennent les passions dans le cœur de l'ambassadeur, sans qu'on puisse établir entre eux un lien de causalité ou de priorité. L'ambassadeur est-il le pantin de Théophé ou la victime de ses propres instincts?

La dépossession du moi par la passion est expressément figurée à la fin du roman, quand les soupçons de l'ambassadeur sont réveillés par les accusations d'un amant éconduit et de la gouvernante de Théophé. Le héros découvre dans 'le feu' qui fait briller dans les yeux de M. de S. (p.113), dans une agitation que ce dernier parvient à peine à modérer, le visage de sa propre jalousie; il prend conscience du trouble de son esprit, qui hypothèque tous ses jugements. Il ne peut pas davantage avoir confiance en ce qu'il sent qu'en ce que dit Théophé: les deux discours, l'un implicite, l'autre explicite, sont condamnés à la même ambiguïté.

La paralysie du récit devient totale quand, à la fin du livre, la jalousie de l'ambassadeur parle par la voix de la gouvernante, véritable emblème de l'aliénation par la passion. Ne s'étant pas 'vue congédier sans chagrin', elle vient troubler le héros 'par des soupçons qu'il ne [lui] a jamais été possible d'éclaircir' (p.117); l'amertume et la chaleur avec laquelle la gouvernante parle témoignent d'un ressentiment qui fait douter de sa bonne foi. 'Si vous en croyez sa haine, il est inutile que je pense à ma justification' (p.119): Théophé se disculpe en accusant son accusatrice de mensonge et de perversité. Le narrateur hésite à faire de la gouvernante 'la plus méchante et la plus noire de toutes les femmes' (p.120), mais Théophé ne mérite pas non plus sa confiance. Déchiré entre deux éloquences contradictoires, celle de sa passion, ici objectivée dans le personnage de la gouvernante, et celle toute 'grecque' de Théophé, l'ambassadeur se refuse à conclure. Cet obscurcissement total marque la fin de son aventure et le début de la rédaction de ses mémoires: il passe la main au lecteur.

Des discours croisés

L'*Histoire d'une Grecque moderne* est donc fondée sur un détournement à deux degrés du discours rhétorique. La narration se présente comme une délibération; mais son auteur s'avoue incapable de la mener à son terme, et demande au lecteur de le faire à sa place. Le lecteur, bien entendu, n'a aucune entrée dans le monde de l'ambassadeur, et comme le romancier se garde bien de lui donner la clef du problème, cette délibération doit être interprétée selon le modèle que le narrateur fournit en analysant son propre aveu: il faut y voir l'indice obscur d'une motivation qui échappe à sa conscience.

Si l'on se penche sur le récit, sur les aventures du mémorialiste, on retrouve ce même jeu d'esquives: le passé se trouve presque entièrement vu à travers les tentatives de persuasion des deux héros pour s'imposer mutuellement leur point de vue. Mais ils ne reçoivent aucune réponse satisfaisante. Ce qui oblige ici, comme dans la narration, à considérer le discours rhétorique comme le symptôme d'un déséquilibre affectif, c'est d'une part que l'ambassadeur ne parvient pas à concilier les images contradictoires de Théophé, à donner un sens sûr à ce qu'elle lui a dit, et c'est d'autre part que lui-même ne sait à quelle motivation obéit son propre discours: est-il le jouet des méchants ou de sa folie? qui a raison de lui ou de Théophé? qu'est-ce qui l'anime, l'amour ou la jalousie, le sentiment paternel ou la vanité, etc?

Mais plus remarquables que cette indécision du sens sont les relations établies entre le monologue intérieur et les propos de l'ambassadeur d'un côté, et les réponses de Théophé de l'autre. Prévost s'est servi du statut rhétorique de ces discours pour montrer la complexité du *je* qui l'énonce, ou, si l'on veut, la présence de plusieurs 'instances' différentes dans le *je* de l'énonciation. Plus exactement, c'est la succession des discours et leur entrecroisement qui produisent des effets de glissement d'un énoncé à l'autre: chaque tentative de persuasion est en même temps présentée comme une suite ou une annonce de celles qui l'entourent, soit de celles que le sujet formule, soit de celles que son interlocuteur lui adresse. En chaque discours rhétorique on peut ainsi découvrir l'effet d'autres discours rhétoriques selon un mécanisme d'ordre dialogique.

Des glissements de sens. Cet éclatement du sujet résulte d'abord de la multiplicité des 'mouvements' qui se partagent la volonté. La 'circularité du récit' a justement pour fin d'empêcher le lecteur de décider laquelle de ces instances successives anime le je qui parle. En effet les quatre rôles que l'ambassadeur propose à Théophé (femme entretenue, maîtresse, épouse et fille) correspondent à des mouvements affectifs différents: ceux-là mêmes qu'il cherche à éveiller chez sa partenaire, mais dont il reconnaît en même temps la présence en lui.

L'ambassadeur s'en tient d'abord avec Théophé au langage ordinaire de la galanterie. Les déclarations générales qu'il lui avait faites dans le harem sur l'attention dont les femmes sont l'objet en Europe, deviennent, par le hasard des circonstances qui amènent Théophé à se réfugier chez lui, des propositions plus précises. En effet, comme dans les autres romans de 1740, le désir physique est évoqué sans détour. 'Vous n'êtes ni d'un âge ni d'un tempérament qui puisse vous inspirer beaucoup d'indifférence pour ce sexe' (p.12): comme le bacha le rappelle au héros, on ne peut oublier le corps, ses besoins et ses plaisirs. Ce 'Français [...] versé [...] dans le commerce des femmes' (p.50) est flatté à l'idée de faire éprouver pour la première fois les plaisirs de l'amour à une esclave qui n'a connu que des vieillards, et il l'invite dans sa maison d'Oru (p.43):

Si mes caresses, mes soins et mes complaisances peuvent servir à vous rendre la vie douce, vous ne vous apercevrez jamais que je m'en relâche un moment. Enfin, vous connaîtrez combien il est différent pour le bonheur d'une femme de partager le cœur d'un vieillard dans un sérail, ou de vivre avec un homme de mon âge, qui réunira tous ses désirs à vous plaire et qui se fera une étude de vous rendre heureuse.

Son langage se fait bientôt plus explicite, ses gestes plus pressants; Théophé se montre alors stupéfaite de cette attitude, et se refuse à l'ambassadeur en lui rappelant les propos mêmes qu'il lui a tenus: les femmes ne sont-elles pas estimées en Europe en proportion de leur mérite et de leur vertu? Ce quiproquo met en lumière l'ambiguïté du discours galant: le héros en faisait le prélude à sa nuit d'amour; Théophé l'a pris à la lettre comme l'expression d'un respect authentique de la femme. L'ambassadeur se rallie alors à cette seconde interprétation: 'm'étant toujours piqué de quelque élévation dans mes principes, il ne m'en coûta presque rien pour sacrifier les plaisirs que je m'étais proposés à l'espérance de faire de Théophé une femme aussi distinguée par sa vertu que par ses charmes' (p.50). Le narrateur définit ensuite explicitement l'amour comme une transformation, une sorte de sublimation du désir sexuel: 'Et ce que je nomme les facultés naturelles, pour éloigner des idées qui paraîtraient sales, remonte ainsi par les mêmes voies qui l'ont apporté dans les réservoirs ordinaires, se mêle dans la masse du sang, y cause cette sorte de fermentation ou d'incendie en quoi l'on peut faire consister proprement l'amour' (p.57).

Forme raffinée du désir, le sentiment inspire toute l'éloquence dont Théophé est l'objet. Comme intimidé, l'ambassadeur confie à une lettre le soin d'exprimer 'tout ce qu'un cœur pénétré d'estime et d'amour peut employer de plus vif et de plus touchant pour persuader sa tendresse' (p.79). Quand, pour toute réponse, la jeune Grecque lui rappelle son indignité, le narrateur lui envoie un portrait 'qui la représentait au contraire avec toutes les perfections dont la nature l'avait ornée'. Mais il reconnaît que le but de toute cette éloquence reste 'la ruine des sentiments de vertu qu'[il] avai[t] contribué à lui inspirer' (p.80). L'amour connaît son paroxysme quand l'ambassadeur arrive à se persuader que Théophé, par son désintéressement et son austérité, a atteint une grandeur insurpassable, et qu'elle est digne de devenir son épouse.

Le nouveau refus de la jeune Grecque incite alors le héros à se cantonner dans son rôle de pédagogue, qui jusqu'alors s'était confondu avec celui d'amant passionné. Alors que le doyen et Renoncour s'identifient à leur fonction, à l'ordre moral qu'ils sont chargés de défendre, pour la première fois dans son œuvre, Prévost inscrit à l'origine de l'activité pédagogique un désir spécifique. De même que le sentiment amoureux naît du désir physique, la relation pédagogique offre à l'amour un débouché nouveau dont l'ambassadeur reconnaît et analyse tous les plaisirs. 'Flatté' de servir de modèle à Théophé, il se laisse séduire par son rôle de professeur: 'Que sera-ce lorsque je me ferai une étude sérieuse de cultiver ces riches présents de la nature?' (p.50). Jardinier de l'âme, il lui apprend la langue française (p.56), lui fait donner des leçons, s'entretient de ses progrès, guide ses lectures pour 'conduire des inclinations si nobles à leur perfection': il la fait naître à la vertu. Le zèle pédagogique n'est en effet qu'une forme de l'affection paternelle, et l'ambassadeur passe pour le père de Théophé auprès du chevalier de Malte (p.77) et du comte de Livourne (p.101). Le 'langage de l'affection paternelle' (p.84) auquel il se limitait pour rassurer Théophé n'est au départ que le masque de son désir. Le narrateur se demande finalement s'il n'exprime pas ce qu'il ressent vraiment – situation très marivaudienne où le rôle choisi pour plaire à l'autre serait devenu vérité: 'Je lui rendis tous les soins que le devoir m'aurait fait rendre à ma fille, ou l'amour à une maîtresse chérie' (p.107). Cette phrase remarquable neutralise l'opposition entre la relation amoureuse et la relation paternelle, de la même manière que l'instinct sexuel s'était métamorphosé en sentiment délicat.

Ce qui rend incertaines les limites de ces trois discours et des penchants qui les motivent, c'est, autant que leur enchaînement, leur réapparition sous des formes dégradées dans la dernière partie du roman. Le désir sexuel prend à la fin du récit la physionomie d'un phantasme pervers. Impotent, sénile, l'ambassadeur voit sa passion renaître à l'idée des galanteries de Théophé: il l'espionne, la somme de s'expliquer, et va jusqu'à chercher les traces que les amants qu'il lui suppose auraient pu laisser dans son lit. Il ne reste à l'homme à bonne fortune que les obsessions du voyeur. Le sentiment amoureux connaît de même une sombre dégradation dans la jalousie. Alors que l'ambassadeur recomposait l'histoire de Théophé pour en faire un portrait glorieux, il reconstitue désormais, sur les plus petits indices, les secrètes débauches de la jeune femme. Dans l'épisode justement célèbre où, dans le lit de Théophé, il s'endort en épousant l'empreinte qu'elle a laissée, l'amour ne s'adresse plus qu'à un fantôme. Enfin, le désir d'éducation donne lieu à d'étranges aberrations: il se confond avec le sentiment amoureux, auquel il donne sa coloration incestueuse, et débouche sur une implacable volonté de domination et de surveillance. L'ambassadeur poursuit Théophé, l'enferme, lui interdit de partir ou de se réfugier dans un couvent et l'empêche de connaître tout épanouissement sentimental: il a restauré l'ordre du sérail.

Ainsi, ce dont l'ambassadeur essaye de persuader Théophé, les changements de rôle qu'il propose (femme entretenue / maîtresse / épouse / fille), il en subit en retour l'effet d'une manière obscure. D'une part, le désir du corps se transforme en désir du cœur, et l'inclination amoureuse en sentiment paternel, et d'autre part, chacun de ces penchants se décompose et prend la figure hideuse du voyeurisme, de la jalousie ou de la tyrannie: au cours de l'histoire, les meilleurs sentiments acquièrent progressivement une coloration perverse. Conformément à la théorie rhétorique, l'ambassadeur aurait voulu, dans les discours qu'il adresse à Théophé, tirer parti des glissements de registre, de ces passages insensibles d'un point de vue à un autre, mais il découvre qu'il est lui-même la victime de cette confusion des principes psychologiques et moraux. Prisonnier de sa stratégie, il ne peut plus démêler les différents fils dont il est tissu.

La voix de l'Autre. En chaque discours de l'ambassadeur, on peut donc repérer les divers 'mouvements' qui inspirent ses interventions successives; mais on doit aussi y voir la marque des réponses que lui adresse Théophé. Ce qui explique que cette image de l'autre puisse déterminer le projet de persuasion du moi, c'est que les deux personnages tiennent des propos rigoureusement parallèles. Chacun de leurs discours, chacun des rôles qu'ils envisagent ou des modèles culturels auxquels ils se réfèrent peut être considéré soit comme l'expression d'un désir personnel, soit comme un facteur décisif dans l'évolution du partenaire. L'échange qui, dans la tentative de persuasion, s'opère entre le désir du moi et l'image de l'autre, prend, dans l'*Histoire d'une Grecque moderne*, une forme très complexe, parce qu'en chacun des protagonistes sont sollicités des principes identiques qui s'entrecroisent en un mouvement sans fin. On retrouve donc chez Théophé le jeu des instances – corps, cœur, âme – qui structurent la rhétorique de l'ambassadeur: nous les présenterons successivement, en tâchant de faire apparaître les frontières indécises de ces différentes étapes, et, par ailleurs, les relations réciproques qu'on peut établir entre l'éloquence de Théophé et celle de l'ambassadeur.

La fiction orientale permet de ne pas faire de la sexualité le domaine réservé de l'homme, de doter l'héroïne d'un corps. Vouée dès sa naissance au désir des hommes, elle leur a été livrée 'dans un âge où [elle] ignor[e] encore la différence des sexes' (p.20). Dépossédée de son désir, elle apprend à considérer son corps comme un outil de travail et en fait l'instrument de sa revanche: complaisance, caresses et soumission lui donnent une sorte d'emprise sur ses maîtres. Se considérant comme une marchandise, elle ne peut garder la maîtrise de son existence qu'en organisant sa propre mise en vente (p.24); et le narrateur ne peut à son tour la libérer qu'en la rachetant.

L'héroïne se prétend désormais libérée de la fatalité du libertinage. C'est pourtant cette image d'un passé dissolu qui excite le désir de l'ambassadeur, et Théophé, en revendiquant le droit à la chasteté, va préserver le pouvoir de fascination de ce phantasme pervers, son protecteur se demandant pourquoi se refuse à lui seul celle qui était livrée à tous. Surtout, puisque Théophé a fait de la sexualité une arme, les autres personnages essayent de la retourner contre elle en éveillant sa sensualité: la naissance de l'esclave, son éducation, ses expériences, sa philosophie de courtisane, peuvent-elles n'avoir laissé aucune trace? C'est sur elle que fait fond la rhétorique du sélictar, ou celle de l'ambassadeur, qui suppose à sa protégée 'autant de chaleur de tempérament que de vivacité d'esprit' (p.29). Béma, la gouvernante de Théophé, espère régner sur le cœur de sa maîtresse en l'incitant au libertinage: 'Elle s'était flattée de connaître assez les inclinations et le tempérament d'une fille de cet âge pour répondre qu'elle ne résisterait pas éternellement au goût du plaisir' (p.63). Théophé peut-elle échapper au déterminisme des sens, si le sentiment familial lui-même prend chez elle un caractère pervers? Elle a laissé Synèse, qu'on suppose être son frère, 'satisf[aire] continuellement sa passion par l'usage qu'il faisait de ses charmes' et lui a livré 'ses mains, sa bouche, son sein même' (p.59).

Théophé justifie sa nouvelle conduite par les discours que l'ambassadeur lui a tenus sur la délicatesse des mœurs européennes. La jeune Grecque veut oublier son corps et cultiver ce que l'Asie a laissé en friche, son âme, sa conscience. Le 'tour philosophique [de] la plupart de ses idées' (p.29), le 'tour moral qu'elle donnait naturellement à toutes ses réflexions' (p.72) témoignent de son goût pour 'la plus haute sagesse' (p.52), de la 'noblesse de ses sentiments' (p.72). Sachant envisager une question 'sous toutes ses faces' (p.32), elle se place toujours du côté 'le plus sérieux de la morale' (p.50). Cette réaction de Théophé révèle à l'ambassadeur ses contradictions, l'amène à infléchir son éloquence dans un sens précieux et sentimental, et lui fait même envisager l'éventualité d'un mariage. L'ambiguïté de l'idéal vertueux que Théophé s'est donné résulte en effet de son rôle rhétorique. L'ambassadeur le lui a présenté comme ce qui donnait aux femmes européennes leur empire sur les hommes. C'est ensuite l'idée du mérite nouveau de Théophé qui le fait céder à toutes ses demandes. La jeune fille peut donc utiliser la morale comme un alibi pour se soustraire à son protecteur, la frustration du désir, on l'a vu, lui procurant le même pouvoir que pouvaient le faire en Asie ses complaisances. La situation de dépendance où se trouve Théophé interdirait qu'elle puisse réellement changer de nature: des circonstances variables l'amènent simplement à changer de stratégie. Le cynisme de la courtisane dirait ainsi la vérité de la femme européenne.

C'est enfin à l'incitation de Théophé que l'ambassadeur abandonne le vocabulaire de l'amant passionné pour celui de 'l'affection paternelle'. La présentation qu'il lui a faite de l'Europe et de sa morale l'a fait accéder à un monde nouveau, lui a donné une seconde 'naissance' qui l'a délivrée 'de l'infamie de la première' (p.36). Ayant réussi à obtenir de l'ambassadeur qu'il renonce à ses projets érotiques, Théophé s'extasie de retrouver celui qu'elle appelle son roi, son maître, son père. En assignant à l'ambassadeur ce rôle de père, Théophé tente d'arrêter le cours de l'histoire à la scène originelle de sa libération du sérail, et d'une certaine façon y parvient, puisque le récit revient finalement à son point de départ. Ce qui distingue la femme libre de l'esclave turque, c'est en effet le sentiment de sa faute, en d'autres termes, sa responsabilité. Théophé ne peut préserver cette liberté nouvellement acquise qu'en maintenant une distinction tranchée entre son passé et son présent, l'ordre de la chair et celui de l'esprit. Céder aux désirs de son protecteur ferait retomber la jeune Grecque dans l'ornière de la prostitution, annulerait le bénéfice de son affranchissement. Le traiter en père lui permet au contraire de concilier son indépendance avec une reconnaissance dont sa nouvelle morale ne peut logiquement la dispenser. Que Théophé se trouve ainsi prise au piège de sa propre éloquence, c'est ce que suggère la fin du roman: dans la seule aventure sentimentale qu'on lui connaisse, elle reste tributaire de la rhétorique précieuse de l'ambassadeur et se laisse prendre au discours parfaitement conforme aux stéréotypes romanesques que lui tient le comte de Livourne. Et si, à la fin de l'œuvre, l'image de la jeune femme se brouille, c'est qu'elle ne peut concilier les exigences contradictoires des deux modèles que l'ambassadeur lui a présentés: celui d'une morale chrétienne rigoureuse et celui de la vie mondaine, qui est déjà en lui-même entaché d'équivoque, puisque, sous couvert de sentiments délicats, il autorise un libertinage dégradant.

L'ambiguïté des discours de Théophé vient donc de ce qu'elle cherche à retourner contre ses maîtres l'éloquence dont ils ont fait preuve à son égard. La situation de dépendance où elle se trouve l'oblige à définir son identité dans les termes mêmes qu'utilisent les autres, et surtout à faire de sa parole un instrument de pouvoir, plus qu'un moyen d'expression personnelle – le morcellement de l'individu en trois instances distinctes, le corps, le cœur et l'âme, pouvant être symboliquement interprété comme une sanction de ce détournement du langage.

Enfin, et on admettra que l'on reste dans le cadre de la rhétorique si l'on veut se rappeler qu'elle tire du respect des bienséances une réglementation stylistique, Prévost a fait apparaître dans les discours de ses deux personnages, outre le jeu des instances qui articulent à la fois leur propre rhétorique et celle de leur partenaire, une présence plus insidieuse: la trace de la parole des autres, de cette parole collective où se manifestent les conventions culturelles, les attentes idéologiques et les stéréotypes linguistiques. C'est en particulier la sexualité qui est prise dans ce discours anonyme: on a vu les 'leçons' que pères infâmes et entremetteuses avisées prodiguent à Théophé, et les Turcs, qui s'étonnent de la réserve du narrateur en ce domaine, veulent le ramener à la 'nature' en lui faisant miroiter les ressources du sérail et la docilité des esclaves. Le narrateur indique également les relais idéologiques de ses raisonnements. Il ne change en particulier d'attitude à l'égard de Théophé qu'au terme d'une longue réflexion qui lui a permis de modifier l'identité sociale qu'il lui attribue: l'esclave des sérails peut partager son lit, celle qu'il a convertie son nom. Le livre est le signe privilégié de cette surdétermination culturelle: l'ambassadeur découvre le pouvoir exorbitant que Nicole et Port-Royal ont pris dans l'esprit de Théophé, et voudrait leur substituer des livres d'une morale plus mondaine, plus accommodante, voire des romans comme la *Princesse de Clèves* ou *Cléopâtre*. Enfin le discours de l'ambassadeur porte les marques facilement reconnaissables de formules et de modèles littéraires. Ses propositions galantes, dont le sens réel résulte des circonstances qui les accompagnent, s'inscrivent dans la logique du roman libertin, et c'est elle encore qui inspire ses soupçons, et l'amène à voir dans les refus de Théophé les ruses d'une coquetterie qui fait monter les enchères. Quant à son propre discours amoureux, le narrateur en révèle involontairement les clichés quand il analyse le récit que le comte de Livourne fait de sa passion: ce séducteur recompose son passé pour se donner la figure d'un 'illustre malheureux', et, à force d'hyperboles et de paradoxes, veut persuader Théophé qu'elle peut consoler l'inconsolable. Enfin, entre Théophé et son équivoque professeur s'interpose le modèle de la vertu récompensée, accrédité par les œuvres de Challe, Marivaux, Mouhy et Richardson. La littérature, par l'entremise de ces situations, de ces rôles et de ces traits stylistiques laisse ainsi son empreinte dans la parole, aussi intime que soit l'expérience qu'elle cherche à exprimer.

L'impératif de lecture du mémorialiste, l'impossibilité de mener à leur terme les projets des aventures, et donc la démarche herméneutique qui vise à re- chercher la logique du discours dans la nature du sujet qui l'énonce, permet au romancier d'établir une triple relation entre chacun des énoncés, de suggérer entre eux un triple rapport d'influence. Ce que nous avons appelé la 'circularité du récit' amène l'ambassadeur à découvrir en chacune des étapes de ce duel rhétorique qui l'oppose à Théophé l'une des motivations possibles de leurs conduites et de leurs discours. L'entrecroisement de ces propos symétriques indique en outre que chaque tentative de persuasion – et donc le mouvement qu'elle sollicite ou qui la sous-tend – n'est peut-être que la reprise déformée de celle que son partenaire lui a adressée et à laquelle il se serait identifié: la confusion entre le passé et le présent se double donc d'une interférence entre ce qui revient à l'éloquence de la jeune Grecque et ce qui revient à celle de son protecteur. Enfin, l'ambassadeur et Théophé ont pu ainsi se laisser déterminer par les images qu'ils se sont faites l'un de l'autre parce que ces images sont déjà par avance celles que leur culture leur transmet: le complexe imaginaire amoureux emprunte la voie déjà frayée de l'imaginaire littéraire. Comme chez Marivaux, le désir de persuasion se révèle subordonné tout à la fois à l'ordre caché du cœur, à celui des relations intersubjectives, et à celui des réalités sociales, ou plus exactement des formules idéologiques et des formes stylistiques à travers lesquelles elles sont saisies.

Au terme de notre enquête, nous nous retrouvons donc à l'extrême opposé de notre point de départ. Nous avons vu que le regard réflexif sur les mécanismes psychologiques de la persuasion permet au moi de se préserver de l'autre, de son éloquence, de ses tentations. Mais il est apparu ensuite que le sujet subissait dans ses propres projets de persuasion l'influence de l'autre, soit par l'entremise des penchants inconscients que celui-ci inspire, soit par l'intermédiaire des images et des rôles convenus auxquels il l'amène à se conformer.

Ce qui relie l'intérieur et l'extérieur, la production et la réception du discours serait une sorte de *persuasion intérieure*. C'est elle que, traditionnellement, le discours cherche à produire chez le récepteur, c'est elle encore qui déterminerait l'émetteur même du message: l'influence qu'exerce le destinataire sur le locuteur serait repérable au niveau de la genèse, de la composition du discours.

Le phénomène de l'hypocrisie est assez facilement circonscrit et les méchants plus facilement démasqués que chez Crébillon ou Laclos. Prévost et Marivaux utilisent davantage la situation rhétorique pour donner une image fidèle des équivoques et des obscurités de la conscience. Victime à la fois du conformisme social et de la confusion des passions, n'ayant qu'une idée incomplète de ce qu'il veut et de ce qu'on veut de lui, le *moi* serait finalement le lieu énigmatique de l'*Autre*.

Conclusion

Nous nous proposions initialement d'utiliser la rhétorique comme un guide pour étudier la réflexion sur l'éloquence que Marivaux et Prévost peuvent mener par le biais de leurs romans. D'une certaine manière, nous avons peut-être abouti au résultat inverse: notre analyse des œuvres des deux romanciers jette une lumière neuve sur la problématique rhétorique de la première moitié du dix-huitième siècle. Là où la rhétorique reste prisonnière de la tradition, et en même temps se fractionne en domaines séparés, et bientôt spécialisés, les romans peuvent à la fois mieux faire apparaître la cohérence et les enjeux de certains choix théoriques, et montrer les liens profonds entre conceptions rhétoriques, analyses morales et psychologiques, et réflexions politiques: le discours, l'individu et la collectivité obéissent à la même logique. Alors que la rhétorique piétine, et doit attendre les années 1750 pour recevoir une impulsion nouvelle, tout se passe comme si la réflexion la plus authentique sur l'éloquence avait trouvé refuge dans le roman.

D'une part, la confrontation des œuvres de Marivaux et de Prévost fait clairement apparaître les deux directions dans lesquelles s'est engagée la réflexion rhétorique au cours du dix-huitième siècle. On peut considérer comme traditionnelle l'opposition évidente de Marivaux et de Prévost sur l'utilisation pratique du savoir rhétorique: celui-ci croit aux vertus du calcul, de la technique, de la stratégie oratoire; celui-là s'en tient aux capacités naturelles de l'individu. L'un fait dépendre la persuasion de l'art, l'autre du sentiment.

Mais la conception que Marivaux a du sentiment et du rôle qu'il joue dans la vie intérieure et dans la vie sociale, ses propres exigences de moraliste et ses idées sur la langue et le style, expliquent que, paradoxalement, il puisse fonder l'éloquence sur des mécanismes rationnels: elle exploite les écarts minimes de significations et de valeurs qui existent entre des formules similaires – qu'on les appelle synonymes, litotes, euphémismes ou périphrases; elle joue sur les multiples *circonstances* qui accompagnent chaque *idée principale*, et qui produisent autant d'*idées accessoires*; elle amène l'auditeur à envisager chaque *objet* dans une perspective nouvelle, ou elle lui en découvre des *faces* jusqu'alors passées inaperçues.

Prévost, de son côté, tout en croyant aux vertus de la stratégie, n'en attribue pas moins la persuasion à la force pathétique du discours: l'orateur doit compter sur son expression passionnée, et même lyrique, pour faire comprendre à son interlocuteur l'histoire personnelle qui explique son propre point de vue, pour lui faire ressentir toutes les émotions qu'implique sa situation. Pour changer l'esprit de l'auditeur, il faut bouleverser son cœur.

Les œuvres de Marivaux et de Prévost nous permettent de mesurer l'importance capitale que prend au dix-huitième siècle la distinction établie par B. Lamy dans son analyse du discours: Marivaux conçoit l'éloquence sur le modèle du *trope*, et Prévost sur celui de la *figure*. Cette opposition évoque le partage qui s'opère de leur temps entre ceux qui assimilent l'éloquence à l'expression de l'émotion – sinon à des épanchements de la sensibilité – et ceux qui veulent supprimer toutes les équivoques, tous les à peu près, et à force d'éclaircissements, parvenir à une langue bien faite: que ce soit pour réveiller les *sentiments de la nature* ou pour établir l'*ordre des raisons*, les uns et les autres soumettent bien l'art de parler aux ambitions des Lumières.

D'autre part, la réflexion de Marivaux et de Prévost rétablit en quelque sorte l'unité perdue de la pensée rhétorique. Alors que la partie consacrée aux *passions* disparaît pratiquement des traités, et semble émigrer dans les ouvrages de morale, les deux romanciers se servent du modèle rhétorique pour décrire à la fois le moi profond de l'individu et ses relations avec les autres. De même, au moment où les rhétoriciens renoncent à voir l'éloquence jouer un rôle politique, Prévost et Marivaux abordent les problèmes de la vie sociale, et même ceux de l'Etat, dans une perspective rhétorique.

Pour Marivaux, c'est un même mécanisme, de type rhétorique, qui détermine l'individu et les relations sociales, le *moi* et le langage. Le discours produit un effet de *persuasion intérieure* qui reste obscur à la conscience, et qui est le plus souvent différent de sa signification littérale. Cette contradiction entre le dire et le faire serait la caractéristique de la comédie rhétorique que les passions jouent aux hommes, et qui les abusent sur eux-mêmes et sur les autres. Ce qui rend possible cette mystification individuelle et collective, c'est le caractère conventionnel des signes et du langage, plus précisément de ces formules, de ces habitudes lexicales, de ces manières de désigner le réel et de se raconter qui définissent proprement le *style*. Marivaux voit dans la rhétorique ce que nous appellerions aujourd'hui un *code*: un ensemble de règles contraignantes qui permettent au *moi* de se créer cette image (socialement) acceptable qui dissimule, à ses propres yeux et aux yeux du monde, sa véritable nature, et qui peut finir par l'abolir. La rhétorique condamne l'homme à l'aveuglement et au conformisme.

Une rupture violente, ou le détachement du philosophe, peut sauver l'homme de cette rhétorique généralisée. Marivaux semble bien former dans ses romans le rêve d'un monde qui ne se préoccupe pas des *verba*, des images, mais ne songe qu'à l'être des choses, à la vérité des *res*. Comme le bon prince est celui qui agit sans penser à faire connaître ses actions, la grande âme ne sacrifie rien au désir de plaire: dans ce monde des sensibles et des justes, seul le vrai mérite saurait naturellement convaincre.

Marivaux a placé ses deux héros à mi-chemin de ces deux univers, entre l'idéal de la transparence et les contraintes du code. Leur situation sociale, et peut-être simplement la nécessité de s'accommoder au monde, obligent en effet Marianne et Jacob à transiger, à lutter pied à pied pour se faire entendre et accepter. S'ils veulent acquérir le droit à la parole et à l'écriture, et donc se connaître, il leur faut adopter les conventions de la société, parler la même langue qu'elle, se plier à ses modèles et à ses styles. Ces champions de la franchise apprennent à manier les diverses rhétoriques que les autres pratiquent inconsciemment, et dont ils sont souvent les malheureuses victimes.

La place qu'occupe la rhétorique dans l'univers romanesque de Prévost s'explique par la conception pessimiste qu'il se fait de la nature humaine et de la société. L'abbé partage en effet l'idée des moralistes chrétiens que la rhétorique doit intervenir pour essayer d'amender le pouvoir que les passions exercent dans le cœur de l'homme: s'adressant aux passions, l'éloquence ne peut jamais susciter que des engouements, ou au mieux, des croyances. Puissante et fragile, elle se caractérise à la fois par ses insuffisances et par ses excès. D'une part, elle est incapable d'imposer durablement les normes de la raison, et d'autre part, elle peut éveiller les inclinations les plus déréglées. L'usage qui est fait de l'art de parler est une imposture à deux égards: il se fixe un idéal pédagogique ou moral qu'il ne peut jamais atteindre, et en même temps, il permet aux beaux parleurs d'abuser les esprits faibles. Prévost a multiplié les personnages qui mettent leur éloquence au service des causes les plus douteuses, des Princes et des Prêtres qui s'abritent derrière le discours de l'Institution dont ils font partie pour assouvir de coupables instincts. La rhétorique s'impose pour tenter de régler les tendances anarchiques de l'individu, mais ceux qui doivent diffuser ces principes d'ordre, de moralité et de religion, en tirent un pouvoir qui leur permet de bafouer ces mêmes principes en toute sécurité: peut-on échapper au mal rhétorique?

Les personnages de Marivaux et de Prévost semblent emportés par le mouvement de leur propre éloquence, et ne plus savoir maîtriser les effets qu'elle peut avoir. Comme leurs interlocuteurs se laissent convaincre par leurs discours, et peuvent en perdre tout sens critique, eux-mêmes se laissent prendre à la réussite de leur persuasion, et finissent par en ignorer la véritable motivation, par ne plus distinguer ce qui dans leurs discours relève de la convention et du modèle culturel. Pour avoir voulu tirer profit de l'extraordinaire pouvoir que le langage exerce sur l'imagination et sur la sensibilité, ils se retrouvent prisonniers des *fables* et des *modèles* qui imprègnent l'imaginaire collectif, et que la littérature vient, de son côté, accréditer de ses séduisants prestiges: Marianne et Des Grieux, Jacob et l'ambassadeur sont entrés dans leur propre mythe.

La forme autobiographique de leurs romans fixait clairement la problématique dans laquelle Marivaux et Prévost se sont situés: l'expression de l'individu peut-elle prétendre à l'authenticité? En quoi dépend-elle des nécessités économiques et sociales d'une part, psychologiques et affectives de l'autre? Peut-on accéder à un style parfaitement original, ignorer les grands modèles tout à la fois esthétiques, culturels et idéologiques? Plus enclins à faire jouer les contradictions qu'à les résoudre, les deux romanciers se gardent bien de répondre. Peut-être sont-ils restés fidèles à la rhétorique précisément dans la mesure où ils n'ont pas cherché à résorber cette dialectique incessante entre l'expression du moi et les contraintes de la vie sociale, entre la volonté d'être vrai et la recherche de l'effet, entre le sujet et le code, le dire et le faire, l'être et le pouvoir.

Bibliographie

1. Œuvres de Marivaux et Prévost

Marivaux

[OJ] *Œuvres de jeunesse*, éd. F. Deloffre, Paris 1972
[JOD] *Journaux et œuvres diverses*, éd. F. Deloffre et M. Gilot, Paris 1969
[VM] *La Vie de Marianne*, éd. F. Deloffre, Paris 1963
[PP] *Le Paysan parvenu*, éd. F. Deloffre, Paris 1969

Prévost

[MHQ] *Mémoires et aventures d'un homme de qualité qui s'est retiré du monde ...*, éd. P. Berthiaume et J. Sgard, Grenoble 1978
[ML] *Histoire du Chevalier Des Grieux et de Manon Lescaut*, éd. F. Deloffre et R. Picard, Paris 1965
[C] *Le Philosophe anglais, ou Histoire de Monsieur Cleveland*, éd. P. Stewart, Grenoble 1977

[DK] *Le Doyen de Killerine*, éd. A. Principato, Grenoble 1978
[HGM] *Histoire d'une Grecque moderne*, éd. A. Holland, in *Œuvres de Prévost*, t.iv, Grenoble 1982, pp.5-121
[JC] *Mémoires pour servir à l'histoire de Malte ou Histoire de la jeunesse du commandeur de ****, éd. H. Coulet, in *Œuvres de Prévost*, t.iv, Grenoble 1982, pp.123-242
[CP] *Campagnes philosophiques ou Histoire de M. de Montcal*, éd. J. Oudart, in *Œuvres de Prévost*, t.iv, Grenoble 1982, pp.243-433
[PC] *Le Pour et contre*, ouvrage périodique ..., Paris 1733-1740
[MM] *Le Monde moral*, *Œuvres de Prévost*, t.xxix, Paris 1823
[ML] *Manuel lexique*, Paris 1755 (1ère éd. 1750)

2. Ouvrages antérieurs à 1800

Alembert, Jean Lerond d', *Eloge de Marivaux*, in *Œuvres complètes*, t.iii, Paris 1821, pp.577-621
– *Discours de Mr d'Alembert à l'académie française (19 déc.1754)*, in *Mélanges de littérature, d'histoire et de philosophie*, t.ii, Amsterdam 1772, pp.297-310
– *Réflexions sur l'élocution oratoire et sur le style en général, ibid.*, pp.312-52
Andry de Boisregard, Nicolas, *Sentiments de Cléarque sur les Dialogues d'Eudoxe et de Philante*, Paris 1688
– *Réflexions ou remarques critiques sur l'usage présent de la langue française*, Paris 1692
Arnauld, Antoine, *Remarques sur l'Avertissement qui est à la tête de la traduction des Sermons de Saint Augustin*, in *Réflexions sur l'éloquence*, Paris 1700, pp.116-357 (réed. des *Réflexions sur l'éloquence des prédicateurs*, 1695)
Arnaud, Antoine et Nicole, Pierre, *La Logi-*

que ou l'art de penser, Paris 1970 (1ère éd. 1662)
Aubignac, François Hedelin d', *Discours académique sur l'éloquence*, Paris 1668
Baillet, Adrien, *Jugements des savants sur les principaux ouvrages des auteurs*, Amsterdam 1725 (1ère éd. 1685-1686)
Balzac, Guez de, *De la grande éloquence*, in *Œuvres*, t.ii, Paris 1665, pp.519-530
Barbier d'Aucour, Jean, *Sentiments de Cléanthe sur les Entretiens d'Ariste et d'Eugène*, Paris 1671
Bary, René, *La Rhétorique française*, Paris 1659
Batteux, Charles, *Lettres sur la phrase française comparée avec la phrase latine, à monsieur l'abbé d'Olivet*, in *Cours de belles-lettres distribué par exercices*, t.ii, deuxième partie, Paris 1748
– *Principes de la littérature*, t.iv, Paris 1764

(reprend le t.iv du *Cours de belles-lettres*, 1748-1749)

Boissimon, de, *Les Beautés de l'ancienne éloquence opposées aux affectations de la moderne*, Paris 1698

Bouhours, le P. Dominique, S.J., *Les Entretiens d'Ariste et d'Eugène*, Paris 1683 (1ère éd. 1671)

– *La Manière de bien penser dans les ouvrages d'esprit. Dialogues*, Paris 1743 (1ère éd. 1687)

– *Lettres à une dame de province sur les 'Dialogues d'Eudoxe et de Philante'*, Paris 1688

Bourdaloue, Louis, *La Rhétorique de Bourdaloue...*, Paris 1864

Breton, *De la rhétorique selon les préceptes d'Aristote, de Cicéron et de Quintilien*, Paris 1703

Bretteville, Etienne Dubois de, *L'Eloquence de la chaire et du barreau...*, Paris 1689

Brûlart de Sillery, Fabio, *Lettre de Monseigneur de Soissons*, in *Réflexions sur l'éloquence*, Paris 1700, pp.1-18

– *Réplique à l'auteur de La Connaissance de soi-même*, *ibid.*, pp.63-115

Brulon de Saint Remy, *Introduction à la rhétorique*, Joinville 1730

Bruzen de La Martinière, Antoine, *Introduction générale à l'étude des sciences et des belles-lettres*, La Haye 1731

Buffier, Claude, *Examen des préjugés vulgaires*, Paris 1725 (1ère éd. 1704)

– *Grammaire française sur un plan nouveau*, Paris 1714 (1ère éd. 1709)

– *Suite de la Grammaire française sur un plan nouveau, ou Traité philosophique et pratique d'éloquence ...*, Paris 1728

– *Cours de science, sur des principes nouveaux et simples, pour former le langage, l'esprit et le cœur, dans l'usage ordinaire de la vie*, Paris 1732 (numérotation par colonnes, à raison de deux par page)

Callières, François de, *Des bons mots et des bons contes*, Paris 1692

– *Des mots à la mode et des nouvelles façons de parler*, Paris 1692

– *Du bon et du mauvais usage dans les manières de s'exprimer, des façons de parler bourgeoises, et en quoi elles sont différentes de celles de la cour*, Paris 1693

– *Du bel-esprit*, Paris 1695

Cartier de Saint Philip, *Le Je-ne-sais-quoi*, La Haye 1724

Clausier, Jean-Louis, *Rhétorique, ou l'Art de connaître et de parler*, Paris 1748 (1ère éd. 1728, d'après Goujet)

Colin, Hyacinthe, *Préface ou discours préliminaire sur les moyens d'acquérir l'éloquence*, in *Traduction du traité de l'Orateur de Cicéron*, Paris 1737, pp.1-124

Condillac, *Essai sur l'origine des connaissances humaines*, Auvers-sur-Oise 1973 (1ère éd. 1746)

Crébillon fils, *L'Ecumoire ou Tanzaï et Néadarné. Histoire japonaise*, éd. E. Sturm, Paris 1976 (1ère éd. 1734)

Crevier, Jean-Baptiste Louis, *Rhétorique française*, Paris 1767 (1ère éd. 1765)

Crousaz, Jean-Pierre de, *Traité du beau ...*, Amsterdam 1724 (1ère éd. 1714) (ch. 11, t.ii 'De la beauté de l'éloquence')

Desbords Des Doires, Olivier, *De la meilleure manière de prêcher*, Paris 1700

Diderot, Denis, *Lettre sur les aveugles*, in *Œuvres philosophiques*, éd. P. Vernière, Paris 1964, pp.73-146 (1ère éd. 1749; également *Œuvres complètes*, t.iv, Paris 1978, pp.3-107)

– *Lettres sur les sourds et muets*, éd. J. Chouillet, in *Œuvres complètes*, t.iv, Paris 1978, pp.109-233 (1ère éd. 1751)

– *Œuvres esthétiques*, ed. P. Vernière, Paris 1968

Dubois-Goibaud, Philippe, *Les Sermons de Saint-Augustin*, Paris 1694, Avertissement, pp.i-lxv

Dubos, Jean-Baptiste, *Réflexions critiques sur la poésie et sur la peinture*, Paris 1733 (1ère éd. 1719)

Dumarsais, César Chesneau, *Des tropes*, Tulle 1793 (1ère éd. 1730)

Du Plaisir, *Sentiments sur les lettres et sur l'histoire, avec des scrupules sur le style*, éd. P. Hourcade, Genève 1975 (1ère éd. 1683)

Du Vair, *De l'éloquence française ...*, éd. R. Radouant, Paris 1907 (1ère éd. 1594)

Fénelon, François de Salignac de La Mothe, *Lettre à l'Académie*, éd. E. Caldarini, Genève 1970 (1ère éd. 1716)

– *Dialogues sur l'éloquence*, Paris 1942 (1ère éd. 1718)

Fléchier, Esprit, *Œuvres posthumes*, t.ii, *Œuvres mêlées*, Paris 1712

Fontenelle, Bernard Le Bovier de, *Poésies pastorales de M.D.F., avec un Traité sur la nature de l'églogue et une digression sur les anciens et les modernes*, Paris 1698 (1ère éd. 1688)

– *Discours sur l'origine des fables*, in *Entretiens sur la pluralité des mondes*, Paris 1724, pp.353-85

– *Réflexions sur la poétique*, in *Œuvres*, t.iii, Paris 1790, pp.119-64

Frain Du Tremblay, Jean, *Traité des langues*, Amsterdam 1709 (1ère éd. 1703)

Furetière, Antoine, *Nouvelle allégorique, ou histoire des derniers troubles arrivés au royaume d'Eloquence*, éd. E. v. Ginneken, Genève 1967 (1ère éd. 1658)

– *Le Roman bourgeois*, in *Romanciers du XVIIe siècle*, éd. A. Adam, Paris 1958, pp.899-1104 (1ère éd. 1666)

Gaichiès, Jean, *L'Art de la prédication, ou maximes sur le ministère de la chaire*, Paris 1712

Gamaches, Etienne Simon de, *Système du cœur*, 2e éd., Paris 1708 (1ère éd. 1704)

– *Les Agréments du langage réduits à leurs principes*, Paris 1718

Gibert, Balthasar, *De la véritable éloquence, ou réfutation des paradoxes sur l'éloquence avancés par l'auteur de La connaissance de soi-même*, Paris 1703

– *Réponse de l'auteur du livre De la véritable éloquence à la lettre d'un juriste*, Paris 1703

– *Réflexions sur la rhétorique où l'on répond aux objections du père Lamy*, Paris 1705-1707

– *Jugements des savants sur les auteurs qui ont traité de la rhétorique, avec un précis de la doctrine de ces auteurs*, Paris 1713-1719 (puis t.vii du *Jugements des savants d'A. Baillet*, 1725)

– *Observations adressées à M. Rollin [...] sur son Traité de la manière d'enseigner et d'étudier les belles-lettres*, Paris 1727

– *Réponse de M. Gibert à la lettre de M. Rollin*, Paris 1727

– *La Rhétorique ou les règles de l'éloquence*, Paris 1730

Gillet, Pierre François, *Discours sur le génie de la langue française*, in *Plaidoyers et autres œuvres*, Paris 1696, pp.223-50

Girard, Gabriel, *La Justesse de la langue française*, Paris 1718

– *Synonymes français*, Nouvelle éd. considérablement augmentée par M. Beauzée, Paris 1769 (1ère éd. 1736)

– *Les Vrais principes de la langue française*, Paris 1747

Gisbert, Blaise, S.J., *Le Bon goût de l'éloquence chrétienne*, Lyon 1702

– *L'Eloquence chrétienne dans l'idée et dans la pratique*, Lyon 1715 (reprise du livre précédent)

Goujet, Claude Pierre, *Bibliothèque française, ou histoire de la littérature française*, Paris 1741, t.i et ii

Guéret, Gabriel, *Entretiens sur l'éloquence de la chaire et du barreau*, Paris 1666

– *L'Orateur. Si l'empire de l'éloquence est plus grand que celui de l'amour*, in Racan, *Divers traités d'histoire, de morale et d'éloquence*, Paris 1672, pp.53-91 et 104-29

Guilleragues, *Lettres portugaises*, éd. F. Deloffre et J. Rougeot, Genève 1972

Jouvancy, Joseph de, *Candidatus rhetoricae*, Aureliae 1738

Huet, Pierre Daniel, *Traité de l'origine des romans*, éd. F. Gégou, Paris 1971

La Bruyère, Jean de, *Les Caractères*, éd. R. Garapon, Paris 1962 (1ère éd. 1688, 9e éd. 1696)

Lambert, Anne Thérèse, marquise de, *Œuvres morales*, Paris 1843

La Mothe Le Vayer, François, *La Rhétorique du prince*, in *Œuvres*, t.i, partie 2, Dresde 1766, pp.175-236 (1ère éd. 1641)

– *Considérations sur l'éloquence française de ce temps*, in *Œuvres*, t.ii, partie 1, Dresde 1766, pp.183-318 (1ère éd. 1638)

Lamy, Bernard, *La Rhétorique ou l'art de parler*, 4e éd., Amsterdam 1699 (1ère éd. 1675)

– *Entretiens sur les sciences*, éd. F. Girbal et P. Clair, Paris 1966 (1ère éd. 1684)

Lamy, Dom François, *De la connaissance de soi-même*, Paris 1694-1698

– *Réponse de l'auteur de La Connaissance de soi-même*, in *Réflexions sur l'éloquence*, Paris 1700, pp.19-62

– *La Rhétorique de collège trahie par son apologiste*, Paris 1704

La Rochefoucauld, *Maximes*, éd. J. Truchet, Paris 1967 (1ère éd. 1665, 5e éd. 1678)

Le Gendre, Gilbert Charles, *Traité de l'opinion*, Paris 1733, t.i, chap.4, pp.108-35

Le Grand, Jean-François, *Discours sur la rhétorique française*, en tête de la *Rhétorique française* de René Bary, 1659

Le Gras, *La Rhétorique française*, Paris 1672

Le Jay, Gabriel François, *Bibliotheca rhetorum*, Parisiis 1809-1813 (1ère éd. 1725)

Le Maître de Claville, Charles François Nicolas, *Traité du vrai mérite de l'homme*, Paris 1734

Lesage, Georges-Louis, *Pensées hasardées sur les études, la grammaire, la rhétorique et la poétique*, La Haye 1729

Leven de Templery, Joseph, *La Rhétorique française, très propre aux gens qui veulent apprendre à parler et écrire avec politesse*, Paris 1698 (repris en 1699 sous le titre, *L'Eloquence du temps enseignée à une dame de qualité*)

– *Le Génie, la politesse, l'esprit et la délicatesse de la langue française*, Bruxelles 1701

Locke, John, *Essai philosophique concernant l'entendement humain*, trad. M. Coste, Amsterdam, Leipzig 1755 (1ère éd. 1700)

Malebranche, *De la recherche de la vérité*, éd. G. Rodis-Lewis, Paris 1965 (1ère éd. 1674)

Moncrif, François-Augustin Paradis de, *Essais sur la nécessité et sur les moyens de plaire*, Paris 1738

Montfaucon de Villars, Nicolas Pierre Henri, *De la délicatesse*, Paris 1671

Morinière, Claude de, *Science qui est en Dieu, avec une lettre sur l'étude et l'usage de la rhétorique*, Paris 1718

Morvan de Bellegarde, J. B., *Réflexions sur l'élégance et la politesse du style*, Paris 1695

– *Modèles de conversations pour les personnes polies*, Paris 1697

– *Réflexions sur la politesse des mœurs*, Paris 1698

– *Lettres curieuses de littérature et de morale*, Paris 1702

– *L'Art de connaître les hommes*, Amsterdam 1710 (1ère éd. 1702)

Olivet, Pierre Joseph Thoulier d', *Discours sur l'éloquence*, in *Philippiques de Démosthène et Catilinaires de Cicéron*, Paris 1736

Ortigue de Vaumorière, Pierre, *L'Art de plaire dans la conversation*, Paris 1688

– *Harangues sur toutes sortes de sujets, avec l'art de les composer*, Paris 1687

– *Lettres sur toutes sortes de sujets, avec des avis sur la manière de les écrire*, Paris 1690

Perrault, Charles, *Parallèle des anciens et des modernes, t.ii, En ce qui regarde l'éloquence*, Paris 1690

Pons, Jean-François de, *Œuvres*, Paris 1738

Pourchot Edmond, *Lettre d'un juriste à l'auteur du livre 'De la véritable éloquence'*, Paris 1703

Rapin, René, S.J., *Réflexions sur l'usage de l'éloquence de ce temps*, in *Œuvres*, t.ii, Paris 1725, pp.1-98 (1ère éd. 1671)

– *Réflexions sur la poétique de ce temps*, éd. E. T. Dubois, Genève 1970 (1ère éd. 1675)

– *Du grand ou du sublime dans les mœurs et dans les différentes conditions des hommes, avec quelques observations sur l'éloquence des bienséances*, Paris 1686

Réflexions sur l'éloquence, ouvrage collectif (Antoine Arnauld, Brûlart de Sillery, François Lamy), Paris 1700

Renaud, André, *Manières de parler la langue française selon ses différents styles*, Lyon 1697

La Rhétorique de l'honnête homme, Amsterdam 1699

Rollin, Charles, Hersan, Marc-Antoine et Lenglet, Pierre de, *Praeceptiones rhetoricae*, Lutetiae Parisiorum 1717

Rollin, Charles, *De la manière d'enseigner et d'étudier les belles-lettres, par rapport à l'esprit et au cœur*, Paris 1765, t.ii (1ère éd. des 4 t. 1726-1728)

– *Lettre de M. Rollin à M. Gibert*, Paris 1727

Rousseau, Jean-Jacques, *Discours sur l'origine et les fondements de l'inégalité parmi les hommes*, in *Œuvres complètes*, t.iii, Paris 1964, pp.109-223 (1ère éd. 1755)

– *Julie, ou la nouvelle Héloïse*, in *Œuvres complètes*, t.ii, Paris 1964, pp.1-793 (1ère éd. 1761)

– *Essai sur l'origine des langues*, éd. C. Porset, Bordeaux 1970

Silvain, *Traité du sublime*, Paris 1732

Sorel, Charles, *La Bibliothèque française*, Paris 1667

– *De la connaissance des bons livres*, éd. L. Moretti Cenerini, Roma 1974 (1ère éd. 1671)

Tencin, Mme de, *Le Siège de Calais*, in *Œuvres complètes de Mesdames de La Fayette, de Tencin et de Fontaines*, t.iv, Paris 1825, pp.85-281

Thomas, Antoine Léonard, *Essai sur les éloges*, in *Œuvres*, t.i et ii, Paris 1773

Trublet, Nicolas-Charles-Joseph, *Essais sur divers sujets de littérature et de morale*, 2e éd., Paris 1737

– *Panégyriques des saints*, précédés de *Réflexions sur l'éloquence*, Paris 1755

Vignacourt, Adrien de La Vieuville d'Orville, *Histoire de Lidéric, premier comte de Flandres*, Paris 1737

Villiers, Pierre de, S.J., *L'Art de prêcher*, Cologne 1682

Voltaire, *Le Temple du goût*, éd. E. Carcassonne, Genève 1953 (1ère éd. 1733)

– *Conseils à un journaliste*, in *Œuvres complètes*, éd. L. Moland, t.xxii, Paris 1879, pp.241-66 (1ère éd. 1737)
– *Connaissance des beautés et des défauts de la*

poésie et de l'éloquence dans la langue française, in *Œuvres complètes*, éd. Moland, t.xxiii, Paris 1879, pp.327-424 (1ère éd. 1749)

3. Ouvrages postérieurs à 1800

Nous avons utilisé les abréviations conventionnelles des collections et revues suivantes:

CAIEF: *Cahier de l'Association internationale des études françaises*
MLN: *Modern language notes*
RhlF: *Revue d'histoire littéraire de la France*
RSH: *Revue des sciences humaines*

a. Rhétorique, éloquence, poétique

Austin, John Langshaw, *Quand dire, c'est faire*, Paris 1970 (1ère éd. Oxford 1962)

Barthes, Roland, 'L'ancienne rhétorique. Aide mémoire', *Communications* 16 (1970), pp.172-229

Becq, Annie, 'Rhétoriques et littérature d'art à la fin du XVIIe siècle, le concept de couleur', *CAIEF* 24 (1972), pp.215-32

Benard, Annie, 'Les traités de rhétorique au XVIIIe siècle', thèse dactylographiée, Paris 1973

Booth, Wayne C., *The Rhetoric of fiction*, Chicago, London 1961

Bremond, Claude, 'Le rôle d'influenceur', *Communications* 16 (1970), pp.60-69
– *Logique du récit*, Paris 1973

Carr, Thomas, Jr., 'François Lamy and the rhetoric of attention of Malebranche', *Romance notes* 22 (1981), pp.197-201

Charles, Michel, *Rhétorique de la lecture*, Paris 1977

Cousin, Jean, 'Rhétorique latine et classicisme français', *Revue des cours et conférences* (28 fév.-30 juil. 1933), Paris 1933

Critique et création littéraires en France au XVIIe siècle (Actes du colloque international organisé à Paris, le 4-6 juin 1974), Paris 1977

Curtius, Ernst Robert, *La Littérature européenne et le moyen âge latin*, trad. J. Bréjoux, Paris 1956

Dainville, François de, *L'Education des jésuites (XVIe-XVIIIe siècles)*, Paris 1978

Davidson, Hugh M., *Audience, words and art, studies in seventeenth century French rhetoric*, Columbus 1965

Démoris, René, 'Aspects dynamiques de la relation peinture-littérature au siècle des Lumières', in *La Littérature des Lumières en France et en Pologne*, Wroclaw 1976, pp.231-45

Dumonceaux, Pierre, *Langue et sensibilité au XVIIe siècle. L'évolution du vocabulaire affectif*, Genève 1975

France, Peter, *Racine's rhetoric*, Oxford 1965
– *Rhetoric and truth in France. Descartes to Diderot*, Oxford 1972

François, Alexis, 'Précurseurs français de la grammaire affective', in *Mélanges offerts à Charles Bailly*, Genève 1939, pp.369-77

Fumaroli, Marc, *L'Age de l'éloquence. Rhétorique et 'res literaria' de la Renaissance au seuil de l'époque classique*, Genève 1980

Genette, Gérard, *Figures II*, Paris 1969
– *Figures III*, Paris 1972
– *Mimologiques*, Paris 1976

Greimas, Algirdas Julien, *Maupassant. La sémiotique du texte, exercices pratiques*, Paris 1976

Kibédi Varga, A., *Rhétorique et littérature. Etudes de structures classiques*, Paris, Bruxelles, Montréal 1970
– 'Synonyme et antithèse', *Poétique* 15 (1973) pp.307-12

Kuentz, Paul, 'Bibliographie pour l'étude de la rhétorique', *XVIIe siècle* 80-81, (1968), pp.133-42
– 'La "rhétorique" ou la mise à l'écart', *Communications* 16 (1970), pp.143-57
– 'L'enjeu des rhétoriques', *Littérature* 18 (mai 1975), pp.3-15

Langue et langage de Leibniz à l'Encyclopédie, éd. M. Duchet et M. Jalley, Paris 1977

Launay, Michel et Léo, *Le Vocabulaire litté-raire de J.J. Rousseau*, Genève, Paris 1979

Lausberg, Heinrich, *Elemente der literarischen Rhetorik*, München 1963

Leenhardt, Jacques, 'Rhétorique de la chaire et idéologie', *Littérature* 18 (mai 1975), pp.16-30

Litman, Théodore A., *Le Sublime en France (1660-1714)*, Paris 1971

Morel, Jacques, 'Rhétorique et tragédie au XVIIe siècle', *XVIIe siècle* 80-81 (1968), pp.89-105

Morier, Henri, *Dictionnaire de poétique et de rhétorique*, Paris 1961

Mornet, Daniel, *Histoire de la clarté française*, Paris 1929

Mouchard, Claude, *Postface* du *Traité des tropes* de Dumarsais, Paris 1977, pp.255-67

Munteano, Basil, *Constantes dialectiques en littérature et en histoire*, Paris 1967

Paulhan, Jean, *Œuvres complètes*, t.ii et iii, Paris 1966

Pizzorusso, Arnaldo, *La Poetica di Fénelon*, Milano 1959

– *La Poetica del romanzo in Francia, 1660-1685*, Roma 1962

– *Il Ventaglio e il compasso, Fontenelle e le sue teorie letterarie*, Napoli 1964

– *Teorie letterarie in Francia. Ricerche sei-sette-centesche*, Pisa 1968

Points de vue sur la rhétorique, no spécial de la revue *XVIIe siècle* 80-81 (1968)

Preti, Giulio, *Retorica e logica. Le due culture*, Torino 1968

Proust, Jacques, 'Diderot et les problèmes du langage', *Romanische Forschungen* 79 (1967), pp.1-27

Recherches rhétoriques, no spécial, *Communica-tions* 16 (1970)

Rhétorique du geste et de la voix à l'âge classique, no spécial de la revue *XVIIe siècle* 132 (1981)

Rhétorique générale par le groupe, J. Dubois, F. Edeline, J. M. Klinkenberg, P. Min-guet, F. Pire, H. Trinon, Paris 1970

Richards, I. A., *The Philosophy of rhetoric*, Oxford 1965

Ricken, Ulrich, 'La liaison des idées selon Condillac et la clarté du français', *XVIIIe siècle* 1 (1969), pp.179-93

– *Grammaire et philosophie au siècle des Lumiè-res*, Lille 1978

Searle, J. R., *Speech acts*, Cambridge 1977

Sellstrom, A. Donald, 'Rhetoric and the poetics of French classicism', *The French review* 34 (1961), pp.425-31

Söter, Istvan, *La Doctrine stylistique des rhéto-riques du XVIIe siècle*, Budapest 1937

Snyders, Georges, *La Pédagogie en France aux XVIIe et XVIIIe siècles*, Paris 1965, chap.5 (1): 'La rhétorique'

– 'Rhétorique et culture au XVIIe siècle', *XVIIe siècle* 80-81 (1968), pp.79-87

Todorov, Tzvetan, *Poétique de la prose*, Paris 1971

– *Théories du symbole*, Paris 1977

Truchet, Jacques, 'Pour un inventaire des problèmes posés par l'étude de la rhétori-que au XVIIe siècle', *XVIIe siècle* 80-81 (1968), pp.5-17

Le Vocabulaire du sentiment dans l'œuvre de J.J. Rousseau, sous la dirction de M. Gilot et J. Sgard, Genève, Paris 1980

Wilkins, Kathleen Sonia, *A study of the works of Claude Buffier*, Studies on Voltaire 66, Genève 1969

York, Roe A., 'La rhétorique dans l'As-trée', *XVIIe siècle* 110-11 (1976), pp.13-24

b. Etudes sur Marivaux

Adams, D. J., 'Society and self in *Le Paysan parvenu*', *Forum for modern language studies* 14 (1978), pp.378-86

Angelli, Giovanna, 'Le *impressions* di Mari-vaux', *Lingua e stile* 9 (1974), pp.275-87

Baader, Renate, *Wider den Zufall der Geburt. Marivaux' grosse Romane und ihre zeitgenös-sische Wirkung*, München 1976

Bonaccorso, Giovanni, 'Le dialogue de Marivaux avec ses lecteurs', *CAIEF* 25 (1973), pp.209-23

Brady, Patrick, 'Rococo style in the novel: *La Vie de Marianne*', *Studi francesi* 56 (1975), pp.225-43

Bürger, Peter, 'Marivaux' *Paysan parvenu*. Zur Entstehung des bürgerlichen Ro-mans', in *Studien zur französischen Frühauf-klärung*, Frankfurt am Main 1972, pp.99-132

Calarco, don Domenico, 'I personaggi ne *La Vie de Marianne* di Marivaux' *Francia* 21 (1977), pp.49-57

Cormier, Raymond J., 'Sur deux scènes d'embarras dans *La vie de Marianne*', *Les Lettres romanes* 29 (1975), pp.198-206

Coulet, Henri et Michel Gilot, *Marivaux, un humanisme expérimental*, Paris 1973

Coulet, Henri, 'Marivaux et Malebranche', *CAIEF* 25 (1973), pp.141-60

– *Marivaux romancier*, Paris 1975

– 'Etat présent des études sur Marivaux', *Information littéraire* 31 (1979), pp.61-70

Crocker, Lester, 'Portrait de l'homme dans le *Paysan parvenu*', *Studies on Voltaire* 87 (1972), pp.253-76

Decobert, Jacques, 'Langage et société: les équivoques de l'honnêteté dans le *Paysan parvenu* de Marivaux, in *Beiträge zur Analyse des sozialen Wortschatzes*, herausgegeben von Ulrich Ricken, Halle 1975, pp.78-88

Deloffre, Frédéric, 'De Marianne à Jacob: les deux sexes du roman chez Marivaux', *Information littéraire* 11 (1959), pp.185-92

– 'Premières idées de Marivaux sur l'art du roman' *L'Esprit créateur* 1 (1961), pp.178-83

– *Marivaux et le marivaudage*, 2e éd., Paris 1971

Desvignes, Lucette, 'Fontenelle et Marivaux: les résultats d'une amitié', *XVIIIe siècle* 2 (1970), pp.161-79

Dunn, Susan, 'Les digressions dans le *Paysan parvenu* de Marivaux', *Romance notes* 18 (1977), pp.205-13

Fabre, Jean, 'Intention et structure dans les romans de Marivaux', in *Idées sur le roman*, Paris 1979, pp.81-99

Filteau, Claude, 'Réflexions sur le pouvoir et le leurre chez Marivaux', *Protée* 4 (1975), pp.87-92

Fleming, John A., 'Textual autogenesis in Marivaux's *Paysan parvenu*', *Studies on Voltaire* 189 (1980), pp.191-204

Gilot, Michel, 'Les jeux de la conscience et du temps dans l'œuvre de Marivaux', *RSH* 33 (1968), pp.369-89

– 'Remarques sur la composition du *Paysan parvenu*', *XVIIIe siècle* 2 (1970), pp.181-95

– 'Les Journaux de Marivaux', thèse, Université de Lille III 1974

– 'Le peuple dans l'œuvre de Marivaux', in *Images du peuple au XVIIIe siècle*, Paris 1973, pp.257-280

– 'Marivaux dans la société de son temps', *RSH* 39 (1974), pp.79-101

Gossman, Lionel, 'Literature and society in the early Enlightenment: the case of Marivaux', *MLN* 82 (1967), pp.306-33

Greene, E. J. H., *Marivaux*, Toronto 1965

Guedj, Aimé, 'La révision des valeurs sociales dans l'œuvre de Marivaux', in *La Révision des valeurs sociales dans la littérature européenne à la lumière des idées de la révolution française*, Paris 1970, pp.11-43

Haac, Oscar A., 'Marivaux and the *honnête homme*', *The Romanic review* 50 (1959), pp.255-67

– 'Humour through paradox', *L'Esprit créateur* 1 (1961), pp.196-202

– 'Paradox and levels of understanding in Marivaux', *Studies on Voltaire* 56 (1967), pp.693-706

Hirsh, M., 'Le roman expérimental de Marivaux', *RSH* 39 (1974), pp.103-24

Hohendahl, Peter Uwe, 'Empfindsamkeit und gesellschaftliches Bewußtsein. Zur Soziologie des empfindsamen Romans am Beispiel von *La Vie de Marianne, Clarissa, Fräulein von Sternheim* und *Werther*'. *Jahrbuch der Deutschen Schillergesellschaft* 16 (1972), pp.176-207

Hondt, Jacques d', 'Hegel et Marivaux', *Europe* 451-452 (1966), pp.323-38

Huet, Marie-Hélène, *Le Héros et son double. Essai sur le roman d'ascension sociale au XVIIIe siècle*, Paris 1975

Ince, Walter, 'L'unité du double registre chez Marivaux', in G. Poulet, *Les Chemins actuels de la critique*, Paris 1968, pp.71-85

Jacoebée, Pierre W., *La Persuasion de la charité*, Amsterdam 1976

Jamieson, Kuth Kirby, *Marivaux, a study in sensibility*, New York 1941

Josephs, Herbert, 'Le *Paysan parvenu*: satire and the fiction of innocence', *French forum* 5 (1980), pp.22-29

Jugan, Annick, *Les Variations du récit dans la Vie de Marianne de Marivaux*, Paris 1978

Kibédi Varga, A., 'Note sur Marivaux', *Neophilologus* 41 (1957), pp.252-57

Koch, Philip, 'A source of *Le Paysan parvenu*', *MLN* 75 (1960), pp.44-49

Laere, François von, 'Aspects contradictoires de la narration ouverte: *La Vie de Marianne* et *Jacques le fataliste*', *Degrés* (1973), pp.e.e16

Larson, Jeffry, '*La Vie de Marianne Pajot*. A real-life source of Marivaux's heroine', *MLN* 83 (1968), pp.598-609

Levin, Lubbe, 'Masque et identité dans le *Paysan parvenu*', *Studies on Voltaire* 79 (1971), pp.177-92

Lingois, André, 'La place du *Paysan parvenu* dans les romans de Marivaux et dans le roman du XVIIIe siècle', *Humanisme contemporain* 3 (1968), pp.140-47

Lotringer, Sylvère, 'Le roman impossible', *Poétique* 3 (1970), pp.297-321

Mat, Michèle, 'Espace, décor et temps dans les romans de Marivaux', *Studi francesi* 58 (1976), pp.21-39

– 'L'intrigue et les voix narratives dans les romans de Marivaux', *Romanische Forschungen* 89 (1977), pp.18-36

Matucci, Mario, 'Intorno alla narrativa di Marivaux', *Rivista di letterature moderne e comparate* 9 (1956), pp.17-35

– *Introduction* à *Marivaux narratore e moralista*, Napoli 1958, pp.3-27

– 'Su alcuni temi di Marivaux', in *Studi in onore di Vittorio Lugli e Diego Valeri*, Venezia 1961, ii. 645-54

– 'Sentiment et sensibilitié dans l'œuvre romanesque de Marivaux', *CAIEF* 25 (1973), pp.127-39

Melani, Nivea, 'La trasposizione dell'imagine da Marivaux a Diderot', *Studi francesi* 52 (1974), pp.30-45

Miething, Cristoph, 'Zu den Anfängen des Entwicklungsromans in Frankreich: Marivaux' *Paysan parvenu* und seine *Suite anonyme*', *Romanistisches Jahrbuch* 26 (1975), pp.95-121

Muhlemann, Suzanne, 'La genèse d'un "espace littéraire": la ville dans l'œuvre romanesque de Marivaux', in *La Ville au XVIIIe siècle*, colloque d'Aix-en-Provence, 1973, Aix-en-Provence 1975, pp.19-32

Munro, James S., 'Studies in sub-conscious motivation in Laclos and Marivaux', *Studies on Voltaire* 89 (1972), pp.1153-68

Parrish, Jean, 'Illusion et réalité dans les romans de Marivaux', *MLN* 80 (1965), pp.301-306

Pinkernell, Gert, 'Zur Genese und Chronologie von Marivaux' *La Vie de Marianne* (Buch III), *Archiv für das Studium der neueren Sprachen und Literaturen* 127 (1975), pp.131-37

Proust, Jacques, 'Le "jeu du temps et du hasard" dans le *Paysan parvenu*', in *Europäische Aufklärung, Herbert Dieckmann zum 60. Geburtstag*, München 1967, pp.223-35

Ray, William, 'Convergence et équilibre dans le *Paysan parvenu*', *French forum* 1 (1976), pp.139-52

Robbins, A., 'Marianne and moral expediency', *Revue des langues vivantes* (1970), pp.258-65

Roelens, Maurice, 'Les silences et les détours de Marivaux dans *Le Paysan parvenu*: l'ascension sociale de Jacob', in *Le Réel et le texte*, Paris 1974, pp.11-30

Rogers, William S., 'Marivaux: the mirror and the mask', *L'Esprit créateur* 1 (1961), pp.167-77

Rosbottom, Ronald C., 'Marivaux and the significance of *naissance*', in *Jean-Jacques Rousseau et son temps*, M. Launay éd., Paris 1969, pp.73-92

– 'Marivaux and the possibilities of the memoir-novel', *Neophilologus* 56 (1972), pp.43-49

– *Marivaux's novels*, Rutherford, Madison, Teaneck, London 1974

Rosso, Corrado, *Il Serpente e la sirena*, Naples 1972

Roudaut, Jean: 'Le réalisme de Marivaux', *Mercure de France* 1201 (nov. 1963), pp.608-14

Rousset, Jean, *Forme et signification*, Paris 1962

– *Narcisse romancier*, Paris 1973

Schaad, Harold, *Le Thème de l'être et du paraître dans l'œuvre de Marivaux*, Zurich 1969

Séailles, André, 'Les déguisements de l'amour et le mystère de la naissance dans le théâtre et le roman de Marivaux', *RSH* 30 (1965), pp.479-91

Spink, J. S., 'Marivaux: the "mechanism of the passions" and the "metaphysic of sentiment"', *Modern language review* 73 (1978), pp.278-90

Spitzer, Leo, *Etudes de style*, Paris 1970

Stackelberg, Jürgen v., 'Marivaux novateur', in *Studi in onore di Italo Siciliano*, Firenze 1966, pp.1155-63

Sturzer, Felicia, '"Marivaudage" as self-representation', *French review* 49 (1975), pp.212-21

Tancock, Leonard, 'Reflection on the sequel to *Le Paysan parvenu*', in *Studies in eighteenth-century French literature, presented to Robert Niklaus*, Exeter 1975, pp.257-68

Thomas, Ruth, 'The role of the narrator in the comic tone of *Le Paysan parvenu*', *Romance notes* 12 (1970), pp.134-41

– 'The critical narrator of Marivaux's unfinished novels', *Forum for modern language studies* 9 (1973), pp.363-69

Trapnell, William H., 'Marivaux's unfinished narratives', *French studies* 24 (1970), pp.237-53

c. Etudes sur Prévost

L'Abbé Prévost, Actes du colloque d'Aix-en-Provence, 20 et 21 déc. 1963. Aix-en-Provence 1965

Auerbach, Erich, *Mimesis. La représentation de la réalité dans la littérature occidentale*, Paris 1968, ch. 16: 'Le souper interrompu'

Balmas, Enea, 'Modernità e tradizione in *Manon Lescaut*', *Francia* 21 (1977), pp.5-18

Bismut, Roger, 'Une source probable de *Manon Lescaut, Gil Blas de Santillane*', *Les Lettres romanes* 29 (1975), pp.52-58

Blanchard, J. M., 'De la stylistique à la socio-critique: narration et médiatisation dans *Manon Lescaut*', *MLN* 88 (1973), pp.742-63

Brady, Patrick, '*Manon Lescaut*: classical, romantic or rococo', *Studies on Voltaire* 53 (1967), pp.339-60

Bray, Bernard, 'Structures en série dans *Manon Lescaut et Histoire d'une Grecque moderne* de l'abbé Prévost', *Studies on Voltaire* 192 (1980), pp.1333-40

Breuil, Yves, 'Une lettre inédite relative à *L'Histoire d'une Grecque moderne* de l'abbé Prévost', *RSH* 33 (1968), pp.391-400

Bürger, Peter, 'Die Attitüde des Erzählers in Prévosts *Manon Lescaut*', in *Studien zur französischen Frühaufklärung*, Frankfurt am Main (1972), pp.69-94

Cherpack, Clifton, 'Prospects of, and prospects for, the fiction of Prévost', *L'Esprit créateur* 12 (1972), pp.75-81

– 'Literature and belief. The example of Prévost's *Cleveland*', *Eighteenth-century studies* (1972-73), pp.186-202

Costich, Julia F., 'Fortune in *Manon Lescaut*', *French review* 49 (1976), pp.522-27

Coulet, Henri, 'L'abbé Prevost et Racine', *Actes du premier Congrès international racinien*, Uzès, 7-10 sept. 1961, pp.95-106

– 'Le comique dans les romans de Prévost', *Colloque Prévost*, pp.173-83

– 'Le thème de la "Madeleine repentie" chez Robert Challe, Prévost et Diderot', *Saggi e ricerche di letteratura francese* 14 (1975), pp.287-304

Decobert, Jacques, 'Au procès de l'utopie, un "roman des illusions perdues": Prévost et la "colonie rochellaise"', *RSH* 39 (1974), pp.493-504

Delasalle, Simone, 'Lecture d'un chef-d'œuvre: *Manon Lescaut*', *Annales, E.S.C.* 26 (1971), pp.723-40

Deloffre, Frédéric, 'Un morceau de critique en quête d'auteur: le jugement du *Pour et contre* sur *Manon Lescaut*', *RSH* 27 (1962), pp.203-12

Desvignes, Lucette, 'Vues de la terre promise: les visages de l'Amérique dans *Moll Flanders* et dans l'*Histoire de Manon Lescaut*', *Studies on Voltaire* 152 (1976), pp.543-57

Donhoe, Joseph I., 'The death of Manon: a literary inquest', *L'Esprit créateur* 12 (1972), pp.129-46

Ehrard, Jean, 'L'avenir de Des Grieux: le héros et le narrateur', in *Travaux de linguiste et de littératures romanes de l'université de Strasbourg* 13 (1975), *Mélanges de littérature française offerts à R. Pintard*, pp.491-501

Engel, Claire-Elaine, 'L'abbé Prévost, romancier baroque', *RSH* 25 (1960), pp.385-97

Fabre, Jean, 'L'abbé Prévost et la tradition du roman noir', in *Idées sur le roman*, Paris 1979, pp.100-19

Fambrough, Preston, 'L'*âme généreuse* in Prévost's romantic hero', *Romance notes* 14 (1972), pp.112-15

Fougères, Michel, *La 'Liebestod' dans le roman français, anglais et allemand au XVIIIe siècle*, Ottawa 1974

Francis, R. A., 'The additional tales in the 1756 edition of Prévost's *Mémoires d'un homme de qualité*: technique and function', *French studies* 32 (1978), pp.408-19

Frautschi, R. L., '*Manon Lescaut*: the exemplary attitude', *French review* 37 (1964), pp.288-95

– 'Narrative voice in *Manon Lescaut*', *L'Esprit créateur* 12 (1972), pp.103-17

Gilroy, James P., 'Peace and the pursuit of happiness in the French utopian novel: Fénelon's *Télémaque* and Prévost's *Cleveland*', *Studies on Voltaire* 176 (1979), pp.169-87

Gossman, Lionel, 'Prévost's Manon: love in the new world', *Yale French studies* 40 (1968), pp.91-102

Greignou, Pierre, 'La mauvaise foi dans

Manon Lescaut', *Europe* 549-550 (jan.-fév. 1975), pp.175-89

Guyon, Bernard, 'Notes sur l'art du roman dans *Manon Lescaut*', in *Hommage au doyen Etienne Gros*, Aix-en-Provence 1959, pp.185-92

Guiragossian, Diana, '*Manon Lescaut* et la justice criminelle sous l'ancien régime', *Studies on Voltaire* 56 (1967), pp.679-91

Havens, George R., *The Abbé Prévost and English literature*, Princeton, Paris 1921

Hill, Emita, B., 'Virtue on trial: a defence of Prévost's Théophé', *Studies on Voltaire* 67 (1969), pp.191-209

Holland, Allan, 'The miracle of Prévost's *Grecque moderne*', *Australian journal of French studies* 16 (1979), pp.278-80

Jaccard, Jean-Luc, *Manon Lescaut. Le personnage romancier*, Paris 1975

Jones, Graham C., '*Manon Lescaut*: la structure du roman et le rôle du chevalier Des Grieux', *RhlF* 71 (1971), pp.425-38

– '*Manon Lescaut*: morality and style', *Essays in French literature* 9 (1972), pp.30-45

– '*Manon Lescaut*: an exercise in literary persuasion', *Romanic review* 69 (1978), pp.48-59

Herbert, Josephs, '*Manon Lescaut*: a rhetoric of intellectual evasion', *Romanic review* 59 (1968), pp.185-97

Josephsohn, Mirjam, *Die Romane des abbé Prévost als Spiegel des 18. Jahrhunderts*, Winterthur 1966

Kaminker, Jean-Pierre, 'L'abbé Prévost', *Europe* 415-416 (nov.-déc. 1963), pp.5-55

Kibédi Varga, A., 'L'univers romanesque de Prévost', *Die Neueren Sprachen* 67 (1968), pp.172-87

Kory, Odile A., *Subjectivity and sensitivity in the novels of the abbé Prévost*, Paris 1972

Kusch, Manfred, '*Manon Lescaut*, or voyage du chevalier Des Grieux dans la basse Romancie', *Studies on Voltaire* 143, (1975), pp.141-60

Labriolle Rutherford, M. R. de, 'Le *Pour et contre* et les romans de l'abbé Prévost', *RhlF* 62 (1962), pp.28-40

– *Le Pour et contre et son temps*, Studies on Voltaire 34-35, Genève 1965

Larkin, Steve, 'Voltaire and Prévost: a reappraisal', *Studies on Voltaire* 160 (1976), pp.9-135

Lotringer, Sylvère, 'Manon l'écho', *Romanic review* 63 (1972), pp.92-110

Martin, Angus, 'Une suite de *Manon Lescaut* et les intentions de l'abbé Prévost', *RSH* 30 (1965), pp.51-57

Mauron, Charles, '*Manon Lescaut* et le mélange des genres', in *Colloque Prévost*, pp.113-18

Mauzi, Robert, 'Le thème de la retraite dans les romans de Prévost', *Colloque Prévost*, pp.185-95

Mead, William, 'Manon Lescaut, c'est moi', *L'Esprit créateur* 6 (1966), pp.85-96

– 'The puzzle of Prévost: *Le Doyen de Killerine*', *L'Esprit créateur* 12 (1972), pp.82-93

Miething, Christoph, 'Die Asthetisierung des schlechten Gewissens. Zur *Manon Lescaut* des Abbé Prévost', *Archiv für das Studium der neueren Sprachen und Literaturen* 129 (1977), pp.359-74

Monty, Jeanne R., *Les Romans de l'abbé Prévost*, Studies on Voltaire 78, Genève 1970

– 'Narrative ambiguity in *Manon Lescaut*', in *Enlightenment studies in honour of Lester G. Crocker*, Oxford 1979, pp.151-61

Morris, Madeleine, 'Nouveaux regards sur *Manon Lescaut*', *French review* 44 (1970), pp.42-50

Mylne, Vivienne, *Prévost: Manon Lescaut*, London 1972

Nichols, Stephen G., Jr., 'The double register of time and character in *Manon Lescaut*', *Romance notes* 7 (1966), pp.149-54

Pelckmans, Paul, 'Intériorité et médiation. Quelques aspects de la psychologie de Prévost', *Neophilologus* 63 (1979), pp.193-211

Perrin-Naffakh, Anne-Marie, 'Le cliché dans *Manon Lescaut*', *Information littéraire* 30 (1978), pp.23-26

Picard, Raymond, 'L'univers de *Manon Lescaut*', *Mercure de France* 1172 (1er avril 1961), pp.606-22, et 1173 (1er mai 1961), pp.87-105

– 'Le sens allégorique de *Manon Lescaut*' in *Colloque Prévost*, Aix-en-Provence 1965, pp.119-23

Piva, Franco, *Sulla genesi di Manon Lescaut. Problemi e prospettive*, Milano 1977

Pizzorusso, Arnaldo, 'Prévost: ipotesi e velleità', *Belfagor* 33 (1978), pp.279-96

Principato, Aureliano, '"Romanesque" e "retraite" nella narrativa dell'abbé Prévost (1728-1740)', *Rivista di letterature moderne e comparate* 25 (1972), pp.165-204

– 'Rhétorique et technique narrative chez

l'abbé Prévost', *Studies on Voltaire* 192 (1980), pp.1352-59

Proust, Jacques, 'Le corps de Manon', *Littérature* 4 (1971), pp.5-21

Pruner, Francis, 'Psychologie de la Grecque moderne', *Colloque Prévost*, pp.139-46

Quinn, Renée 'Deux moments dans l'œuvre de l'abbé Prévost: *Manon Lescaut* et la *Jeunesse du commandeur*', *French studies* 26 (1972), pp.405-20

Rycke, Robert M. E. de, 'Des Grieux's confession', *Studies on Voltaire* 84 (1971), pp.195-232

Sakharoff, Micheline, 'Des Grieux: un cas de double identité', *RSH* 36 (1971), pp.357-64

Seylaz, Jean-Luc, 'Structure et signification dans *Manon Lescaut*', *Etude des lettres*. Faculté des lettres de l'université de Lausanne, série II, t.iv (1961), pp.97-108

Sgard, Jean: 'A propos du texte de *Manon Lescaut*: éditions de 1756 et de 1759', *Studi francesi* 13 (1961), pp.89-93

– 'Prévost: de l'ombre aux lumières (1736-1746)' *Studies on Voltaire* 27 (1963), pp.1479-87

– 'Prévost et Voltaire', *RhlF* 64 (1964), pp.545-64

– 'Une image de Prévost: Marc Antoine aux portes du tombeau', *RhlF* 68 (1968), pp.605-609

– *Prévost romancier*, Paris 1968

– *Le 'Pour et contre' de Prévost. Introduction, tables et index*, Paris 1969

– Compte rendu de J. R. Monty, *Les Romans de l'abbé Prévost*, *RhlF* 72 (1972), pp.527-29

– 'Le silence du peuple chez Prévost', in *Images du peuple au XVIIIe siècle*, Paris 1973, pp.281-86

– 'Le spectre et la mort chez Prévost', *Saggi e ricerche di letteratura francese* 13 (1974), pp.97-111

– 'Etat présent des études sur Prévost', *Information littéraire* 27 (1975), pp.57-61

– Prévost et l'espérance américaine', in *L'Amérique des Lumières*, Paris, Genève 1977, pp.51-60

– 'L'espérance chez Prévost et Voltaire', in *Essays on the age of enlightenment in honour of Ira O. Wade*, Genève, Paris 1977, pp.271-79

Singerman, Alan S., 'A *fille de plaisir* and her *greluchon*: society and the perspective

of *Manon Lescaut*', *L'Esprit créateur* 12 (1972), pp.118-28

– 'The abbé Prévost's 'Grecque moderne': a witness for the defense', *French review* 46 (1973), pp.938-45

– 'L'abbé Prévost et la triple concupiscence: lecture augustinienne de Manon Lescaut', *Studies on Voltaire* 176 (1979), pp.189-229

Smith, Albert B., Jr., 'The abbé Prévost's *Cleveland*: fatality vs religion', *Romance notes* 4 (1962), pp.33-35

Stewart, Philip, 'L'armature historique du *Cleveland* de Prévost', *Studies on Voltaire* 137 (1975), pp.121-39

– 'Prévost et son *Cleveland*: essai de mise au point historique', *XVIIIe siècle* 7 (1975), pp.181-208

– 'Les désillusions de l'île heureuse: l'épisode de Sainte-Hélène dans *Cleveland*', *Saggi e ricerche di letteratura francese* 16 (1977), pp.213-40

Tate, Robert S., '*Manon Lescaut* and the Enlightenment', *Studies on Voltaire* 70 (1970), pp.15-25

Virolle, Roland, 'Quelques sources possibles de Prévost: les romans de Gerzan et les *Histoires tragiques* de Rosset', *Colloque Prévost*, pp.31-37

Weisgerber, Jean, 'Aspects de l'espace romanesque: l'histoire du chevalier Des Grieux et de Manon Lescaut', *Etudes sur le XVIIIe siècle* 2 (1975), pp.89-107

Winandy, Rita, 'Prévost and morality of sentiment', *L'Esprit créateur* 12 (1972), pp.94-102

d. Divers

Brady, Patrick, 'Other-portrayal and self-betrayal in *Manon Lescaut* and *La Vie de Marianne*', *Romanic review* 64 (1973), pp.99-110

– 'Socio-criticism as genetic structuralism: value and limitation of the Goldmann method', *L'Esprit créateur* 14 (1974), pp.207-18

– 'Structural analysis of prose fiction: a re-evaluation', *L'Esprit créateur* 14 (1974), pp.313-32

– 'Deceit and self-deceit in *Manon Lescaut* and *La Vie de Marianne*: extrinsic, rhetorical and immanent perspectives on first-person narration', *Modern language review* 72 (1977), pp.46-52

Brooks, Peter, *The Novel of worldliness: Crébillon, Marivaux, Laclos, Stendhal*, Princeton 1969

Cassirer, Ernst, *La Philosophie des lumières*, Paris 1970

Chinard, Gilbert, *L'Amérique et le rêve exotique dans la littérature française au XVIIe et au XVIIIe siècle*, Paris 1934

Chouillet, Jacques, *L'Esthétique des lumières*, Paris 1974

Coulet, Henri, *Le Roman jusqu'à la révolution*, t.i. Paris 1967

Deloffre, Frédéric, *La Nouvelle en France à l'âge classique*, Paris, Bruxelles, Montréal 1967

Démoris, René, *Le Roman à la première personne: du classicisme aux Lumières*, Paris 1975

Deprun, Jean, *La Philosophie de l'inquiétude en France au XVIIIe siècle*, Paris 1979

Dictionnaire des journalistes (1600-1789) sous la direction de J. Sgard, Grenoble 1976

Duchet, Michèle, *Anthropologie et histoire au siècle des Lumières*, Paris 1977

Ehrard, Jean, *L'Idée de nature en France dans la première moitié du XVIIIe siècle*, Paris 1963
– *Le XVIIIe siècle*, t.i Paris 1974

Engel, Claire Eliane, 'Le chevalier de Malte, type littéraire au XVIIIe siècle', *RSH* (1953), pp.215-29

Falvey, John, 'Psychological analysis and moral ambiguity in the narrative processes of Chasles, Prévost and Marivaux', *Studies on Voltaire* 94 (1972), pp.141-58

Farge, Arlette, *Vivre dans la rue à Paris au XVIIIe siècle*, Paris 1979

Fort, Bernadette, *Le Langage de l'ambiguïté dans l'œuvre de Crébillon fils*, Paris 1978

Furet, François, *Penser la révolution française*, Paris 1978

Godenne, René, *Histoire de la nouvelle française aux XVIIe et XVIIIe siècles*, Genève 1970

Green, Frederick Charles, *La Peinture des mœurs de la bonne société dans le roman français de 1715 à 1761*, Paris 1924

Hipp, Marie-Thérèse, *Mythes et réalités: enquête sur le roman et les mémoires (1660-1700)*, Paris 1976

Jones, S. Paul, *A list of French prose fiction from 1700 to 1750*, New York 1939

Kibédi Varga, A., 'La désagrégation de l'idéal classique dans le roman français

de la première moitié du XVIIIe siècle', *Studies on Voltaire* 26 (1963), pp.965-98

Kruse, Margot, '"L'esprit est toujours la dupe du cœur": Bemerkungen zu einer Maxime La Rochefoucaulds', *Romanistisches Jahrbuch* 8 (1957), pp.132-45

Laufer, Roger, *Style rococo, style des 'Lumières'*, Paris 1963
– *Lesage ou le métier de romancier*, Paris 1971

Lecercle, Jean-Louis, *Rousseau et l'art du roman*, Paris 1969
– *L'Amour, de l'idéal au réel*, Paris, Montréal 1971
– 'Baculard ou l'embonpoint du sentiment', in *Approches des Lumières. Mélanges offerts à Jean Fabre*, Paris 1974, pp.295-308

Lejeune, Philippe, *Le Pacte autobiographique*, Paris 1975

Mattauch, Hans, *Die literarische Kritik der frühen französischen Zeitschriften (1665-1748)*, München 1968

Mauzi, Robert, 'Les maladies de l'âme au XVIIIe siècle', *RSH* 25 (1960), pp.459-93
– *L'Idée de bonheur dans la littérature et la pensée françaises au XVIIIe siècle*, Paris 1960

May, Georges, *Le Dilemme du roman au XVIIIe siècle. Etude sur les rapports du roman et de la critique (1715-1761)*, New Haven, Paris 1963

Mercier, Roger, 'Le héros inconstant: roman et réflexion morale (1730-1750)', *RSH* 36 (1971), pp.333-55

Mylne, Vivienne, *The Eighteenth-century French novel, techniques of illusion*, Manchester 1965
– 'Dialogue as narrative in eighteenth-century French fiction', in *Studies in eighteenth-century French literature presented to Robert Niklaus*, Exeter 1975, pp.173-92

Naves, Raymond, *Le Goût de Voltaire*, Paris 1938

Picard, Raymond, *De Racine au Parthénon*, Paris 1977

Reynier, Gustave, *Le Roman sentimental avant l'Astrée*, Paris 1970

Roman et Lumières au XVIIIe siècle, Paris 1970

Rustin, Jacques, '"L'histoire véritable" dans la littérature romanesque du XVIIIe siècle français', *CAIEF* 18 (1966), pp.89-102
– *Le Vice à la mode*, Paris 1979

Sgard, Jean, 'Roman et philosophie au siècle des Lumières, in *Jean-Jacques Rousseau et son temps*, M. Launay éd., Paris 1969, pp.211-15

– 'La notion d'égarement chez Crébillon', *Dix-huitième siècle* 1 (1969), pp.241-49

– 'La littérature des causes célèbres', in *Approches des Lumières. Mélanges offerts à Jean Fabre*, Paris 1974, pp.459-70

Showalter, English, Jr., 'Money matters and early novels', *Yale French studies* 40 (1968), pp.118-33

– *The Evolution of the French novel, 1641-1782*, Princeton 1971

Stackelberg, Jürgen von, *Von Rabelais bis Voltaire. Zur Geschichte des französischen Romans*, München 1970

Stewart, Philip, *Imitation and illusion in the French memoir novel, 1700-1750: the art of make-believe*, New Haven, London 1969

– *Le Masque et la parole, le langage de l'amour au XVIIIe siècle*, Paris 1973

Versini, Laurent, *Laclos et la tradition: essai sur les sources et la technique des Liaisons dangereuses*, Paris 1968

Index